COLLECTION MICHEL LÉVY

ŒUVRES

DE

GEORGE SAND

ŒUVRES DE GEORGE SAND
Parues dans la collection MICHEL LÉVY

ADRIANI	1 vol.
LE CHATEAU DES DÉSERTES	1 —
LE COMPAGNON DU TOUR DE FRANCE	2 —
LA COMTESSE DE RUDOLSTADT	2 —
CONSUELO	3 —
LA DANIELLA	2 —
LA DERNIÈRE ALDINI	2 —
LE DIABLE AUX CHAMPS	1 —
LA FILLEULE	1 —
FRANÇOIS LE CHAMPI	1 —
HISTOIRE DE MA VIE	10 —
L'HOMME DE NEIGE	3 —
HORACE	1 —
ISIDORA	1 —
JACQUES	1 —
JEANNE	1 —
LÉLIA	1 —
LETTRES D'UN VOYAGEUR	1 —
LUCREZIA FLORIANI	1 —
LES MAITRES SONNEURS	1 —
LE MEUNIER D'ANGIBAULT	1 —
NARCISSE	1 —
LE PÉCHÉ DE M. ANTOINE	2 —
LE PICCININO	2 —
LE SECRÉTAIRE INTIME	1 —
SIMON	1 —
TEVERINO. — LÉONE LÉONI	1 —
L'USCOQUE	1 —

ŒUVRES DE GEORGE SAND
Nouvelle édition, format grand in-18

ANDRÉ	1 —
ELLE ET LUI	1 —
LA FAMILLE DE GERMANDRE	1 —
INDIANA	1 —
JEAN DE LA ROCHE	1 —
LES MAITRES MOSAÏSTES	1 —
LA MARE AU DIABLE	1 —
LE MARQUIS DE VILLEMER	1 —
MAUPRAT	1 —
MADEMOISELLE LA QUINTINIE	1 —
MONT-REVÊCHE	1 —
NOUVELLES : La Marquise. — Lavinia. — Pauline. — Matléa. — Métella. — Melchior. — Cora	1 —
LA PETITE FADETTE	1 —
TAMARIS	1 —
VALENTINE	1 —
VALVÈDRE	1 —
LA VILLE NOIRE	1 —

Imprimerie L. TOINON et Ce, à Saint-Germain.

LA COMTESSE
DE
RUDOLSTADT

PAR

GEORGE SAND

—

TOME DEUXIÈME

—

NOUVELLE ÉDITION

PARIS
MICHEL LÉVY FRÈRES, LIBRAIRES ÉDITEURS
RUE VIVIENNE, 2 BIS, ET BOULEVARD DES ITALIENS, 15
A LA LIBRAIRIE NOUVELLE
—
1864
Tous droits réservés

LA COMTESSE DE RUDOLSTADT

XXV.

La joie qu'elle éprouva de le retrouver comme un ange de consolation dans cette insupportable solitude fit taire tous les scrupules et toutes les craintes qu'elle avait encore dans l'esprit un instant auparavant, en songeant à lui sans espérance prochaine de le revoir. Elle répondit à son étreinte avec passion ; et, comme il tâchait déjà de se dégager de ses bras pour ramasser son masque noir qui était tombé, elle le retint en s'écriant : « Ne me quittez pas, ne m'abandonnez pas! » Sa voix était suppliante, ses caresses irrésistibles. L'inconnu se laissa tomber à ses pieds, et, cachant son visage dans les plis de sa robe, qu'il couvrit de baisers, il resta quelques instants comme partagé entre le ravissement et le désespoir ; puis, ramassant son masque et glissant une lettre dans la main de Consuelo, il s'élança dans le pavillon, et disparut sans qu'elle eût pu apercevoir ses traits.

Elle le suivit, et, à la lueur d'une petite lampe d'albâtre que Matteus allumait chaque soir au fond de l'escalier, elle espéra le retrouver ; mais, avant qu'elle eût monté quelques marches, il était devenu insaisissable.

Elle parcourut en vain tous les recoins du pavillon ; elle n'aperçut aucune trace de lui ; et, sans la lettre qu'elle tenait dans sa main tremblante, elle eût pu croire qu'elle avait rêvé.

Enfin elle se décida à rentrer dans son boudoir, pour lire cette lettre dont l'écriture lui parut cette fois plutôt contrefaite à dessein qu'altérée par la souffrance. Elle contenait à peu près ce qui suit :

« Je ne puis ni vous voir ni vous parler ; mais il ne m'est pas défendu de vous écrire. Me le permettrez-vous ? Oserez-vous répondre à l'*inconnu*? Si j'avais ce bonheur, je pourrais trouver vos lettres et placer les miennes, durant votre sommeil, dans un livre que vous laisseriez le soir sur le banc du jardin au bord de l'eau. Je vous aime avec passion, avec idolâtrie, avec égarement. Je suis vaincu, ma force est brisée ; mon activité, mon zèle, mon enthousiasme pour l'œuvre à laquelle je me suis voué, tout, jusqu'au sentiment du devoir, est anéanti en moi, si vous ne m'aimez pas. Lié à des devoirs étranges et terribles par mes serments, par le don et l'abandon de ma volonté, je flotte entre la pensée de l'infamie et celle du suicide ; car je ne puis me persuader que vous m'aimiez réellement, et qu'à l'heure où nous sommes, la méfiance et la peur n'aient pas déjà effacé votre amour involontaire pour moi. Pourrait-il en être autrement ? Je ne suis pour vous qu'une ombre, le rêve d'une nuit, l'illusion d'un instant. Eh bien! pour me faire aimer de vous, je me sens prêt, vingt fois le jour, à sacrifier mon bonheur, à trahir ma parole, à souiller ma conscience d'un parjure. Si vous parveniez à fuir cette prison, je vous suivrais au bout du monde, dussé-je expier, par une vie de honte et de remords, l'ivresse de vous voir, ne fût-ce qu'un jour, et de vous entendre dire encore, ne fût-ce qu'une fois : « Je vous aimé. » Et cependant, si vous refusez de vous associer à l'œuvre des Invisibles, si les serments qu'on va sans doute exiger de vous bientôt vous effraient et vous répugnent, il me sera défendu de vous revoir jamais!... Mais je n'obéirai pas, je ne pourrai pas obéir. Non! j'ai assez souffert, j'ai assez travaillé, j'ai assez servi la cause de l'humanité; si vous n'êtes pas la récompense de mon labeur, j'y renonce; je me perds en retournant au monde, à ses lois et à ses habitudes. Ma raison est troublée, vous le voyez. Oh! ayez, ayez pitié! Ne me dites pas que vous ne m'aimez plus. Je ne pourrais supporter ce coup, je ne voudrais pas le croire, ou, si je le croyais, il faudrait mourir. »

Consuelo lut ce billet au milieu du bruit des fusées et des bombes du feu d'artifice qui éclatait dans les airs sans qu'elle l'entendît. Tout entière à sa lecture, elle éprouvait cependant, sans en avoir conscience, la commotion électrique que causent, surtout aux organisations impressionnables, la détonation de la poudre et en général tous les bruits violents. Celui-là influe particulièrement sur l'imagination, quand il n'agit pas physiquement sur un corps débile et maladif par des tressaillements douloureux. Il exalte, au contraire, l'esprit et les sens des gens braves et bien constitués. Il réveille même chez quelques femmes des instincts intrépides, des idées de combat, et comme de vagues regrets de ne pas être hommes. Enfin, s'il y a un accent bien marqué qui fait trouver une sorte de jouissance quasi musicale dans la voix du torrent qui se précipite, dans le mugissement de la vague qui se brise, dans le roulement de la foudre; cet accent de colère, de menace, de fierté, cette voix de la force, pour ainsi dire, se retrouve dans le bondissement du canon, dans le sifflement des boulets, et dans les mille déchirements de l'air qui simulent le choc d'une bataille dans les feux d'artifice. Consuelo en éprouva peut-être l'effet, tout en lisant la première lettre d'amour proprement dite, le premier *billet doux* qu'elle eût jamais reçu. Elle se sentit courageuse, brave, et quasi téméraire. Une sorte d'enivrement lui fit trouver cette déclaration d'amour plus chaleureuse et plus persuasive que toutes les paroles d'Albert, de même qu'elle avait trouvé le baiser de l'inconnu plus suave et plus ardent que tous ceux d'Anzoleto. Elle se mit donc à écrire sans hésitation ; et, tandis que les boîtes fulminantes ébranlaient les échos du parc, que l'odeur du salpêtre étouffait le parfum des fleurs, et que les feux du Bengale illuminaient la façade du pavillon sans qu'elle daignât s'en apercevoir, Consuelo répondit :

« Oui, je vous aime, je l'ai dit, je vous l'ai avoué, et, dussé-je m'en repentir, dussé-je en rougir mille fois, je ne pourrai jamais effacer du livre bizarre et incompréhensible de ma destinée cette page que j'y ai écrite moi-même, et qui est entre vos mains ! C'était l'expression d'un élan condamnable, insensé peut-être, mais profondément vrai et ardemment senti. Fussiez-vous le dernier des hommes, je n'en aurais pas moins placé en vous mon idéal ! Dussiez-vous m'avilir par une conduite méprisante et cruelle, je n'en aurais pas moins éprouvé, au contact de votre cœur, une ivresse que je n'avais jamais goûtée, et qui m'a paru aussi sainte que les anges sont purs. Vous le voyez, je vous répète ce que vous m'écriviez en réponse aux confidences que j'avais adressées à *Beppo*. Nous ne faisons que nous répéter l'un à l'autre ce dont nous sommes, je le crois, vivement pénétrés et loyalement persuadés tous les deux. Pourquoi et comment nous tromperions-nous ? Nous ne nous connaissons pas ; nous ne nous connaîtrons peut-être jamais. Étrange fatalité ! nous nous aimons pourtant, et nous ne pouvons pas plus nous expliquer les causes premières de cet amour qu'en prévoir les fins mystérieuses. Tenez, je m'abandonne à votre parole, à votre honneur; je ne combats point le sentiment que vous m'inspirez. Ne me laissez pas m'abuser moi-même. Je ne vous demande au monde qu'une chose, c'est de ne pas feindre de m'aimer, c'est de jamais me revoir si vous ne m'aimez pas; c'est de m'abandonner à mon sort, quel qu'il soit, sans craindre que je vous accuse ou que je vous maudisse pour cette rapide illusion de bonheur que vous m'aurez donnée. Il me semble que ce que je vous demande là est si facile! Il est des instants où je suis effrayée, je vous le confesse, de l'aveugle confiance qui me pousse vers vous. Mais dès que vous paraissez, dès que ma main est dans la vôtre, ou quand je regarde votre écriture (votre écriture qui est pourtant contrefaite et tourmentée, comme si vous ne vouliez pas que je puisse connaître de vous le moindre indice extérieur et visible); enfin, quand j'entends seulement le bruit de vos pas, toutes mes craintes s'évanouissent, et je ne puis pas me défendre de croire que vous êtes mon meilleur ami sur la terre. Mais pourquoi vous cacher ainsi? Quel effrayant secret couvrent donc votre masque et votre silence? Vous ai-je vu ailleurs? Dois-je vous craindre et vous repousser le jour où je saurai votre nom, où je verrai vos traits? Si vous m'êtes absolument inconnu, comme vous me l'avez écrit, d'où vient que vous obéissez si aveuglément à la loi étrange des Invisibles, lorsque vous m'écrivez pourtant aujourd'hui que vous êtes prêt à vous en affranchir pour me suivre au bout du monde? Et si je l'exigeais, pour fuir avec vous, que vous n'eussiez plus de secrets pour moi, ôteriez-vous ce masque? me parleriez-vous? Pour arriver à vous connaître, il faut, dites-vous, que je m'engage... à quoi? que je me lie par des serments aux Invisibles?... Mais pour quelle œuvre? Quoi ! il faut que les yeux fermés, la conscience muette, et l'esprit dans les ténèbres, je *donne* et j'*abandonne* ma volonté, comme vous l'avez fait vous-même du moins avec connaissance de cause? Et pour me décider à ces actes inouïs d'un dévouement aveugle, vous ne ferez pas la plus légère infraction aux règlements de votre ordre ! Car, je le vois bien, vous appartenez à un de ces ordres mystérieux qu'on appelle ici *sociétés secrètes*, et qu'on dit être nombreuses en Allemagne. A moins que ce ne soit tout simplement un complot politique contre... comme on me le disait à Berlin. Eh bien, quoi que ce soit, si on me laisse la liberté de refuser quand on m'aura instruite de ce qu'on exige de moi, je m'engagerai par les plus terribles serments à ne jamais rien révéler. Puis-je faire plus sans être indigne de l'amour d'un homme qui pousse le scrupule et la fidélité à son serment jusqu'à ne pas vouloir me faire entendre ce mot que j'ai prononcé moi-même, au mépris de la prudence et de la pudeur imposées à mon sexe : *Je vous aime !* »

Consuelo mit cette lettre dans un livre qu'elle alla déposer dans le jardin au lieu indiqué; puis elle s'éloigna à pas lents, et se tint longtemps cachée dans le feuillage, espérant voir arriver le chevalier, et tremblant de laisser là cet aveu de ses plus intimes sentiments, qui pouvait tomber dans des mains étrangères. Cependant, comme les heures s'écoulaient sans que personne parût, et qu'elle se souvenait de ces paroles de la lettre de l'inconnu : « J'irai prendre votre réponse durant votre sommeil, » elle jugea qu'elle devait se conformer en tout à ses avis, et se retira dans son appartement où, après mille rêveries agitées, tour à tour pénibles et délicieuses, elle finit par s'endormir au bruit incertain de la musique du bal qui recommençait, des fanfares qui sonnèrent durant le souper, et du roulement lointain des voitures qui annonça, au lever de l'aube, le départ des nombreux hôtes de la résidence.

A neuf heures précises, la recluse entra dans la salle où elle prenait ses repas, qu'elle y trouvait toujours servis avec une exactitude scrupuleuse et une recherche digne du local. Matteus se tenait debout derrière sa chaise, dans l'attitude respectueusement flegmatique qui lui était habituelle. Consuelo venait de descendre au jardin. Le chevalier était venu prendre sa lettre, car elle n'était plus dans le livre. Mais Consuelo avait espéré trouver une nouvelle lettre de lui, et elle l'accusait déjà de mettre de la tiédeur dans leur correspondance. Elle se sentait inquiète, excitée, et un peu poussée à bout par l'immobilité de la vie qu'on semblait s'obstiner à lui faire. Elle se décida donc à s'agiter au hasard pour voir si elle ne hâterait pas le cours des événements lentement préparés autour d'elle. Précisément ce jour-là, pour la première fois, Matteus était sombre et taciturne.

« Maître Matteus, dit-elle avec une gaieté forcée, je vois à travers votre masque que vous avez les yeux battus et le teint fatigué ; vous n'avez guère dormi cette nuit.

— Madame me fait trop d'honneur de vouloir bien me railler, répondit Matteus avec un peu d'aigreur ; mais comme Madame a le bonheur de vivre le visage découvert, je suis plus à portée de voir qu'elle m'attribue la fatigue et l'insomnie dont elle a souffert elle-même cette nuit.

— Vos miroirs parlants m'ont dit cela avant vous, monsieur Matteus : je sais que je suis fort enlaidie, et je pense que je le serai bientôt davantage si l'ennui s'obstine à me consumer.

— Madame s'ennuie ? reprit Matteus du ton dont il eût dit « madame a sonné ? »

— Oui, Matteus, je m'ennuie énormément, et je commence à ne pouvoir plus supporter cette réclusion. Comme on ne m'a fait ni l'honneur d'une visite, ni celui d'une lettre, je présume qu'on m'a oubliée ici ; et puisque vous êtes la seule personne qui veuille bien n'en pas faire autant, je crois qu'il m'est permis de vous dire que je commence à trouver ma situation embarrassante et bizarre.

— Je ne peux pas me permettre de juger la situation de Madame, répondit Matteus ; mais il me semblait que Madame avait reçu, il n'y a pas longtemps, une visite et une lettre ?

— Qui vous a dit pareille chose, maître Matteus ? s'écria Consuelo en rougissant.

— Je le dirais, répondit-il d'un ton ironiquement patelin, si je ne craignais d'offenser Madame, et de l'ennuyer en me permettant de causer avec elle.

— Si vous étiez mon domestique, maître Matteus, j'ignore quels airs de grandeur je pourrais prendre avec vous ; mais comme jusqu'à présent je n'ai guère eu d'autre serviteur que moi-même, et que, d'ailleurs, vous me paraissez être ici mon gardien encore plus que mon majordome, je vous engage à causer, si cela vous plaît, autant que les autres jours. Vous avez trop d'esprit ce matin pour m'ennuyer.

— C'est que Madame s'ennuie trop elle-même pour être difficile en ce moment. Je dirai donc à Madame qu'il y a eu cette nuit grande fête au château.

— Je le sais, j'ai entendu le feu d'artifice et la musique.

— Alors, une personne qui est fort surveillée ici depuis l'arrivée de Madame, a cru pouvoir profiter du désordre et du bruit pour s'introduire dans le parc réservé, au mépris de la défense la plus sévère. Il en est résulté un événement fâcheux... Mais je crains de causer quelque chagrin à Madame en le lui apprenant.

— Je crois maintenant le chagrin préférable à l'ennui et à l'inquiétude. Dites donc vite, monsieur Matteus?

— Eh bien, madame, j'ai vu conduire en prison, ce matin, le plus aimable, le plus jeune, le plus beau, le plus brave, le plus généreux, le plus spirituel, le plus grand de tous mes maîtres, le chevalier de Liverani.

— Liverani? Qui s'appelle Liverani? s'écria Consuelo, vivement émue. En prison, le chevalier? Dites-moi!... Oh! mon Dieu! quel est ce chevalier, quel est ce Liverani?

— Je l'ai assez désigné à Madame. J'ignore si elle le connaît peu ou beaucoup; mais, ce qu'il y a de certain, c'est qu'il a été conduit à la grosse tour pour avoir parlé et écrit à Madame, et pour n'avoir pas voulu faire connaître à Son Altesse la réponse que Madame lui a faite.

— La grosse tour... Son Altesse... tout ce que vous me dites là est-il sérieux, Matteus? Suis-je ici sous la dépendance d'un prince souverain qui me traite en prisonnière d'État, et qui châtie ses sujets, pour peu qu'ils me témoignent quelque intérêt et quelque pitié? Ou bien suis-je mystifiée par quelque riche seigneur à idées bizarres, qui essaie de m'effrayer afin d'éprouver ma reconnaissance pour les services rendus?

— Il ne m'est point défendu de dire à Madame qu'elle est en même temps chez un prince fort riche, chez un homme d'esprit grand philosophe...

— Et chez le chef suprême du conseil des Invisibles? ajouta Consuelo.

— J'ignore ce que Madame entend par là, répondit Matteus avec la plus complète indifférence. Dans la liste

1.

des titres et dignités de Son Altesse, je n'ai jamais entendu mentionner cette qualité.

— Mais ne me sera-t-il pas permis de voir ce prince, de me jeter à ses pieds, de lui demander la liberté de ce chevalier Liverani, qui est innocent de toute indiscrétion, j'en puis faire le serment?

— Je n'en sais rien, et je crois que ce sera au moins très-difficile à obtenir. Cependant j'ai accès tous les soirs auprès de Son Altesse, pendant quelques instants, pour lui rendre compte de la santé et des occupations de Madame; et si Madame écrivait, peut-être réussirais-je à faire lire le billet sans qu'il passât par les mains des secrétaires.

— Cher monsieur Matteus, vous êtes la bonté même, et je suis sûre que vous devez avoir la confiance du prince. Oui, certainement, j'écrirai, puisque vous êtes assez généreux pour vous intéresser au chevalier.

— Il est vrai que je m'y intéresse plus qu'à tout autre. Il m'a sauvé la vie, au risque de la sienne, dans un incendie. Il m'a soigné et guéri de mes brûlures. Il a remplacé les effets que j'avais perdus. Il a passé des nuits à me veiller, comme s'il eût été mon serviteur et moi son maître. Il a arraché au vice une nièce que j'avais, et il en a fait, par ses bonnes paroles et ses généreux secours, une honnête femme. Que de bien n'a-t-il pas fait dans toute cette contrée et dans toute l'Europe, à ce qu'on assure! C'est le jeune homme le plus parfait qui existe, et Son Altesse l'aime comme son propre fils.

— Et pourtant Son Altesse l'envoie en prison pour une faute légère?

— Oh! Madame ignore qu'il n'y a point de faute légère aux yeux de Son Altesse, en fait d'indiscrétion.

— C'est donc un prince bien absolu?

— Admirablement juste, mais terriblement sévère.

— Et comment puis-je être pour quelque chose dans les préoccupations de son esprit et dans les décisions de son conseil?

— Cela, je l'ignore, comme Madame peut bien le penser. Beaucoup de secrets s'agitent en tout temps dans ce château, surtout lorsque le prince y vient passer quelques semaines, ce qui n'arrive pas souvent. Un pauvre serviteur tel que moi, qui se permettrait de vouloir les approfondir, n'y serait pas souffert longtemps; et comme je suis le doyen des personnes attachées à la maison, Madame doit comprendre que je ne suis ni curieux ni bavard; autrement...

— J'entends, monsieur Matteus. Mais sera-ce une indiscrétion de vous demander si la prison que subit le chevalier est rigoureuse?

— Elle doit l'être, Madame. Quoique je ne sache rien de ce qui se passe dans la tour et dans les souterrains, j'y ai vu entrer plus de gens que je n'en ai vu sortir. J'ignore s'il y a des issues dans la forêt : pour moi, je n'en connais pas dans le parc.

— Vous me faites trembler, Matteus. Serait-il possible que j'eusse attiré sur la tête de ce digne jeune homme des malheurs sérieux? Dites-moi, le prince est-il d'un caractère violent ou froid? Ses arrêts sont-ils dictés par une indignation passagère ou par un mécontentement réfléchi et durable?

— Ce sont là des détails dans lesquels il ne me convient pas d'entrer, répondit froidement Matteus.

— Eh bien, parlez-moi du chevalier, au moins. Est-il homme à demander et à obtenir grâce, ou à se renfermer dans un silence hautain?

— Il est tendre et doux, plein de respect et de soumission pour son Altesse. Mais si Madame lui a confié quelque secret, elle peut être tranquille : il se laisserait torturer plutôt que de livrer le secret d'un autre, fût-ce à l'oreille d'un confesseur.

— Eh bien, je le révélerai moi-même à son Altesse, ce secret qu'elle juge assez important pour allumer sa colère contre un infortuné. Oh! mon bon Matteus, ne pouvez-vous porter ma lettre tout de suite?

— Impossible avant la nuit, Madame.

— C'est égal, je vais écrire maintenant; une occasion imprévue peut se présenter. »

Consuelo rentra dans son cabinet, et écrivit pour demander au prince anonyme une entrevue dans laquelle elle s'engageait à répondre sincèrement à toutes les questions qu'il daignerait lui adresser.

A minuit, Matteus lui rapporta cette réponse cachetée :

« Si c'est au prince que vous voulez parler, votre demande est insensée. Vous ne le verrez, vous ne le connaîtrez jamais; vous ne saurez jamais son nom. — Si c'est devant le conseil des Invisibles que tu veux comparaître, tu seras entendue; mais réfléchis aux conséquences de ta résolution : elle décidera de ta vie et de celle d'un autre. »

XXVI.

Il fallut encore patienter vingt-quatre heures après cette lettre reçue. Matteus déclarait qu'il aimerait mieux se couper une main que de demander à voir le prince après minuit. Au déjeuner du lendemain, il se montra encore un peu plus expansif que la veille, et Consuelo crut remarquer que l'emprisonnement du chevalier l'avait aigri contre le prince, au point de lui donner une assez vive démangeaison d'être indiscret pour la première fois de sa vie. Cependant, lorsqu'elle l'eut fait causer pendant plus d'une heure, elle remarqua qu'elle n'était pas plus avancée qu'auparavant. Soit qu'il eût joué la simplicité pour étudier les pensées et les sentiments de Consuelo, soit qu'il ne sût rien relativement à l'existence des Invisibles et à la part que son maître prenait à leurs actes, il se trouva que Consuelo flottait dans une confusion étrange de notions contradictoires. Sur tout ce qui touchait à la position sociale du prince, Matteus s'était retranché dans l'impossibilité de manquer au silence rigoureux qu'on lui avait imposé. Il haussait, il est vrai, les épaules, en parlant de cette bizarre injonction. Il avouait qu'il ne comprenait pas la nécessité de porter un masque pour communiquer avec les personnes qui s'étaient succédé à des intervalles plus ou moins rapprochés, et pour des retraites plus ou moins longues, dans le pavillon. Il ne *pouvait s'empêcher de dire* que son maître avait des caprices inexplicables, et se livrait à des travaux incompréhensibles; mais toute curiosité, de même que toute indiscrétion, était paralysée chez lui par la crainte de châtiments terribles, sur la nature desquels il ne s'expliquait pas. En somme, Consuelo n'apprit rien, sinon qu'il se passait des choses singulières au château, que l'on n'y dormait guère la nuit, que tous les domestiques y avaient vu des esprits, que Matteus lui-même, qui se déclarait hardi et sans préjugés, avait rencontré souvent l'hiver, dans le parc, à des époques où le prince était absent et le château désert, des figures qui l'avaient fait frémir, qui étaient entrées là sans qu'il sût comment et qui en étaient sorties de même. Tout cela ne jetait pas une grande clarté sur la situation de Consuelo. Il lui fallut se résigner à attendre le soir pour envoyer cettte nouvelle pétition :

« Quoi qu'il en puisse résulter pour moi, je demande

instamment et humblement à comparaître devant le tribunal des Invisibles. »

La journée lui sembla d'une longueur mortelle ; elle s'efforça de maîtriser son impatience et ses inquiétudes en chantant tout ce qu'elle avait composé en prison sur les douleurs et les ennuis de la solitude, et elle termina cette répétition à l'entrée de la nuit, par le sublime air d'Almirena dans le *Rinaldo* de Haendel :

> Lascia ch' io pianga
> La dura sorte,
> E ch' io sospiri
> La libertà

À peine l'eut-elle fini, qu'un violon d'une vibration extraordinaire répéta au dehors la phrase admirable qu'elle venait de dire, avec une expression aussi douloureuse et aussi profonde que la sienne propre. Consuelo courut à la fenêtre, mais elle ne vit personne, et la phrase se perdit dans l'éloignement. Il lui sembla que cet instrument et ce jeu remarquables ne pouvaient appartenir qu'au comte Albert ; mais elle chassa bientôt cette pensée, comme rentrant dans la série d'illusions pénibles et dangereuses dont elle avait déjà tant souffert. Elle n'avait jamais entendu Albert jouer aucune phrase de musique moderne, et il n'y avait qu'un esprit frappé qui pût s'obstiner à évoquer un spectre chaque fois que le son d'un violon se faisait entendre. Néanmoins cette émotion troubla Consuelo, et la jeta dans de si tristes et si profondes rêveries, qu'elle s'aperçut seulement à neuf heures du soir que Matteus ne lui avait apporté ni à dîner ni à souper, et qu'elle était à jeun depuis le matin. Cette circonstance lui fit craindre que, comme le chevalier, Matteus n'eût été victime de l'intérêt qu'il lui avait marqué. Sans doute, les murs avaient des yeux et des oreilles. Matteus lui avait peut-être trop parlé; il avait murmuré un peu contre la disparition de Liverani : c'en était assez probablement pour qu'on lui fît partager son sort.

Ces nouvelles anxiétés empêchèrent Consuelo de sentir le malaise de la faim. Cependant la soirée s'avançait, Matteus ne paraissait pas; elle se risqua à sonner. Personne ne vint. Elle éprouvait une grande faiblesse, et surtout une grande consternation. Appuyée sur le bord de sa croisée, la tête dans ses mains, elle repassait dans son cerveau, déjà un peu troublé par les souffrances de l'inanition, les incidents bizarres de sa vie, et se demandait si c'était le souvenir de la réalité ou celui d'un long rêve, lorsqu'une main froide comme le marbre s'appuya sur sa tête, et une voix basse et profonde prononça ces mots :

« Ta demande est accueillie, suis-moi. »

Consuelo, qui n'avait pas encore songé à éclairer son appartement, mais qui avait, jusque-là, nettement distingué les objets dans le crépuscule, essaya de regarder celui qui lui parlait ainsi. Elle se trouvait tout à coup dans d'aussi épaisses ténèbres que si l'atmosphère était devenue compacte, et le ciel étoilé une voûte de plomb. Elle porta la main à son front privé d'air, et reconnut un capuchon à la fois léger et impénétrable comme celui que Cagliostro lui avait jeté une fois sur la tête sans qu'elle le sentît. Entraînée par une main invisible, elle descendit l'escalier du pavillon; mais elle ne tarda pas à s'apercevoir qu'il avait plus de degrés qu'elle ne lui en connaissait, et qu'il s'enfonçait dans des caves où elle marcha pendant près d'une demi-heure. La fatigue, la faim, l'émotion et une chaleur accablante ralentissaient de plus en plus ses pas, et, à chaque instant prête à défaillir, elle fut tentée de demander grâce. Mais une certaine fierté, qui lui faisait craindre de paraître reculer devant sa résolution, l'engagea à lutter courageusement. Elle arriva enfin au terme du voyage, et on la fit asseoir. Elle entendit en ce moment un timbre lugubre, comme celui du tam-tam, frapper minuit lentement, et au douzième coup le capuchon fut enlevé de son front baigné de sueur.

Elle fut éblouie d'abord de l'éclat des lumières qui, toutes rassemblées sur un même point vis-à-vis d'elle, dessinaient une large croix flamboyante sur la muraille. Lorsque ses yeux purent supporter cette transition, elle vit qu'elle était dans une vaste salle d'un style gothique, dont la voûte, divisée en arceaux surbaissés, ressemblait à celle d'un cachot profond ou d'une chapelle souterraine. Au fond de cette pièce, dont l'aspect et le luminaire étaient vraiment sinistres, elle distingua sept personnages enveloppés de manteaux rouges, et la face couverte de masques d'un blanc livide, qui les faisaient ressembler à des cadavres. Ils étaient assis derrière une longue table de marbre noir. En avant de la table et sur un gradin plus bas, un huitième spectre, vêtu de noir et masqué de blanc, était également assis. De chaque côté des murailles latérales, une vingtaine d'hommes à manteaux et à masques noirs étaient rangés dans un profond silence. Consuelo se retourna, et vit derrière elle d'autres fantômes noirs. A chaque porte, il y en avait deux debout, une large épée brillante à la main.

En d'autres circonstances, Consuelo se fût peut-être dit que ce cérémonial lugubre n'était qu'un jeu, une de ces épreuves dont elle avait entendu parler à Berlin à propos des loges de francs-maçons. Mais outre que les francs-maçons ne s'érigeaient pas en tribunal, et ne s'attribuaient pas le droit de faire comparaître dans leurs assemblées secrètes des personnes non initiées, elle était disposée, par tout ce qui avait précédé cette scène, à la trouver sérieuse, effrayante même. Elle s'aperçut qu'elle tremblait visiblement, et sans les cinq minutes d'un profond silence où se tint l'assemblée, elle n'eût pas eu la force de se remettre et de se préparer à répondre.

Enfin, le huitième juge se leva et fit signe aux deux introducteurs, qui se tenaient, l'épée à la main, à la droite et à la gauche de Consuelo, de l'amener jusqu'au pied du tribunal, où elle resta debout, dans une attitude de calme et de courage un peu affectés.

« Qui êtes-vous, et que demandez-vous? » dit l'homme noir sans se lever.

Consuelo demeura quelques instants interdite; enfin elle prit courage et répondit :

« Je suis Consuelo, cantatrice de profession, dite la Zingarella et la Porporina.

— N'as-tu point d'autre nom? » reprit l'interrogateur.

Consuelo hésita, puis elle dit :

« J'en pourrais revendiquer un autre; mais je me suis engagée sur l'honneur à ne jamais le faire.

— Espères-tu donc cacher quelque chose à ce tribunal? Te crois-tu devant des juges vulgaires, élus pour juger de vulgaires intérêts, au nom d'une loi grossière et aveugle? Que viens-tu faire ici, si tu prétends nous abuser par de vaines défaites? Nomme-toi, fais-toi connaître pour ce que tu es, ou retire-toi.

— Vous qui savez qui je suis, vous savez sans doute également que mon silence est un devoir, et vous m'encouragerez à y persister. »

Un des manteaux rouges se pencha, fit signe à un des manteaux noirs, et en un instant tous les manteaux noirs sortirent de la salle, à l'exception de l'examinateur, qui resta à sa place et reprit la parole en ces termes :

« Comtesse de Rudolstadt, maintenant que l'examen

devient secret, et que vous êtes seule en présence de vos juges, nierez-vous que vous soyez légitimement mariée au comte Albert Podiebrad, dit de Rudolstadt par les prétentions de sa famille ?

— Avant de répondre à cette question, dit Consuelo avec fermeté, je demande à savoir quelle autorité dispose ici de moi, et quelle loi m'oblige à la reconnaître.

— Quelle loi prétendrais-tu donc invoquer? Est-ce une loi divine ou humaine? La loi sociale te place encore sous la dépendance absolue de Frédéric II, roi de Prusse, électeur de Brandebourg, sur les terres duquel nous t'avons enlevée pour te soustraire à une captivité indéfinie, et à des dangers plus affreux encore, tu le sais!

— Je sais, dit Consuelo en fléchissant le genou, qu'une reconnaissance éternelle me lie à vous. Je ne prétends donc invoquer que la loi divine; et je vous prie de me définir celle de la reconnaissance. Me commande-t-elle de vous bénir et de me dévouer à vous du fond de mon cœur? je l'accepte : mais si elle me prescrit de manquer, pour vous complaire, aux arrêts de ma conscience, ne dois-je pas la récuser? Jugez vous-mêmes.

— Puisses-tu penser et agir dans le monde comme tu parles! Mais les circonstances qui te placent ici dans notre dépendance échappent à tous les raisonnements ordinaires. Nous sommes au-dessus de toute loi humaine, tu as pu le reconnaître à notre puissance. Nous sommes également en dehors de toute considération humaine : préjugés de fortune, de rang et de naissance, scrupules et délicatesse de position, crainte de l'opinion, respect même des engagements contractés avec les idées et les personnes du monde, rien de tout cela n'a de sens pour nous, ni de valeur à nos yeux, alors que réunis loin de l'œil des hommes, et armés du glaive de la justice de Dieu, nous pesons dans le creux de notre main les hochets de votre frivole et craintive existence. Explique-toi donc sans détour devant nous qui sommes les appuis, la famille et la loi vivante de tout être libre. Nous ne t'écouterons pas, que nous ne sachions en quelle qualité tu comparais ici. Est-ce la Zingarella Consuelo, est-ce la comtesse de Rudolstadt qui nous invoque ?

— La comtesse de Rudolstadt, ayant renoncé à tous ses droits dans la société, n'en a aucun à réclamer ici. La Zingarella Consuelo...

— Arrête, et pèse les paroles que tu viens de dire. Si ton époux était vivant, aurais-tu le droit de lui retirer ta foi, d'abjurer son nom, de repousser sa fortune, en un mot, de redevenir la Zingarella Consuelo, pour ménager l'orgueil puéril et insensé de sa famille et de sa caste ?

— Non sans doute.

— Et penses-tu donc que la mort ait rompu à jamais vos liens ? ne dois-tu à la mémoire d'Albert ni respect, ni amour, ni fidélité ? »

Consuelo rougit et se troubla, puis elle redevint pâle. L'idée qu'on allait, comme Cagliostro et le comte de Saint-Germain, lui parler de la résurrection possible d'Albert, et même lui en montrer le fantôme, la remplit d'une telle frayeur, qu'elle ne put répondre.

« Épouse d'Albert Podiebrad, reprit l'examinateur, ton silence t'accuse. Albert est mort tout entier pour toi, et ton mariage n'est à tes yeux qu'un incident de ta vie aventureuse, sans aucune conséquence, sans aucune obligation pour l'avenir. Zingara, tu peux te retirer. Nous ne nous sommes intéressés à ton sort qu'en raison de tes liens avec le plus excellent des hommes. Tu n'étais pas digne de notre amour, car tu ne fus pas digne du sien. Nous ne regrettons pas la liberté que nous t'avons rendue ; toute réparation des maux qu'inflige le despotisme est un devoir et une jouissance pour nous. Mais notre protection n'ira pas plus loin. Dès demain tu quitteras cet asile que nous t'avions donné avec l'espérance que tu en sortirais purifiée et sanctifiée : tu retourneras au monde : à la chimère de la gloire, à l'enivrement des folles passions. Que Dieu ait pitié de toi! nous t'abandonnons sans retour. »

Consuelo resta quelques moments atterrée sous cet arrêt. Quelques jours plus tôt, elle ne l'eût pas accepté sans appel ; mais le mot de *folles passions* qui venait d'être prononcé lui remettait sous les yeux, à cette heure, l'amour insensé qu'elle avait conçu pour *l'inconnu*, et qu'elle avait accueilli dans son cœur presque sans examen et sans combat.

Elle était humiliée à ses propres yeux, et la sentence des Invisibles lui paraissait méritée jusqu'à un certain point. L'austérité de leur langage lui inspirait un respect mêlé de terreur, et elle ne songeait plus à se révolter contre le droit qu'ils s'attribuaient de la juger et de la condamner, comme un être relevant de leur autorité. Il est rare que, quelle que soit notre fierté naturelle, ou l'irréprochabilité de notre vie, nous ne subissions pas l'ascendant d'une parole grave qui nous accuse au dépourvu, et qu'au lieu de discuter avec elle, nous ne fassions pas un retour sur nous-mêmes pour voir avant tout si nous ne méritons pas ce blâme. Consuelo ne se sentait pas à l'abri de tout reproche, et l'appareil déployé autour d'elle rendait sa position singulièrement pénible. Cependant, elle se rappela promptement qu'elle n'avait pas demandé à comparaître devant ce tribunal sans s'être préparée et résignée à sa rigueur. Elle y était venue, résolue à subir des admonestations, un châtiment quelconque, s'il le fallait, pourvu que le chevalier fût disculpé ou pardonné. Mettant donc de côté tout amour-propre, elle accepta les reproches sans amertume, et médita quelques instants sa réponse.

« Il est possible que je mérite cette dure malédiction, dit-elle enfin ; je suis loin d'être contente de moi. Mais en venant ici je me suis fait des Invisibles une idée que je veux vous dire. Le peu que j'ai appris de vous par la rumeur populaire, et le bienfait de la liberté que je tiens de vous, m'ont fait penser que vous étiez des hommes aussi parfaits dans la vertu que puissants dans la société. Si vous êtes tels que je me plais à le croire, d'où vient que vous me repoussez si brusquement, sans m'avoir indiqué la route à suivre pour sortir de l'erreur et pour devenir digne de votre protection ? Je sais qu'à cause d'Albert de Rudolstadt, le plus excellent des hommes, comme vous l'avez bien nommé, sa veuve méritait quelque intérêt ; mais ne fussé-je pas la femme d'Albert, ou bien eussé-je été en tout temps indigne de l'être, la Zingara Consuelo, la fille sans nom, sans famille et sans patrie, n'a-t-elle pas encore des droits à votre sollicitude paternelle ? Supposez que je sois une grande pécheresse ; n'êtes-vous pas comme le royaume des cieux où la conversion d'un maudit apporte plus de joie que la persévérance de cent élus ? Enfin, si la loi qui vous rassemble et qui vous inspire est une loi divine, vous y manquez en me repoussant. Vous aviez entrepris, dites-vous, de me purifier et de me sanctifier. Essayez d'élever mon âme à la hauteur de la vôtre. Je suis ignorante, et non rebelle. Prouvez-moi que vous êtes saints, en vous montrant patients et miséricordieux, et je vous accepterai pour mes maîtres et mes modèles. »

Il y eut un moment de silence. L'examinateur se retourna vers les juges, et ils parurent se consulter. Enfin l'un d'eux prit la parole et dit :

« Consuelo, tu t'es présentée ici avec orgueil ; pourquoi ne veux-tu pas te retirer de même ? Nous avions le droit de te blâmer, puisque tu venais nous interroger. Nous n'avons pas celui d'enchaîner ta conscience et de nous emparer de ta vie, si tu ne nous abandonnes volontairement et librement l'une et l'autre. Pouvons-nous te demander ce sacrifice ? Tu ne nous connais pas. Ce tribunal dont tu invoques la sainteté est peut-être le plus pervers ou tout au moins le plus audacieux qui ait jamais agi dans les ténèbres contre les principes qui régissent le monde : qu'en sais-tu ? Et si nous avions à te révéler la science profonde d'une vertu toute nouvelle, aurais-tu le courage de te vouer à une étude si longue et si ardue, avant d'en savoir le but ? Nous-mêmes pourrions-nous prendre confiance dans la foi persévérante d'un néophyte aussi mal préparé que toi ? Nous aurions peut-être des secrets importants à te confier, et nous n'en chercherions la garantie que dans tes instincts généreux ; nous les connaissons assez pour croire à ta discrétion : mais ce n'est pas de confidents discrets que nous avons besoin ; nous n'en manquons pas. Nous avons besoin, pour faire avancer la loi de Dieu, de disciples fervents, libres de tous préjugés, de tout égoïsme, de toutes passions frivoles, de toutes habitudes mondaines. Descends en toi-même ; peux-tu nous faire tous ces sacrifices ? Peux-tu modeler tes actions et calquer ta vie sur les instincts que tu ressens, et sur les principes que nous te donnerions pour les développer ? Femme, artiste, enfant, oserais-tu répondre que tu peux t'associer à des hommes graves pour travailler à l'œuvre des siècles ?

— Tout ce que vous dites est bien sérieux, en effet, répondit Consuelo, et je le comprends à peine. Voulez-vous me donner le temps d'y réfléchir ? Ne me chassez pas de votre sein sans avoir interrogé mon cœur. J'ignore s'il est digne des lumières que vous y pouvez répandre.

Mais quelle âme sincère est indigne de la vérité? En quoi puis-je vous être utile? Je m'effraie de mon impuissance. Femme et artiste, c'est-à-dire enfant! mais pour me protéger comme vous l'avez fait, il faut que vous ayez pressenti en moi quelque chose... Et moi, quelque chose me dit que je ne dois pas vous quitter sans avoir essayé de vous prouver ma reconnaissance. Ne me bannissez donc pas : essayez de m'instruire.

— Nous t'accordons encore huit jours pour faire tes réflexions, reprit le juge en robe rouge qui avait déjà parlé; mais tu dois auparavant t'engager sur l'honneur à ne pas faire la moindre tentative pour savoir où tu es, et quelles sont les personnes que tu vois ici. Tu dois t'engager également à ne pas franchir l'enceinte réservée à tes promenades, quand même tu verrais les portes ouvertes et les spectres de tes plus chers amis te faire signe. Tu dois n'adresser aucune question aux gens qui te servent, ni à quiconque pourrait pénétrer clandestinement chez toi.

— Cela n'arrivera jamais, répondit vivement Consuelo; je m'engage, si vous le voulez, à ne jamais recevoir personne sans votre autorisation, et en revanche je vous demande humblement la grâce...

— Tu n'as point de grâce à nous demander, point de conditions à proposer. Tous les besoins de ton âme et de ton corps ont été prévus pour le temps que tu avais à passer ici. Si tu regrettes quelque parent, quelque ami, quelque serviteur, tu es libre de partir. La solitude ou une société réglée comme nous l'entendons sera ton partage chez nous.

— Je ne demande rien pour moi-même; mais on m'a dit qu'un de vos amis, un de vos disciples ou de vos serviteurs (car j'ignore le rang qu'il occupe parmi vous) subissait à cause de moi un châtiment sévère. Me voici prête à m'accuser des torts qu'on lui impute, et c'est pour cela que j'ai demandé à comparaître devant vous.

— Est-ce une confession sincère et détaillée que tu offres de nous faire ?

— S'il le faut pour qu'il soit absous... quoique ce soit, pour une femme, une étrange torture morale que de se confesser hautement devant huit hommes...

— Épargne-toi cette humiliation. Nous n'aurions aucune garantie de ta sincérité, et d'ailleurs nous n'avions encore tout à l'heure aucun droit sur toi. Ce que tu as dit, ce que tu as pensé il y a une heure, rentre pour nous dans ton passé. Mais songe qu'à partir de cet instant nous sommes les maîtres de sonder les plus secrets replis de ton âme. C'est à toi de garder cette âme assez pure pour être toujours prête à nous la dévoiler sans souffrance et sans honte.

— Votre générosité est délicate et paternelle. Mais il ne s'agit pas de moi seule ici. Un autre expie mes torts. Ne dois-je pas le justifier ?

— Ce soin ne te regarde pas. S'il est un coupable parmi nous, il se disculpera lui-même, non par de vaines défaites et de téméraires allégations, mais par des actes de courage, de dévouement et de vertu. Si son âme a chancelé, nous la relèverons et nous l'aiderons à se vaincre. Tu parles de châtiment rigoureux ; nous n'infligeons que des châtiments moraux. Cet homme, quel qu'il soit, est notre égal, notre frère ; il n'y a chez nous ni maîtres, ni serviteurs, ni sujets, ni princes : de faux rapports t'ont sans doute abusée. Va en paix et ne pèche point. »

A ce dernier mot, l'examinateur agita une sonnette ; les deux hommes noirs masqués et armés rentrèrent, et, replaçant le capuchon sur la tête de Consuelo, ils la reconduisirent au pavillon par les mêmes détours souterrains qu'elle avait suivis pour s'en éloigner.

XXVII.

La Porporina n'ayant plus sujet, d'après le langage bienveillant et paternel des Invisibles, d'être sérieusement inquiète du chevalier, et jugeant que Matteus n'avait pas vu très-clair dans cette affaire, éprouva en quittant ce mystérieux conciliabule, un grand soulagement d'esprit. Tout ce qu'on venait de lui dire flottait dans son imagination comme des rayons derrière un nuage; et l'inquiétude ni l'effort de la volonté ne la soutenant plus, elle éprouva bientôt en marchant une fatigue insurmontable. La faim se fit sentir assez cruellement, le capuchon gommé l'étouffait. Elle s'arrêta plusieurs fois, fut forcée d'accepter les bras de ses guides pour continuer sa route, et, en arrivant dans sa chambre, elle tomba en faiblesse. Peu d'instants après, elle se sentit ranimée par un flacon qui lui fut présenté, et par l'air bienfaisant qui circulait dans l'appartement. Alors elle remarqua que les hommes qui l'avaient ramenée sortaient à la hâte, tandis que Matteus s'empressait de servir un souper des plus appétissants, et que le petit docteur masqué, qui l'avait mise en léthargie pour l'amener à cette résidence, lui tâtait le pouls et lui prodiguait ses soins. Elle le reconnaissait facilement à sa perruque, et à sa voix qu'elle avait entendue quelque part, sans pouvoir dire en quelle circonstance.

« Cher docteur, lui dit-elle en souriant, je crois que la meilleure prescription sera de me faire souper bien vite. Je n'ai pas d'autre mal que la faim ; mais je vous supplie de m'épargner cette fois le café que vous faites si bien.

Je crois que je ne serais plus de force à le supporter.

— Le café préparé par moi, répondit le docteur, est un calmant recommandable. Mais soyez tranquille, madame la comtesse : mon ordonnance ne porte rien de semblable. Aujourd'hui voulez-vous vous fier à moi et me permettre de souper avec vous? La volonté de Son Altesse est que je ne vous quitte pas avant que vous soyez complétement rétablie, et je pense que, dans une demi-heure, la réfection aura chassé cette faiblesse entièrement.

— Si tel est le bon plaisir de Son Altesse et le vôtre, monsieur le docteur, ce sera le mien aussi d'avoir l'honneur de votre compagnie pour souper, dit Consuelo en laissant rouler son fauteuil par Matteus auprès de la table.

— Ma compagnie ne vous sera pas inutile, reprit le docteur, en commençant à démolir un superbe pâté de faisans, et à découper ces volatiles avec la dextérité d'un praticien consommé. Sans moi, vous vous laisseriez aller à la voracité insurmontable qu'on éprouve après un long jeûne, et vous pourriez vous en mal trouver. Moi qui ne crains pas un pareil inconvénient, j'aurai soin de vous compter les morceaux, tout en les mettant doubles sur mon assiette. »

La voix de ce docteur gastronome occupait Consuelo malgré elle. Mais sa surprise fut grande lorsque, détachant lestement son masque, il le posa sur la table en disant :

« Au diable cette puérilité qui m'empêche de respirer et de sentir le goût de ce que je mange! »

Consuelo tressaillit en reconnaissant, dans ce viveur de médecin, celui qu'elle avait vu au lit de mort de son mari, le docteur Supperville, premier médecin de la margrave de Bareith. Elle l'avait aperçu de loin à Berlin depuis, sans avoir le courage de le regarder ni de lui parler. En ce moment le contraste de son appétit glouton avec l'émotion et l'accablement qu'elle éprouvait, lui rappelèrent la sécheresse de ses idées et de ses discours au milieu de la consternation et de la douleur de la famille de Rudolstadt, et elle eut peine à lui cacher l'impression désagréable qu'il lui causait. Mais le Supperville, absorbé par le fumet du faisan, paraissait ne faire aucune attention à son trouble.

Matteus vint compléter le ridicule de la situation où se plaçait le docteur, par une exclamation naïve. Le circonspect serviteur le servait depuis cinq minutes sans s'apercevoir qu'il avait le visage découvert, et ce ne fut qu'au moment de prendre le masque pour le couvercle du pâté, et de le placer méthodiquement sur la brèche ouverte, qu'il s'écria avec terreur :

« Miséricorde, monsieur le docteur, vous avez laissé choir votre *visage* sur la table !

— Au diable ce visage d'étoffe ! te dis-je. Je ne pourrai jamais m'habituer à manger avec cela. Mets-le dans un coin, tu me le rendras quand je sortirai.

— Comme il vous plaira, monsieur le docteur, dit Matteus d'un ton consterné. Je m'en lave les mains. Mais Votre Seigneurie n'ignore pas que je suis forcé tous les soirs de rendre compte de point en point de tout ce qui s'est fait et dit ici. J'aurai beau dire que votre *visage* s'est détaché par mégarde, je ne pourrai pas nier que Madame n'ait vu ce qui était dessous.

— Fort bien, mon brave. Tu feras ton rapport, dit le docteur sans se déconcerter.

— Et vous remarquerez, monsieur Matteus, observa Consuelo, que je n'ai aucunement provoqué M. le docteur à cette désobéissance, et que ce n'est pas ma faute si je l'ai reconnu.

— Soyez donc tranquille, madame la comtesse, reprit Supperville la bouche pleine. Le prince n'est pas si diable qu'il est noir, et je ne le crains guère. Je lui dirai que, puisqu'il m'avait autorisé à souper avec vous, il m'avait autorisé par cela même à me délivrer de tout obstacle à la mastication et à la déglutition. D'ailleurs j'avais l'honneur d'être trop bien connu de vous pour que le son de ma voix ne m'eût pas déjà trahi. C'est donc une vaine formalité dont je me débarrasse; et dont le prince fera bon marché tout le premier.

— C'est égal, monsieur le docteur, dit Matteus scandalisé, j'aime mieux que vous ayez fait cette plaisanterie-là que moi. »

Le docteur haussa les épaules, railla le timoré Matteus, mangea énormément et but à proportion : après quoi, Matteus s'étant retiré pour changer le service, il rapprocha un peu sa chaise, baissa la voix, et parla ainsi à Consuelo :

« Chère Signora, je ne suis pas si gourmand que j'en ai l'air (Supperville, étant convenablement repu, parlait ainsi fort à son aise), et mon but, en venant souper avec vous, était de vous instruire de choses importantes qui vous intéressent très-particulièrement.

— De quelle part et en quel nom voulez-vous me révéler ces choses, monsieur? dit Consuelo, qui se rappelait la promesse qu'elle venait de faire aux Invisibles.

— C'est de mon plein droit et de mon plein gré, répondit Supperville. Ne vous inquiétez donc pas. Je ne suis pas un mouchard, moi, et je parle à cœur ouvert, peu soucieux qu'on répète mes paroles. »

Consuelo pensa un instant que son devoir était de fermer absolument la bouche au docteur, afin de ne pas se rendre complice de sa trahison : mais elle pensa aussi qu'un homme dévoué aux Invisibles au point de se charger d'empoisonner à demi les gens pour les amener, à leur insu, dans ce château, ne pouvait agir comme il le faisait sans y être secrètement autorisé. C'est un piége qu'on me tend, pensa-t-elle. C'est une série d'épreuves qui commence. Voyons, et observons l'attaque.

« Il faut donc, Madame, continua le docteur, que je vous dise où et chez qui vous êtes. »

« Nous y voilà ! » se dit Consuelo ; et elle se hâta de répondre : « Grand merci, monsieur le docteur, je ne vous l'ai pas demandé, et je désire ne pas le savoir.

— *Ta ta ta !* reprit Supperville, vous voilà tombée dans la voie romanesque où il plaît au prince d'entraîner tous ses amis. Mais n'allez point donner sérieusement dans ces sornettes-là : le moins qui pourrait vous en arriver serait de devenir folle et de grossir son cortége d'aliénés et de visionnaires. Je n'ai pas l'intention, pour ma part, de manquer à la parole que je lui ai donnée de ne vous dire ni son nom ni celui du lieu où vous vous trouvez. C'est là d'ailleurs ce qui doit le moins vous préoccuper ; car ce ne serait qu'une satisfaction pour votre curiosité, et ce n'est pas cette maladie que je veux traiter chez vous ; c'est l'excès de confiance, au contraire. Vous pouvez donc apprendre, sans lui désobéir et sans risquer de lui déplaire (je suis intéressé à ne pas vous trahir), que vous êtes ici chez le meilleur et le plus absurde des vieillards. Un homme d'esprit, un philosophe, une âme courageuse et tendre jusqu'à l'héroïsme, jusqu'à la démence. Un rêveur qui traite l'idéal comme une réalité, et la vie comme un roman. Un savant qui, à force de lire les écrits des sages et de chercher la quintessence des idées, est arrivé, comme don Quichotte après la lecture de tous ses livres de chevalerie, à prendre les auberges pour des châteaux, les galériens pour d'innocentes victimes, et les moulins à vent pour des monstres. Enfin un saint, si on ne considère que la beauté de ses intentions, un fou si on en pèse le résultat. Il a imaginé, entre autres choses, un réseau de conspiration permanente et universelle pour prendre à la nasse et paralyser l'action des méchants dans le monde : 1° combattre et contrarier la tyrannie des gouvernants ; 2° réformer l'immoralité ou la barbarie des lois qui régissent les sociétés ; 3° verser dans le cœur de tous les hommes de courage et de dévouement l'enthousiasme de sa propagande et le zèle de sa doctrine. Rien que ça ? hein ? et il croit y parvenir ! Encore s'il était secondé par quelques hommes sincères et raisonnables, le peu de bien qu'il réussit à faire pourrait porter ses fruits ! Mais, par malheur, il est environné d'une clique d'intrigants et d'imposteurs audacieux qui feignent de partager sa foi et de servir ses projets, et qui se servent de son crédit pour accaparer de bonnes places dans toutes les cours de l'Europe, non sans se mettre au bout des doigts la meilleure partie de l'argent destiné à ses bonnes œuvres. Voilà l'homme et son entourage. C'est à vous de juger dans quelles mains vous êtes, et si cette protection généreuse qui vous a heureusement tirée des griffes du petit Fritz ne risque pas de vous faire tomber pis, à force de vouloir vous élever dans les nues. Vous voilà avertie. Méfiez-vous des belles promesses, des beaux discours, des scènes de tragédie, des tours de passe-passe des Cagliostro, des Saint-Germain et consorts.

— Ces deux derniers personnages sont-ils donc actuellement ici ? demanda Consuelo un peu troublée, et flottante entre le danger d'être jouée par le docteur et la vraisemblance de ses assertions.

— Je n'en sais rien, répondit-il. Tout s'y passe mystérieusement. Il y a deux châteaux ; un visible et palpable, où l'on voit arriver des gens du monde qui ne se doutent de rien, où l'on donne des fêtes, où l'on déploie l'appareil d'une existence princière, frivole et inoffensive. Ce château-là couvre et cache l'autre, qui est un petit monde souterrain assez habilement masqué. Dans le château invisible s'élucubrent tous les songes creux de Son Altesse. Novateurs, réformateurs, inventeurs, sorciers, prophètes, alchimistes, tous architectes d'une société nouvelle toujours prête, selon leur dire, à avaler l'ancienne demain ou après-demain ; voilà les hôtes mystérieux que l'on reçoit, que l'on héberge, et que l'on consulte sans que personne le sache à la surface du sol, ou du moins sans qu'aucun profane puisse expliquer le bruit des caves autrement que par la présence d'esprits follets et de revenants tracassiers dans les œuvres basses du bâtiment. Maintenant concluez : les susdits charlatans peuvent être à cent lieues d'ici, car ils sont grands voyageurs de leur nature, ou à cent pas de nous, dans de bonnes chambres à portes secrètes et à double fond. On dit que ce vieux château a servi autrefois de rendez-vous aux francs-juges, et que depuis, à cause de certaines traditions héréditaires, les ancêtres de notre prince se sont toujours divertis à y tramer des complots terribles, qui n'ont jamais, que je sache, abouti à rien. C'est une vieille mode du pays, et les plus illustres cerveaux ne sont pas ceux qui y donnent le moins. Moi, je ne suis pas initié aux merveilles du château invisible. Je passe ici quelques jours de temps en temps, quand ma souveraine, la princesse Sophie de Prusse, margrave de Bareith, me donne la permission d'aller prendre l'air hors de ses États. Or, comme je m'ennuie prodigieusement à la délicieuse cour de Bareith, qu'au fond j'ai de l'attachement pour le prince dont nous parlons, et que je ne suis pas fâché de jouer parfois un petit tour au grand Frédéric que je déteste, je rends au susdit prince quelques services désintéressés, et dont je me divertis tout le premier. Comme je ne reçois d'ordres que de lui, ces services sont toujours fort innocents. Celui d'aider à vous tirer de Spandaw, et de vous amener ici comme une pauvre colombe endormie, n'avait rien qui me répugnât. Je savais que vous y seriez bien traitée, et je pensais que vous auriez occasion de vous y amuser. Mais si, au contraire, on vous y tourmente, si les conseillers charlatans de Son Altesse prétendent s'y emparer de vous, et vous faire servir à leurs intrigues dans le monde...

— Je ne crains rien de semblable, répondit Consuelo de plus en plus frappée des explications du docteur. Je saurai me préserver de leurs suggestions, si elles blessent ma droiture et révoltent ma conscience.

— En êtes-vous bien sûre, madame la comtesse? reprit Supperville. Tenez! ne vous y fiez pas, et ne vous vantez de rien. Des gens fort raisonnables et fort honnêtes sont sortis d'ici timbrés et tout prêts à mal faire. Tous les moyens sont bons aux intrigants qui exploitent le prince, et ce cher prince est si facile à éblouir, que lui-même a mis la main à la perdition de quelques bonnes âmes en croyant les sauver. Sachez que ces intrigants sont fort habiles, qu'ils ont des secrets pour effrayer, pour convaincre, pour émouvoir, pour enivrer les sens et frapper l'imagination. D'abord une persistance de tracasseries et une foule de petits moyens incompréhensibles : et puis des recettes, des systèmes, des prestiges à leur service. Ils vous enverront des spectres, ils vous feront jeûner pour vous ôter la lucidité de l'esprit, ils vous assiégeront de fantasmagories riantes ou affreuses. Enfin ils vous rendront superstitieuse, folle peut-être, comme j'ai eu l'honneur de vous le dire, et alors...

— Et alors? que peuvent-ils attendre de moi? que suis-je dans le monde pour qu'ils aient besoin de m'attirer dans leurs filets?

— Oui-da! La comtesse de Rudolstadt ne s'en doute pas?

— Nullement, monsieur le docteur.

— Vous devez vous rappeler pourtant que mons Cagliostro vous a fait voir feu le comte Albert, votre mari, vivant et agissant?

— Comment savez-vous cela, si vous n'êtes pas initié aux mystères du monde souterrain dont vous parlez?

— Vous l'avez raconté à la princesse Amélie de Prusse, qui est un peu bavarde, comme toutes les personnes curieuses. Ignorez-vous, d'ailleurs, qu'elle est fort liée avec le spectre du comte de Rudolstadt?

— Un certain Trismégiste, à ce qu'on m'a dit!

— Précisément. J'ai vu ce Trismégiste, et il est de fait qu'il ressemble au comte d'une manière surprenante au premier abord. On peut le faire ressembler davantage en le coiffant et en l'habillant comme le comte avait coutume d'être, en lui rendant le visage blême, et en lui faisant étudier l'allure et les manières du défunt. Comprenez-vous maintenant?

— Moins que jamais. Quel intérêt aurait-on à faire passer cet homme pour le comte Albert?

— Que vous êtes simple et loyale! Le comte Albert est mort, laissant une grande fortune, qui va tomber en quenouille, des mains de la chanoinesse Wenceslawa à celles de la petite baronne Amélie, cousine du comte Albert, à moins que vous ne fassiez valoir vos droits à un douaire ou à une jouissance viagère. On tâchera d'abord de vous y décider...

— Il est vrai, s'écria Consuelo; vous m'éclairez sur le sens de certaines paroles!

— Ce n'est rien encore : cette jouissance viagère, très-contestable, du moins en partie, ne satisferait pas l'appétit des chevaliers d'industrie qui veulent vous accaparer. Vous n'avez pas d'enfant; il vous faut un mari. Eh bien, le comte Albert n'est pas mort : il était en léthargie, on l'a enterré vivant; le diable l'a tiré de là; M. de Cagliostro lui a donné une potion; M. de Saint-Germain l'a emmené promener. Bref, au bout d'un ou deux ans il reparaît, raconte ses aventures, se jette à vos pieds, consomme son mariage avec vous, part pour le château des Géants, se fait reconnaître de la vieille chanoinesse et de quelques vieux serviteurs qui n'y voient pas très-clair, provoque une enquête, s'il y a contestation, et paie les témoins. Il fait même le voyage de Vienne avec son épouse fidèle, pour réclamer ses droits auprès de l'impératrice. Un peu de scandale ne nuit pas à ces sortes d'affaires. Toutes les grandes dames s'intéressent à un bel homme, victime d'une funeste aventure et de l'ignorance d'un sot médecin. Le prince de Kaunitz, qui ne hait pas les cantatrices, vous protége; votre cause triomphe; vous retournez victorieuse à Riesenburg, vous mettez à la porte votre cousine Amélie; vous êtes riche et puissante; vous vous associez au prince d'*ici* et à ses charlatans pour réformer la société et changer la face du monde. Tout cela est fort agréable, et ne coûte que la peine de se tromper un peu, en prenant à la place d'un illustre époux un bel aventurier, homme d'esprit, et grand diseur de bonne aventure par-dessus le marché. Y êtes-vous, maintenant? Faites vos réflexions. Il était de mon devoir comme médecin, comme ami de la famille de Rudolstadt, et comme homme d'honneur, de vous dire tout cela. On avait compté sur moi pour constater, dans l'occasion, l'identité du Trismégiste avec le comte Albert. Mais moi qui l'ai vu mourir, non avec les yeux de l'imagination, mais avec ceux de la science, moi qui ai fort bien remarqué certaines différences entre ces deux hommes, et qui sais qu'à Berlin on connaît l'aventurier de longue date, je ne me prêterai point à une pareille imposture. Grand merci ! Je sais que vous ne vous y prêteriez pas davantage, mais qu'on mettra tout en œuvre pour vous persuader que le comte Albert a grandi de deux pouces et pris de la fraîcheur et de la santé dans son cercueil. J'entends ce Matteus qui revient ; c'est une bonne bête, qui ne se doute de rien. Moi, je me retire, j'ai dit. Je quitte ce château dans une heure, n'ayant que faire ici davantage. »

Après avoir parlé ainsi avec une remarquable volubilité, le docteur remit son masque, salua profondément Consuelo, et se retira, la laissant achever son souper toute seule si bon lui semblait : elle n'était guère disposée à le faire. Bouleversée et atterrée de tout ce qu'elle venait d'entendre, elle se retira dans sa chambre, et n'y trouva un peu de repos qu'après avoir souffert longtemps les plus douloureuses perplexités et les plus vagues angoisses du doute et de l'inquiétude.

XXVIII.

Le lendemain Consuelo se sentit brisée au moral et au physique. Les cyniques révélations de Supperville, succédant brusquement aux paternels encouragements des Invisibles, lui faisaient l'effet d'une immersion d'eau glacée après une bienfaisante chaleur. Elle s'était élevée un instant vers le ciel, pour retomber aussitôt sur la terre. Elle en voulait presque au docteur de l'avoir désabusée ; car déjà elle s'était plu, dans ses rêves, à revêtir d'une éclatante majesté ce tribunal auguste qui lui tendait les bras comme une famille d'adoption, comme un refuge contre les dangers du monde et les égarements de la jeunesse.

Le docteur semblait mériter pourtant de la gratitude, et Consuelo le reconnaissait sans pouvoir en éprouver pour lui; sa conduite n'était-elle pas d'un homme sincère, courageux et désintéressé? Mais Consuelo le trouvait trop sceptique, trop matérialiste, trop porté à mépriser les bonnes intentions et à railler les beaux caractères. Quoi qu'il lui eût dit de la crédulité imprudente et dangereuse du prince anonyme, elle se faisait encore une haute idée de ce noble vieillard, ardent pour le bien comme un jeune homme, et naïf comme un enfant dans sa foi à la perfectibilité humaine. Les discours qu'on lui avait tenus dans la salle souterraine lui revenaient à l'esprit, et lui paraissaient remplis d'autorité calme et d'austère sagesse. La charité et la bonté y perçaient sous les menaces et sous les réticences d'une sévérité affectée, prête à se démentir au moindre élan du cœur de Consuelo. Des fourbes, des cupides, des charlatans auraient-ils parlé et agi ainsi envers elle? Leur vaillante entreprise de réformer le monde, si ridicule aux yeux du frondeur Supperville, répondait au vœu éternel, aux romanesques espérances, à la foi enthousiaste qu'Albert avait inspirées à son épouse, et qu'elle avait retrouvées avec une bienveillante sympathie dans la tête malade, mais généreuse, de Gottlieb. Ce Supperville n'était-il pas haïssable de vouloir l'en dissuader, et de lui ôter sa foi en Dieu, en même temps que sa confiance dans les Invisibles?

Consuelo, bien plus portée à la poésie de l'âme qu'à la sèche appréciation des tristes réalités de la vie présente, se débattait sous les arrêts de Supperville et s'efforçait de les repousser. Ne s'était-il pas livré à des suppositions gratuites, lui qui avouait n'être pas initié au *monde souterrain*, et qui paraissait même ignorer le nom et l'existence du conseil des Invisibles? Que Trismégiste fût un chevalier d'industrie, cela était possible, quoique la princesse Amélie affirmât le contraire, et que l'amitié du comte Golowkin, le meilleur et le plus sage des grands que Consuelo eût rencontrés à Berlin, parlât en sa faveur. Que Cagliostro et Saint-Germain fussent aussi des imposteurs, cela se pouvait encore supposer, bien qu'ils eussent pu, eux aussi, être trompés par une ressemblance extraordinaire. Mais en confondant ces trois aventuriers dans le même mépris, il n'en ressortait pas qu'ils fissent partie du conseil des Invisibles, ni que cette association d'hommes vertueux ne pût repousser leurs suggestions aussitôt que Consuelo aurait constaté elle-même que Trismégiste n'était pas Albert. Ne serait-il pas temps de leur retirer sa confiance après cette épreuve décisive, s'ils persistaient à vouloir la tromper si grossièrement? Jusque-là, Consuelo voulut tenter la destinée et connaître davantage ces Invisibles à qui elle devait sa liberté, et dont les paternels reproches avaient été jusqu'à son cœur. Ce fut à ce dernier parti qu'elle s'arrêta, et en attendant l'issue de l'aventure, elle résolut de traiter tout ce que Supperville lui avait dit comme une épreuve qu'il avait été autorisé à lui faire subir, ou bien comme un besoin d'épancher sa bile contre des rivaux mieux vus et mieux traités que lui par le prince.

Une dernière hypothèse tourmentait Consuelo plus que toutes les autres. Était-il absolument impossible qu'Albert fût vivant? Supperville n'avait pas observé les phénomènes qui avaient précédé, pendant deux ans, sa dernière maladie. Il avait même refusé d'y croire, s'obstinant à penser que les fréquentes absences du jeune comte dans le souterrain étaient consacrées à de galants rendez-vous avec Consuelo. Elle seule, avec Zdenko, avait le secret de ses crises léthargiques. L'amour-propre du docteur ne pouvait lui permettre d'avouer qu'il avait pu s'abuser en constatant la mort. Maintenant que Consuelo connaissait l'existence et la puissance matérielle du conseil des Invisibles, elle osait se livrer à bien des conjectures sur la manière dont ils avaient pu arracher Albert aux horreurs d'une sépulture anticipée et le recueillir secrètement parmi eux pour des fins inconnues. Tout ce que Supperville lui avait révélé des mystères du château et des bizarreries du prince, aidait à confirmer cette supposition. La ressemblance d'un aventurier nommé Trismégiste, pouvait compliquer le merveilleux du fait, mais elle ne détruisait pas sa possibilité. Cette pensée s'empara si fort de la pauvre Consuelo, qu'elle tomba dans une profonde mélancolie. Albert vivant, elle n'hésiterait pas à le rejoindre dès qu'on le lui permettrait, et à se dévouer à lui éternellement. Mais plus que jamais elle sentait qu'elle devait souffrir d'un dévouement où l'amour n'entrerait pour rien. Le chevalier se présentait à son imagination comme une cause d'amers regrets, et à sa conscience comme une source de futurs remords. S'il fallait renoncer à lui, l'amour naissant suivait la marche ordinaire des inclinations contrariées, il devenait passion. Consuelo ne se demandait pas avec une hypocrite résignation pourquoi ce cher Albert voulait sortir de sa tombe où il était si bien ; elle se disait qu'il était dans sa destinée de se sacrifier à cet homme, peut-être même au delà du tombeau, et elle voulait accomplir cette destinée jusqu'au bout : mais elle souffrait étrangement, et pleurait l'inconnu, son plus involontaire, son plus ardent amour.

Elle fut tirée de ses méditations par un petit bruit et le frôlement d'une aile légère sur son épaule. Elle fit une exclamation de surprise et de joie en voyant un joli rouge-gorge voltiger dans sa chambre et s'approcher d'elle sans frayeur. Au bout de quelques instants de réserve, il consentit à prendre une mouche dans sa main.

« Est-ce toi, mon pauvre ami, mon fidèle compagnon? lui disait Consuelo avec des larmes de joie enfantine. Serait-il possible que tu m'eusses cherchée et retrouvée ici? Non, cela ne se peut. Jolie créature confiante, tu ressembles à mon ami et tu ne l'es pas. Tu appartiens à quelque jardinier, et tu t'es échappé de la serre où tu as passé les jours froids parmi des fleurs toujours belles. Viens à moi, consolateur du prisonnier; puisque l'instinct de ta race te pousse vers les solitaires et les captifs, je veux reporter sur toi toute l'amitié que j'avais pour ton frère. »

Consuelo jouait sérieusement depuis un quart d'heure avec cette aimable bestiole, lorsqu'elle entendit au dehors un petit sifflement qui parut faire tressaillir l'intelligente créature. Elle laissa tomber les friandises que lui avait prodiguées sa nouvelle amie, hésita un peu, fit briller ses grands yeux noirs, et tout à coup se détermina à prendre sa volée vers la fenêtre, entraînée par le nouvel avertissement d'une autorité irrécusable. Consuelo la suivit des yeux, et la vit se perdre dans le feuillage. Mais en cherchant à l'y découvrir encore, elle aperçut au fond de son jardin, sur l'autre rive du ruisseau qui le bornait, dans un endroit un peu découvert, un personnage facile à reconnaître malgré la distance. C'était Gottlieb, qui se traînait le long de l'eau d'une manière assez réjouie, en chantant et en essayant de sautiller. Consuelo, oubliant un peu la défense des Invisibles, s'efforça, en agitant son mouchoir à la fenêtre, d'attirer son attention. Mais il était absorbé par le soin de rappeler son rouge-gorge. Il levait la tête vers les arbres en sifflant, et il s'éloigna sans avoir remarqué Consuelo.

« Dieu soit béni, et les Invisibles aussi, en dépit de Supperville! se dit-elle. Ce pauvre enfant paraît heureux et mieux portant; son ange gardien le rouge-gorge est avec lui. Il me semble que c'est aussi pour moi le présage d'une riante destinée. Allons, ne doutons plus de mes protecteurs : la méfiance flétrit le cœur. »

Elle chercha comment elle pourrait occuper son temps d'une manière fructueuse pour se préparer à la nouvelle éducation morale qu'on lui avait annoncée, et elle s'avisa de lire, pour la première fois depuis qu'elle était à ***. Elle entra dans la bibliothèque, sur laquelle elle n'avait encore jeté qu'un coup d'œil distrait, et résolut d'examiner sérieusement le choix des livres qu'on avait mis à sa disposition. Ils étaient peu nombreux, mais extrêmement curieux et probablement fort rares, sinon uniques pour la plupart. C'était une collection des écrits des philosophes les plus remarquables de toutes les époques et de toutes les nations, mais abrégés et réduits à l'essence de leurs doctrines, et traduits dans les diverses langues que Consuelo pouvait comprendre. Plusieurs, n'ayant jamais été publiés en traductions, étaient manuscrits, particulièrement ceux des hérétiques et novateurs célèbres du moyen âge, précieuses dépouilles du passé dont les fragments importants, et même quelques exemplaires complets, avaient échappé aux recherches de l'inquisition, et aux dernières violations exercées par les jésuites dans les vieux châteaux hérétiques de l'Allemagne, lors de la guerre de trente ans. Consuelo ne pouvait apprécier la valeur de ces trésors philosophiques recueillis par quelque bibliophile ardent, ou par quelque adepte courageux. Les originaux l'eussent intéressée à cause des caractères et des vignettes, mais elle n'en avait sous les yeux qu'une traduction, faite avec soin et calligraphiée avec élégance par quelque moderne. Cependant elle rechercha de préférence les traductions fidèles de Wickleff, de Jean Huss, et des philosophes chrétiens réformateurs qui se rattachaient, dans les temps antérieurs, contemporains et subséquents, à ces pères de la nouvelle ère religieuse. Elle ne les avait pas lus, mais elle les connaissait assez bien par ses longues conversations avec Albert. En les feuilletant, elle ne les lut guère davantage, et pourtant elle les connut de mieux en mieux. Consuelo avait l'âme essentiellement religieuse, sans avoir l'esprit philosophique. Si elle n'eût vécu dans ce milieu raisonneur et clairvoyant du monde de son temps, elle eût facilement tourné à la superstition et au fanatisme. Telle qu'elle était encore, elle comprenait mieux les discours exaltés de Gottlieb que les écrits de Voltaire, lus cependant avec ardeur par toutes les belles dames de l'époque. Cette fille intelligente et simple, courageuse et tendre, n'avait pas la tête façonnée aux subtilités du raisonnement. Elle était toujours éclairée par le cœur avant de l'être par le cerveau. Saisissant toutes les révélations du sentiment par une prompte assimilation, elle pouvait être instruite philosophiquement ; et elle l'avait été remarquablement pour son âge, pour son sexe et pour sa position, par l'enseignement d'une parole amie, de la parole éloquente et chaleureuse d'Albert. Les organisations d'artistes acquièrent plus dans les émotions d'un cours ou d'une prédication que dans l'étude patiente et souvent froide des livres. Telle était Consuelo : elle ne pouvait pas lire une page entière avec attention ; mais si une grande pensée, heureusement rendue et résumée par une expression colorée, venait à la frapper, son âme s'y attachait ; elle se la répétait comme une phrase musicale : le sens, quelque profond qu'il fût, la pénétrait comme un rayon divin. Elle vivait sur cette idée, elle l'appliquait à toutes ses émotions. Elle y puisait une force réelle, elle se la rappelait toute sa vie. Et ce n'était pas pour elle une vaine sentence, c'était une règle de conduite, une armure pour le combat. Qu'avait-elle besoin d'analyser et de résumer le livre où elle l'avait saisie ? Tout ce livre se trouvait écrit dans son cœur, dès que l'inspiration qui l'avait produit s'était emparée d'elle. Sa destinée ne lui commandait pas d'aller au delà. Elle ne prétendait pas à concevoir savamment un monde philosophique dans son esprit. Elle sentait la chaleur des secrètes révélations qui sont accordées aux âmes poétiques lorsqu'elles sont aimantes. C'est ainsi qu'elle lut pendant plusieurs jours sans rien lire. Elle n'eût pu rendre compte de rien ; mais plus d'une page où elle n'avait vu qu'une ligne fut mouillée de ses larmes, et souvent elle courut au clavecin pour y improviser des chants dont la tendresse et la grandeur furent l'expression brûlante et spontanée de son émotion généreuse.

Une semaine entière s'écoula pour elle dans une solitude que ne troublèrent plus les rapports de Matteus. Elle s'était promis de ne plus lui adresser la moindre question, et peut-être avait-il été tancé de son indiscrétion, car il était devenu aussi taciturne qu'il avait été prolixe dans les premiers jours. Le rouge-gorge revint voir Consuelo tous les matins, mais sans être accompagné de loin par Gottlieb. Il semblait que ce petit être (Consuelo n'était pas loin de le croire enchanté) eût des heures régulières pour venir l'égayer de sa présence, et s'en retourner ponctuellement vers midi, auprès de son autre ami. Au fait, il n'y avait rien là de merveilleux. Les animaux en liberté ont des habitudes, et se font un emploi réglé de leurs journées, avec plus d'intelligence et de prévision encore que les animaux domestiques. Un jour, cependant, Consuelo remarqua qu'il ne volait pas aussi gracieusement qu'à l'ordinaire. Il paraissait contraint et impatienté. Au lieu de venir becqueter ses doigts, il ne songeait qu'à se débarrasser à coups d'ongles et de bec d'une entrave irritante. Consuelo s'approcha de lui, et vit un fil noir qui pendait à son aile. Le pauvre petit avait-il été pris dans un lacet, et ne s'en était-il échappé qu'à force de courage et d'adresse, emportant un bout de sa chaîne? Elle n'eut pas de peine à le prendre, mais elle en eut un peu à le délivrer d'un brin de soie adroitement croisé sur son dos, et qui fixait sous l'aile gauche un très-petit sachet d'étoffe brune fort mince. Dans ce sachet elle trouva un billet écrit en caractères imperceptibles sur un papier si fin, qu'elle craignait de le rompre avec son souffle. Dès les premiers mots, elle vit bien que c'était un message de son cher inconnu. Il contenait ce peu de mots :

« On m'a confié une œuvre généreuse, espérant que
« le plaisir de faire le bien calmerait l'inquiétude de ma
« passion. Mais rien, pas même l'exercice de la charité,
« ne peut distraire une âme où tu règnes. J'ai accompli
« ma tâche plus vite qu'on ne le croyait possible. Je
« suis de retour, et je t'aime plus que jamais. Le ciel
« pourtant s'éclaircit. J'ignore ce qui s'est passé entre
« toi et *eux;* mais ils semblent plus favorables, et mon
« amour n'est plus traité comme un crime, mais comme
« un malheur pour moi seulement. Un malheur! Oh!
« ils n'aiment pas! Ils ne savent pas que je ne puis être
« malheureux si tu m'aimes ; et tu m'aimes, n'est-ce
« pas? Dis-le au rouge-gorge de Spandaw. C'est lui. Je
« l'ai apporté dans mon sein. Oh! qu'il me paie de mes
« soins en m'apportant un mot de toi! Gottlieb me le
« remettra fidèlement sans le regarder. »

Les mystères, les circonstances romanesques attisent le feu de l'amour. Consuelo éprouva la plus violente tentation de répondre, et la crainte de déplaire aux Invisibles, le scrupule de manquer à ses promesses, ne la retinrent que faiblement, il faut bien l'avouer. Mais, en songeant qu'elle pouvait être découverte et provoquer un nouvel exil du chevalier, elle eut le courage de s'abstenir. Elle rendit la liberté au rouge-gorge sans lui confier un seul mot de réponse, mais non sans répandre des larmes amères sur le chagrin et le désappointement que cette sévérité causerait à son amant.

Elle essaya de reprendre ses études; mais ni la lecture ni le chant ne purent la distraire de l'agitation qui bouillonnait dans son sein, depuis qu'elle savait le chevalier près d'elle. Elle ne pouvait s'empêcher d'espérer qu'il désobéirait pour deux, et qu'elle le verrait glisser le soir dans les buissons fleuris de son jardin. Mais elle ne voulut pas l'encourager en se montrant. Elle passa la soirée enfermée, épiant, à travers sa jalousie, palpitante, remplie de crainte et de désir, résolue pourtant à ne pas répondre à son appel. Elle ne le vit point paraître, et en éprouva autant de douleur et de surprise que si elle eût compté sur une témérité dont elle l'eût pourtant blâmé, et qui eût réveillé toutes ses terreurs. Tous les petits drames mystérieux des jeunes et brûlantes amours s'accomplirent dans son sein en quelques heures. C'était une phase nouvelle, des émotions inconnues dans sa vie. Elle avait souvent attendu Anzoleto, le soir, sur les quais de Venise ou sur les terrasses de la *Corte Minelli;* mais elle l'avait attendu en repassant sa leçon du matin, ou en disant son chapelet, sans impatience, sans frayeur, sans palpitations et sans angoisse. Cet amour d'enfant était encore si près de l'amitié, qu'il ne ressemblait en rien à ce qu'elle sentait maintenant pour Liverani. Le lendemain, elle attendit le rouge-gorge avec anxiété, le rouge-gorge ne vint pas. Avait-il été saisi au passage par de farouches argus? L'humeur que lui donnait cette ceinture de soie et ce fardeau pesant pour lui l'avait-il empêché de sortir? Mais il avait tant d'esprit, qu'il se fût rappelé que Consuelo l'en avait délivré la veille, et il fût venu la prier de lui rendre encore ce service.

Consuelo pleura toute la journée. Elle qui ne trouvait pas de larmes dans les grandes catastrophes, et qui n'en avait pas versé une seule sur son infortune à Spandaw, elle se sentit brisée et consumée par les souffrances de son amour, et chercha en vain les forces qu'elle avait eues contre tous les autres maux de sa vie.

Le soir elle s'efforçait de lire une partition au clavecin, lorsque deux figures noires se présentèrent à l'entrée du salon de musique sans qu'elle les eût entendues monter. Elle ne put retenir un cri de frayeur à l'apparition de ces spectres; mais l'un d'eux lui dit d'une voix plus douce que la première fois :

« Suis-nous. »

Et elle se leva en silence pour leur obéir. On lui présenta un bandeau de soie en lui disant:

« Couvre tes yeux toi-même, et jure que tu le feras en conscience. Jure aussi que si ce bandeau venait à tomber ou à se déranger tu fermerais les yeux jusqu'à ce que nous t'ayons dit de les ouvrir.

— Je vous le jure, répondit Consuelo.

— Ton serment est accepté comme valide, » reprit le conducteur.

Et Consuelo marcha comme la première fois dans le souterrain ; mais quand on lui eut dit de s'arrêter, une voix inconnue ajouta :

« Ote toi-même ce bandeau. Désormais personne ne

portera plus la main sur toi. Tu n'auras d'autre gardien que ta parole. »

Consuelo se trouva dans un cabinet voûté et éclairé d'une seule petite lampe sépulcrale suspendue à la clef pendante du milieu. Un seul juge, en robe rouge et en masque livide, était assis sur un antique fauteuil auprès d'une table. Il était voûté par l'âge; quelques mèches argentées s'échappaient de dessous sa toque. Sa voix était cassée et tremblante. L'aspect de la vieillesse changea en respectueuse déférence la crainte dont ne pouvait se défendre Consuelo à l'approche d'un Invisible.

« Écoute-moi bien, lui dit-il, en lui faisant signe de s'asseoir sur un escabeau à quelque distance. Tu comparais ici devant ton confesseur. Je suis le plus vieux du conseil, et le calme de ma vie entière m'a rendu l'esprit aussi chaste que le plus chaste des prêtres catholiques. Je ne mens pas. Veux-tu me récuser cependant? tu es libre.

— Je vous accepte, repondit Consuelo, pourvu, toutefois, que ma confession n'implique pas celle d'autrui.

— Vain scrupule! reprit le vieillard. Un écolier ne révèle pas à un pédant la faute de son camarade; mais un fils se hâte d'avertir son père de celle de son frère, parce qu'il sait que le père réprime et corrige sans châtier. Du moins telle devrait être la loi de la famille. Tu es ici dans le sein d'une famille qui cherche la pratique de l'idéal. As-tu confiance? »

Cette question, assez arbitraire dans la bouche d'un inconnu, fut faite avec tant de douceur et d'un son de voix si sympathique, que Consuelo, entraînée et attendrie subitement, répondit sans hésiter:

« J'ai pleine confiance.

— Écoute encore, reprit le vieillard. Tu as dit, la première fois que tu as comparu devant nous, une parole que nous avons recueillie et pesée : « C'est une étrange torture morale pour une femme que de se confesser hautement devant huit hommes. » Ta pudeur a été prise en considération. Tu ne te confesseras qu'à moi, et je ne trahirai pas tes secrets. Il m'a été donné plein pouvoir, quoique je ne sois dans le conseil au-dessus de personne, de te diriger dans une affaire particulière d'une nature délicate, et qui n'a qu'un rapport indirect avec celle de ton initiation. Me répondras-tu sans embarras ? Mettras-tu ton cœur à nu devant moi ?

— Je le ferai.

— Je ne te demanderai rien de ton passé. On te l'a dit, ton passé ne nous appartient pas ; mais on t'a avertie de purifier ton âme dès l'instant qui a marqué le commencement de ton adoption. Tu as dû faire tes réflexions sur les difficultés et les conséquences de cette adoption ; ce n'est pas à moi seul que tu en dois compte : il s'agit d'autre chose entre toi et moi. Réponds donc.

— Je suis prête.

— Un de nos enfants a conçu de l'amour pour toi. Depuis huit jours, réponds-tu à cet amour ou le repousses-tu ?

— Je l'ai repoussé dans toutes mes actions.

— Je le sais. Tes moindres actions nous sont connues. Je te demande le secret de ton cœur, et non celui de ta conduite. »

Consuelo sentit ses joues brûlantes et garda le silence.

« Tu trouves ma question bien cruelle. Il faut répondre cependant. Je ne veux rien deviner. Je dois connaître et enregistrer.

— Eh bien, j'aime ! » répondit Consuelo, emportée par le besoin d'être vraie.

Mais à peine eut-elle prononcé ce mot avec audace,

qu'elle fondit en larmes. Elle venait de renoncer à la virginité de son âme.

« Pourquoi pleures-tu? reprit le confesseur avec douceur. Est-ce de honte ou de repentir?

— Je ne sais. Il me semble que ce n'est pas de repentir ; j'aime trop pour cela.

— Qui aimes-tu?

— Vous le savez, moi je ne le sais pas.

— Mais si je l'ignorais! Son nom?

— Liverani.

— Ce n'est le nom de personne. Il est commun à tous ceux de nos adeptes qui veulent le porter et s'en servir : c'est un nom de guerre, comme tous ceux que la plupart de nous portent dans leurs voyages.

— Je ne lui en connais pas d'autre, et ce n'est pas de lui que je l'ai appris.

— Son âge?

— Je ne le lui ai pas demandé.

— Sa figure?

— Je ne l'ai pas vue.

— Comment le reconnaîtrais-tu?

— Il me semble qu'en touchant sa main je le reconnaîtrais.

— Et si l'on remettait ton sort à cette épreuve, et que tu vinsses à te tromper?

— Ce serait horrible.

— Frémis donc de ton imprudence, malheureuse enfant! ton amour est insensé.

— Je le sais bien.

— Et tu ne le combats pas dans ton cœur?

— Je n'en ai pas la force.

— En as-tu le désir?

— Pas même le désir.

— Ton cœur est donc libre de toute autre affection?

— Entièrement.

— Mais tu es veuve ?

— Je crois l'être.

— Et si tu ne l'étais pas ?

— Je combattrais mon amour et je ferais mon devoir.

— Avec regret ? avec douleur ?

— Avec désespoir peut-être. Mais je le ferais.

— Tu n'as donc pas aimé celui qui a été ton époux ?

— Je l'ai aimé d'amitié fraternelle ; j'ai fait tout mon possible pour l'aimer d'amour.

— Et tu ne l'as pas pu ?

— Maintenant que je sais ce que c'est qu'aimer, je puis dire non.

— N'aie donc pas de remords ; l'amour ne s'impose pas. Tu crois aimer ce Liverani ? sérieusement, religieusement, ardemment ?

— Je sens tout cela dans mon cœur, à moins qu'il n'en soit indigne !...

— Il en est digne.

— O mon père ! s'écria Consuelo transportée de reconnaissance et prête à s'agenouiller devant le vieillard.

— Il est digne d'un amour immense autant qu'Albert lui-même ! mais il faut renoncer à lui.

— C'est donc moi qui n'en suis pas digne ? répondit Consuelo douloureusement.

— Tu en serais digne, mais tu n'es pas libre. Albert de Rudolstadt est vivant.

— Mon Dieu ! pardonnez-moi ! » murmura Consuelo en tombant à genoux et en cachant son visage dans ses mains.

Le confesseur et la pénitente gardèrent un douloureux silence. Mais bientôt Consuelo, se rappelant les accusations de Supperville, fut pénétrée d'horreur. Ce vieillard dont la présence la remplissait de vénération, se prêtait-il à une machination infernale? exploitait-il la vertu et la sensibilité de l'infortunée Consuelo pour la jeter dans les bras d'un misérable imposteur? Elle releva la tête et, pâle d'épouvante, l'œil sec, la bouche tremblante, elle essaya de percer du regard ce masque impassible qui lui cachait peut-être la pâleur d'un coupable, ou le rire diabolique d'un scélérat.

« Albert est vivant? dit-elle : en êtes-vous bien sûr, Monsieur? Savez-vous qu'il y a un homme qui lui ressemble, et que moi-même j'ai cru voir Albert en le voyant.

— Je sais tout ce roman absurde, répondit le vieillard d'un ton calme, je sais toutes les folies que Supperville a imaginées pour se disculper du crime de lèse-science qu'il a commis en faisant porter dans le sépulcre un homme endormi. Deux mots feront écrouler cet échafaudage de folies. Le premier, c'est que Supperville a été jugé incapable de dépasser les grades insignifiants des sociétés secrètes dont nous avons la direction suprême, et que sa vanité blessée, jointe à une curiosité maladive et indiscrète, n'a pu supporter cet outrage. Le second, c'est que le comte Albert n'a jamais songé à réclamer son héritage, qu'il y a volontairement renoncé, et que jamais il ne consentirait à reprendre son nom et son rang dans le monde. Il ne pourrait plus le faire sans soulever des discussions scandaleuses sur son identité, que sa fierté ne supporterait pas. Il a peut-être mal compris ses véritables devoirs en renonçant pour ainsi dire à lui-même. Il eût pu faire de sa fortune un meilleur usage que ses héritiers. Il s'est retranché un des moyens de pratiquer la charité que la Providence lui avait mis entre les mains ; mais il lui en reste assez d'autres, et d'ailleurs la voix de son amour a été plus forte en ceci que celle de sa conscience. Il s'est rappelé que vous ne l'aviez pas aimé, précisément parce qu'il était riche et noble. Il a voulu abjurer sans retour possible sa fortune et son nom. Il l'a fait, et nous l'avons permis. Maintenant vous ne l'aimez pas, vous en aimez un autre. Il ne réclamera jamais de vous le titre d'époux, qu'il n'a dû, à son agonie, qu'à votre compassion. Il aura le courage de renoncer à vous. Nous n'avons pas d'autre pouvoir sur celui que vous appelez Liverani et sur vous, que celui de la persuasion. Si vous voulez fuir ensemble, nous ne pouvons l'empêcher. Nous n'avons ni cachots, ni contraintes, ni peines corporelles à notre service, quoi qu'un serviteur crédule et craintif ait pu vous dire à cet égard; nous haïssons les moyens de la tyrannie. Votre sort est dans vos mains. Allez faire vos réflexions encore une fois, pauvre Consuelo, et que Dieu vous inspire! »

Consuelo avait écouté ce discours avec une profonde stupeur. Quand le vieillard eut fini, elle se leva et dit avec énergie :

« Je n'ai pas besoin de réfléchir, mon choix est fait. Albert est-il ici? conduisez-moi à ses pieds.

— Albert n'est point ici. Il ne pouvait être témoin de cette lutte. Il ignore même la crise que vous subissez à cette heure.

— O mon cher Albert! s'écria Consuelo en levant les bras vers le ciel, j'en sortirai victorieuse. » Puis s'agenouillant devant le vieillard : « Mon père, dit-elle, absolvez-moi, et aidez-moi à ne jamais revoir ce Liverani; je ne veux plus l'aimer, je ne l'aimerai plus. »

Le vieillard étendit ses mains tremblotantes sur la tête de Consuelo; mais lorsqu'il les retira, elle ne put se relever. Elle avait refoulé ses sanglots dans son sein, et brisée par un combat au-dessus de ses forces, elle fut forcée de s'appuyer sur le bras du confesseur pour sortir de l'oratoire.

XXIX.

Le lendemain le rouge-gorge vint à midi frapper du bec et de l'ongle à la croisée de Consuelo. Au moment de lui ouvrir, elle remarqua le fil noir croisé sur sa poitrine orangée, et un élan involontaire lui fit porter la main à l'espagnolette. Mais elle la retira aussitôt. « Va-t'en, messager de malheur, dit-elle, va-t'en, pauvre innocent, porteur de lettres coupables et de paroles criminelles. Je n'aurais peut-être pas le courage de ne pas répondre à un dernier adieu. Je ne dois pas même laisser connaître que je regrette et que je souffre. »

Elle s'enfuit dans le salon de musique, afin d'échapper au tentateur ailé qui, habitué à une meilleure réception, voltigeait et se heurtait au vitrage avec une sorte de colère. Elle se mit au clavecin pour ne pas entendre les cris et les reproches de son favori qui l'avait suivie à la fenêtre de cette pièce, et elle éprouvait quelque chose de semblable à l'angoisse d'une mère qui ferme l'oreille aux plaintes et aux prières de son enfant en pénitence. Ce n'était pourtant pas au dépit et au chagrin du rouge-gorge que la pauvre Consuelo était le plus sensible dans ce moment. Le billet qu'il apportait sous son aile avait une voix bien plus déchirante; c'était cette voix qui semblait, à notre recluse romanesque, pleurer et se lamenter pour être écoutée.

Elle résista pourtant; mais il est de la nature de l'amour de s'irriter des obstacles et de revenir à l'assaut, toujours plus impérieux et plus triomphant après chacune de nos victoires. On pourrait dire, sans métaphore, que lui résister, c'est lui fournir de nouvelles armes.

Vers trois heures, Matteus entra avec la gerbe de fleurs qu'il apportait chaque jour à sa prisonnière (car au fond il l'aimait pour sa douceur et sa bonté); et, selon son habitude, elle délia ces fleurs afin de les arranger elle-même dans les beaux vases de la console. C'était un des plaisirs de sa captivité; mais cette fois elle y fut peu sensible, et elle s'y livrait machinalement, comme pour tuer quelques instants de ces lentes heures qui la consumaient, lorsqu'en déliant le paquet de narcisses qui occupait le centre de la gerbe parfumée, elle fit tomber une lettre bien cachetée, mais sans adresse. En vain essaya-t-elle de se persuader qu'elle pouvait être du tribunal des Invisibles. Matteus l'eût-il apportée sans cela? Malheureusement Matteus n'était déjà plus à portée de donner des explications. Il fallut le sonner. Il avait besoin de cinq minutes pour reparaître, il en mit par hasard au moins dix. Consuelo avait eu trop de courage contre le rouge-gorge pour en conserver contre le bouquet. La lettre était lue lorsque Matteus rentra, juste au moment où Consuelo arrivait à ce post-scriptum : « N'interrogez pas Matteus; il ignore la désobéissance que je lui fais commettre. » Matteus fut simplement requis de remonter la pendule, qui était arrêtée.

La lettre du chevalier était plus passionnée, plus impétueuse que toutes les autres, elle était même impérieuse dans son délire. Nous ne la transcrirons pas. Les lettres d'amour ne portent l'émotion que dans le cœur qui inspire et partage le feu qui les a dictées. Par elles-mêmes elles se ressemblent toutes : mais chaque être épris d'amour trouve dans celle qui lui est adressée une puissance irrésistible, une nouveauté incomparable. Personne ne croit être aimé autant qu'un autre, ni de la même manière; il croit être le plus aimé, le seul aimé qui soit au monde. Là où cet aveuglement ingénu et cette fascination orgueilleuse n'existent pas, il n'y a point de passion; et la passion avait envahi enfin le paisible et noble cœur de Consuelo.

Le billet de l'inconnu porta le trouble dans toutes ses pensées. Il implorait une entrevue; il faisait plus, il l'annonçait et s'excusait d'avance sur la nécessité de mettre les derniers moments à profit. Il feignait de croire que Consuelo avait aimé Albert et pouvait l'aimer encore. Il feignait aussi de vouloir se soumettre à son arrêt, et, en attendant, il exigeait un mot de pitié, une larme de regret, un dernier adieu; toujours ce dernier adieu qui est comme la dernière apparition d'un grand artiste annoncée au public, et heureusement suivi de beaucoup d'autres.

La triste Consuelo (triste et pourtant dévorée d'une joie secrète, involontaire et brûlante à l'idée de cette entrevue) sentit, à la rougeur de son front et aux palpitations de son sein, qu'elle avait l'âme adultère en dépit d'elle-même. Elle sentit que ses résolutions et sa volonté ne la préservaient pas d'un entraînement inconcevable, et que, si le chevalier se décidait à rompre son vœu en lui parlant et en lui montrant ses traits, comme il y semblait résolu, elle n'aurait pas la force d'empêcher cette violation des lois de l'ordre invisible. Elle n'avait qu'un refuge, c'était d'implorer le secours de ce même tribunal. Mais fallait-il accuser et trahir Liverani? Le digne vieillard qui lui avait révélé l'existence d'Albert, et qui avait paternellement accueilli ses confidences la veille, recevrait celle-ci encore sous le sceau de la confession. Il plaindrait, lui, le délire du chevalier, il ne le condamnerait que dans le secret de son cœur. Consuelo lui écrivit qu'elle voulait le voir à neuf heures, le soir même, qu'il y allait de son honneur, de son repos, de sa vie peut-être. C'était l'heure à laquelle l'inconnu s'était annoncé; mais à qui et par qui envoyer cette lettre? Matteus refusait de faire un pas hors de l'enclos avant minuit; c'était sa consigne, rien ne put l'ébranler. Il avait été vivement réprimandé pour n'avoir pas observé tous ses devoirs bien ponctuellement à l'égard de la prisonnière; il était désormais inflexible.

L'heure approchait, et Consuelo, tout en cherchant les moyens de se soustraire à l'épreuve fatale, n'avait pas songé un instant à celui d'y résister. Vertu imposée aux femmes, tu ne seras jamais qu'un nom tant que l'homme ne prendra point la moitié de la tâche! Tous tes plans de défense se réduisent à des subterfuges; toutes tes immolations du bonheur personnel échouent devant la crainte de désespérer l'objet aimé. Consuelo s'arrêta à une dernière ressource, suggestion de l'héroïsme et de la faiblesse qui se partageaient son esprit. Elle se mit à chercher l'entrée mystérieuse du souterrain qui était dans le pavillon même, résolue à s'y élancer et à se présenter à tout hasard devant les Invisibles. Elle supposait assez gratuitement que le lieu de leurs séances était accessible, une fois l'entrée du souterrain franchie, et qu'ils se réunissaient chaque soir en ce même lieu. Elle ne savait pas qu'ils étaient tous absents ce jour-là, et que Liverani était seul revenu sur ses pas, après avoir feint de les suivre dans une excursion mystérieuse.

Mais tous ses efforts pour trouver la porte secrète ou la trappe du souterrain furent inutiles. Elle n'avait plus, comme à Spandaw, le sang-froid, la persévérance, la foi nécessaires pour découvrir la moindre fissure d'une muraille, la moindre saillie d'une pierre. Ses mains tremblaient en interrogeant la boiserie et les lambris, sa vue était troublée; à chaque instant il lui semblait entendre les pas du chevalier sur le sable du jardin, ou sur le marbre du péristyle.

Tout à coup, il lui sembla les entendre au-dessous d'elle, comme s'il montait l'escalier caché sous ses pieds, comme s'il s'approchait d'une porte invisible, ou comme si, à la manière des esprits familiers, il allait percer la muraille pour se présenter devant ses yeux. Elle laissa tomber son flambeau et s'enfuit au fond du jardin. Le joli ruisseau qui le traversait arrêta sa course. Elle écouta, et entendit, ou crut entendre marcher derrière elle. Alors elle perdit un peu la tête, et se jeta dans le batelet dont le jardinier se servait pour apporter du dehors du sable et des gazons. Consuelo s'imagina qu'en le détachant, elle irait échouer sur la rive opposée ; mais le ruisseau était rapide, et sortait de l'enclos en se resserrant sous une arcade basse fermée d'une grille. Emportée à la dérive par le courant, la barque alla frapper en peu d'instants contre la grille. Consuelo s'y préserva d'un choc trop rude en s'élançant à la proue et en étendant les mains. Un enfant de Venise (et un enfant du peuple) ne pouvait pas être bien embarrassé de cette manœuvre. Mais, fortune bizarre! la grille céda sous sa main et s'ouvrit par la seule impulsion que le courant donnait au bateau. Hélas! pensa Consuelo, on ne ferme peut-être jamais ce passage, car je suis prisonnière sur parole, et pourtant je fuis, je viole mon serment! Mais je ne le fais que pour chercher protection et refuge parmi mes hôtes, non pour les abandonner et les trahir.

Elle sauta sur la rive où un détour de l'eau avait poussé son esquif, et s'enfonça dans un taillis épais. Consuelo ne pouvait pas courir bien vite sous ces ombrages sombres. L'allée serpentait en se rétrécissant. La fugitive se heurtait à chaque instant contre les arbres, et tomba plusieurs fois sur le gazon. Cependant elle sentait revenir l'espoir dans son âme; ces ténèbres la rassuraient; il lui semblait impossible que Liverani pût l'y découvrir.

Après avoir marché fort longtemps au hasard, elle se trouva au bas d'une colline parsemée de rochers, dont la silhouette incertaine se dessinait sur un ciel gris et voilé. Un vent d'orage assez frais s'était élevé, et la pluie commençait à tomber. Consuelo, n'osant revenir sur ses pas, dans la crainte que Liverani n'eût retrouvé sa trace et ne la cherchât sur les rives du ruisseau, se hasarda dans le sentier un peu rude de la colline. Elle s'imagina qu'arrivée au sommet, elle découvrirait les lumières du château, quelle qu'en fût la position. Mais lorsqu'elle y fut arrivée dans les ténèbres, les éclairs, qui commençaient à embraser le ciel, lui montrèrent devant elle les ruines d'un vaste édifice, imposant et mélancolique débris d'un autre âge.

La pluie força Consuelo d'y chercher un abri, mais elle le trouva avec peine. Les tours étaient effondrées du haut en bas, à l'intérieur, et des nuées de gerfauts et de tiercelets s'y agitèrent à son approche, en poussant ce cri aigu et sauvage qui semble la voix des esprits de malheur, habitants des ruines.

Au milieu des pierres et des ronces, Consuelo, traversant la chapelle découverte qui dessinait, à la lueur bleuâtre des éclairs, les squelettes de ses ogives disloquées, gagna le préau, dont un gazon court et uni recouvrait le nivellement; elle évita un puits profond qui ne se trahissait à la surface du sol que par le développement de ses riches capillaires et d'un superbe rosier sauvage, tranquille possesseur de sa paroi intérieure. La masse de constructions ruinées qui entouraient ce préau abandonné offrait l'aspect le plus fantastique; et, au passage de chaque éclair, l'œil avait peine à comprendre ces spectres grêles et déjetés, toutes ces formes incohérentes de la destruction ; d'énormes manteaux de cheminées, encore noircis en dessous par la fumée d'un foyer à jamais éteint, et sortant du milieu des murailles dénudées, à une hauteur effrayante; des escaliers rompus, élançant leur spirale dans le vide, comme pour conduire les sorcières à leur danse aérienne; des arbres entiers installés et grandis dans des appartements encore parés d'un reste de fresques; des bancs de pierre dans les embrasures profondes des croisées, et toujours le vide au dedans comme au dehors de ces retraites mystérieuses, refuges des amants en temps de paix, tanières des guetteurs aux heures du danger; enfin des meurtrières festonnées de coquettes guirlandes, des pignons isolés s'élevant dans les airs comme des obélisques, et des portes comblées jusqu'au tympan par les atterrissements et les décombres. C'était un lieu effrayant et poétique; Consuelo s'y sentit pénétrée d'une sorte de terreur superstitieuse, comme si sa présence eût profané une enceinte réservée aux funèbres conférences ou aux silencieuses rêveries des morts. Par une nuit sereine et dans une situation moins agitée, elle eût pu admirer l'austère beauté de ce monument; elle ne se fût peut-être pas apitoyée classiquement sur la rigueur du temps et des destins, qui renversent sans pitié le palais et la forteresse, et couchent leurs débris dans l'herbe à côté de ceux de la chaumière. La tristesse qu'inspirent les ruines de ces demeures formidables n'est pas la même dans l'imagination de l'artiste et dans le cœur du patricien. Mais en ce moment de trouble et de crainte, et par cette nuit d'orage, Consuelo, n'étant point soutenue par l'enthousiasme qui l'avait poussée à de plus sérieuses entreprises, se sentit redevenir l'enfant du peuple, tremblant à l'idée de voir apparaître les fantômes de la nuit, et redoutant surtout ceux des antiques châtelains, farouches oppresseurs durant leur vie, spectres désolés et menaçants après leur mort. Le tonnerre élevait la voix, le vent faisait crouler les briques et le ciment des murailles démantelées, les longs rameaux de la ronce et du lierre se tordaient comme des serpents aux créneaux des tours. Consuelo, cherchant toujours un abri contre la pluie et les éboulements, pénétra sous la voûte d'un escalier qui paraissait mieux conservé que les autres; c'était celui de la grande tour féodale, la plus ancienne et la plus solide construction de tout l'édifice. Au bout de vingt marches, elle rencontra une grande salle octogone qui occupait tout l'intérieur de la tour, l'escalier en vis étant pratiqué, comme dans toutes les constructions de ce genre, dans l'intérieur du mur, épais de dix-huit à vingt pieds. La voûte de cette salle avait la forme intérieure d'une ruche. Il n'y avait plus ni portes ni fenêtres; mais ces ouvertures étaient si étroites et si profondes, que le vent ne pouvait s'y engouffrer. Consuelo résolut d'attendre en ce lieu la fin de la tempête; et, s'approchant d'une fenêtre, elle y resta plus d'une heure à contempler le spectacle imposant du ciel embrasé, et à écouter les voix terribles de l'orage.

Enfin le vent tomba, les nuées se dissipèrent, et Consuelo songea à se retirer; mais en se retournant, elle fut surprise de voir une clarté plus permanente que celle des éclairs régner dans l'intérieur de la salle. Cette clarté, après avoir hésité, pour ainsi dire, grandit et remplit toute la voûte, tandis qu'un léger petillement se faisait entendre dans la cheminée. Consuelo regarda de ce côté, et vit sous le demi-cintre de cet âtre antique, énorme gueule béante devant elle, un feu de branches qui venait de s'allumer comme de lui-même. Elle s'en approcha, et remarqua des bûches à demi consumées, et tous les débris d'un feu naguère entretenu, et récemment abandonné sans grande précaution.

Effrayée de cette circonstance qui lui révélait la présence d'un hôte, Consuelo qui ne voyait pourtant pas trace de mobilier autour d'elle, retourna vivement vers l'escalier et s'apprêtait à le descendre, lorsqu'elle entendit des voix en bas, et des pas qui faisaient craquer les gravois dont il était semé. Ses terreurs fantastiques se changèrent alors en appréhensions réelles. Cette tour humide et dévastée ne pouvait être habitée que par quelque garde-chasse, peut-être aussi sauvage que sa demeure, peut-être ivre et brutal, et bien vraisemblablement moins civilisé et moins respectueux que l'honnête Matteus. Les pas se rapprochaient assez rapidement. Consuelo monta l'escalier à la hâte pour n'être pas rencontrée par ces problématiques arrivants, et après avoir franchi encore vingt marches, elle se trouva au niveau du second étage où il était peu probable qu'on aurait l'occasion de la rejoindre, car il était entièrement découvert et par conséquent inhabitable. Heureusement pour elle la pluie avait cessé ; elle apercevait même briller quelques étoiles à travers la végétation vagabonde qui avait envahi le couronnement de la tour, à une dizaine de toises au-dessus de sa tête. Un rayon de lumière partant de dessous ses pieds se projeta bientôt sur les sombres parois de l'édifice, et Consuelo, s'approchant avec précaution, vit par une large crevasse ce qui se passait à l'étage inférieur qu'elle venait de quitter. Deux hommes étaient dans la salle, l'un marchant et frappant du pied comme pour se réchauffer, l'autre penché sous le large manteau de la cheminée, et occupé à ranimer le feu qui commençait à monter dans l'âtre. D'abord elle ne distingua que leurs vêtements qui annonçaient une condition brillante, et leurs chapeaux qui lui cachaient leurs visages ; mais la clarté du foyer s'étant répandue, et celui qui l'attisait avec la pointe de son épée s'étant relevé pour accrocher son chapeau à une pierre saillante du mur, Consuelo vit une chevelure noire qui la fit tressaillir, et le haut d'un visage qui faillit lui arracher un cri de terreur et de tendresse tout à la fois. Il éleva la voix, et Consuelo n'en douta plus, c'était Albert de Rudolstadt.

« Approchez, mon ami, disait-il à son compagnon, et réchauffez-vous à l'unique cheminée qui reste debout dans ce vaste manoir. Voilà un triste gîte, monsieur de Trenck, mais vous en avez trouvé de pires dans vos rudes voyages.

— Et même je n'en ai souvent pas trouvé du tout, répondit l'amant de la princesse Amélie. Vraiment celui-ci est plus hospitalier qu'il n'en a l'air, et je m'en serais accommodé plus d'une fois avec plaisir. Ah çà, mon cher comte, vous venez donc quelquefois méditer sur ces ruines, et faire la veillée des armes dans cette tour endiablée?

— J'y viens souvent en effet, et pour des raisons plus concevables. Je ne puis vous les dire maintenant, mais vous les saurez plus tard.

— Je les devine de reste. Du haut de cette tour, vous plongez dans un certain enclos, et vous dominez un certain pavillon.

— Non, Trenck. La demeure dont vous parlez est cachée derrière les bois de la colline, et je ne la vois pas d'ici.

— Mais vous êtes à portée de vous y rendre en peu d'instants, et de vous réfugier ensuite ici contre les surveillants incommodes. Allons, convenez que tout à l'heure, lorsque je vous ai rencontré dans le bois...

— Je ne puis convenir de rien, ami Trenck, et vous m'avez promis de ne pas m'interroger.

— Il est vrai. Je ne devrais songer qu'à me réjouir de vous avoir retrouvé dans ce parc immense, ou plutôt dans cette forêt, où j'avais si bien perdu mon chemin, que, sans vous, je me serais jeté dans quelque pittoresque ravin ou noyé dans quelque limpide torrent. Sommes-nous loin du château?

— A plus d'un quart de lieue. Séchez donc vos habits pendant que le vent sèche les sentiers du parc, et nous nous remettrons en route.

— Ce vieux château me plaît moins que le nouveau, je vous le confesse, et je conçois fort bien qu'on l'ait abandonné aux orfraies. Pourtant, je me sens heureux de m'y trouver seul avec vous à cette heure, et par cette soirée lugubre. Cela me rappelle notre première rencontre dans les ruines d'une antique abbaye de la Silésie, mon initiation, les serments que j'ai prononcés entre vos mains, vous, mon juge, mon examinateur et maître alors, mon frère et mon ami aujourd'hui! cher Albert! quelles étranges et funestes vicissitudes ont passé depuis sur nos têtes! Morts tous deux à nos familles, à nos patries, à nos amours peut-être!... qu'allons-nous devenir, et quelle sera désormais notre vie parmi les hommes?

— La tienne peut encore être entourée d'éclat et remplie d'enivrements, mon cher Trenck! La domination du tyran qui te hait a des limites, grâces à Dieu, sur le sol de l'Europe.

— Mais ma maîtresse, Albert? sera-t-il possible que ma maîtresse me reste éternellement et inutilement fidèle?

— Tu ne devrais pas le désirer, ami; mais il n'est que trop certain que sa passion sera aussi durable que son malheur.

— Parlez-moi donc d'elle, Albert! Plus heureux

que moi, vous pouvez la voir et l'entendre, vous!......

— Je ne le pourrai plus, cher Trenck ; ne vous faites pas d'illusions à cet égard. Le nom fantastique et le personnage bizarre de Trismégiste dont on m'avait affublé, et qui m'ont protégé, durant plusieurs années, dans mes courtes et mystérieuses relations avec le palais de Berlin, ont perdu leur prestige ; mes amis seront discrets, et mes dupes (puisque pour servir notre cause et votre amour, j'ai été forcé de faire bien innocemment quelques dupes), ne seraient pas plus clairvoyantes que par le passé ; mais Frédéric a senti l'odeur d'une conspiration, et je ne puis plus retourner en Prusse. Mes efforts y seraient paralysés par sa méfiance, et la prison de Spandaw ne s'ouvrirait pas une seconde fois pour mon évasion.

— Pauvre Albert ! tu as dû souffrir dans cette prison, autant que moi dans la mienne, plus peut-être !

— Non, j'étais près d'*elle*. J'entendais sa voix, je travaillais à sa délivrance. Je ne regrette ni d'avoir enduré l'horreur du cachot, ni d'avoir tremblé pour sa vie. Si j'ai souffert pour moi, je ne m'en suis pas aperçu ; si j'ai souffert pour elle, je ne m'en souviens plus. Elle est sauvée et elle sera heureuse.

— Par vous, Albert? Dites-moi qu'elle ne sera heureuse que par vous et avec vous, ou bien je ne l'estime plus, je lui retire mon admiration et mon amitié.

— Ne parlez pas ainsi, Trenck. C'est outrager la nature, l'amour et le ciel. Nos femmes sont aussi libres envers nous que nos amantes, et vouloir les enchaîner au nom d'un devoir profitable à nous seuls, serait un crime et une profanation.

— Je le sais, et sans m'élever à la même vertu que toi, je sens bien que si Amélie m'eût retiré sa parole au lieu de me la confirmer, je n'aurais pas cessé pour cela de l'aimer et de bénir les jours de bonheur qu'elle m'a donnés; mais il m'est bien permis de t'aimer plus que moi-même et de haïr quiconque ne t'aime pas? Tu souris, Albert, tu ne comprends pas mon amitié; et moi je ne comprends pas ton courage. Ah! s'il est vrai que celle qui a reçu ta foi se soit éprise (avant l'expiration de son deuil, l'insensée!) d'un de nos *frères*, fût-il le plus méritant d'entre nous, et le plus séduisant des hommes du monde, je ne pourrai jamais le lui pardonner. Pardonne, toi, si tu le peux!

— Trenck! Trenck! tu ne sais pas de quoi tu parles; tu ne comprends pas, et moi je ne puis m'expliquer. Ne la juge pas encore, cette femme admirable; plus tard, tu la connaîtras.

— Et qui t'empêche de la justifier à mes yeux! Parle donc! A quoi bon ce mystère? nous sommes seuls ici. Tes aveux ne sauraient la compromettre, et aucun serment que je sache, ne t'engage à me cacher ce que nous soupçonnons tous d'après ta conduite. Elle ne t'aime plus? quelle sera son excuse?

— M'avait-elle donc jamais aimé?

— Voilà son crime. Elle ne t'a jamais compris.

— Elle ne le pouvait pas, et moi je ne pouvais me révéler à elle. D'ailleurs j'étais malade, j'étais fou; on n'aime pas les fous, on les plaint et on les redoute.

— Tu n'as jamais été fou, Albert; je ne t'ai jamais vu ainsi. La sagesse et la force de ton intelligence m'ont toujours ébloui, au contraire.

— Tu m'as vu ferme et maître de moi dans l'action, tu ne m'as jamais vu dans l'agonie du repos, dans les tortures du découragement.

— Tu connais donc le découragement, toi? Je ne l'aurais jamais pensé.

— C'est que tu ne vois pas tous les dangers, tous les

obstacles, tous les vices de notre entreprise. Tu n'as jamais été au fond de cet abîme où j'ai plongé toute mon âme et jeté toute mon existence ; tu n'en as envisagé que le côté chevaleresque et généreux ; tu n'en as embrassé que les travaux faciles et les riantes espérances.

— C'est que je suis moins grand, moins enthousiaste, et, puisqu'il faut le dire, moins fanatique que toi, noble comte! Tu as voulu boire la coupe du zèle jusqu'à la lie, et quand l'amertume t'a suffoqué, tu as douté du ciel et des hommes.

— Oui, j'ai douté, et j'en ai été bien cruellement puni.

— Et maintenant doutes-tu encore? souffres-tu toujours?

— Maintenant j'espère, je crois, j'agis. Je me sens fort, je me sens heureux. Ne vois-tu pas la joie rayonner sur mon visage, et ne sens-tu pas l'ivresse déborder de mon sein?

— Et cependant tu es trahi par ta maîtresse! que dis-je? par ta femme!

— Elle ne fut jamais ni l'une ni l'autre. Elle ne me devait, elle ne me doit rien; elle ne me trahit point. Dieu lui envoie l'amour, la plus céleste des grâces d'en haut, pour la récompenser d'avoir eu pour moi un instant de pitié à mon lit de mort. Et moi, pour la remercier de m'avoir fermé les yeux, de m'avoir pleuré, de m'avoir béni au seuil de l'éternité que je croyais franchir, je revendiquerais une promesse arrachée à sa compassion généreuse, à sa charité sublime? je lui dirais : « Femme, je suis ton maître, tu m'appartiens de par la loi, de par ton imprudence et de par ton erreur Tu vas subir mes embrassements parce que, dans un jour de séparation, tu as déposé un baiser d'adieu sur mon front glacé! Tu vas mettre à jamais ta main dans la

4.

mienne, t'attacher à mes pas, subir mon joug, briser dans ton sein un amour naissant, refouler des désirs insurmontables, te consumer de regrets dans mes bras profanes, sur mon cœur égoïste et lâche! » Oh! Trenck! pensez-vous que je pusse être heureux en agissant ainsi? Ma vie ne serait-elle pas un supplice plus amer encore que le sien? La souffrance de l'esclave n'est-elle pas la malédiction du maître? Grand Dieu! quel être est assez vil, assez abruti, pour s'enorgueillir et s'enivrer d'un amour non partagé, d'une fidélité contre laquelle le cœur de la victime se révolte? Grâce au ciel, je ne suis pas cet être-là, je ne le serai jamais. J'allais ce soir trouver Consuelo; j'allais lui dire toutes ces choses, j'allais lui rendre sa liberté. Je ne l'ai pas rencontrée dans le jardin, où elle se promène ordinairement; à cette heure l'orage est venu et m'a ôté l'espérance de l'y voir descendre. Je n'ai pas voulu pénétrer dans ses appartements; j'y serais entré par le droit de l'époux. Le seul tressaillement de son épouvante, la pâleur seule de son désespoir, m'eussent fait un mal que je n'ai pu me résoudre à affronter.

— Et n'as-tu pas rencontré aussi dans l'ombre le masque noir de Liverani?

— Quel est ce Liverani?

— Ignores-tu le nom de ton rival?

— Liverani est un faux nom. Le connais-tu, toi, cet homme, ce rival heureux?

— Non. Mais tu me demandes cela d'un air étrange? Albert, je crois te comprendre : tu pardonnes à ton épouse infortunée, tu l'abandonnes, tu le dois; mais tu châtieras, j'espère, le lâche qui l'a séduite?

— Es-tu sûr que ce soit un lâche?

— Quoi! l'homme à qui on avait confié le soin de sa délivrance et la garde de sa personne durant un long et périlleux voyage ! celui qui devait la protéger, la respecter, ne pas lui adresser une seule parole, ne pas lui montrer son visage !... Un homme investi des pouvoirs et de l'aveugle confiance des Invisibles ! ton frère d'armes et de serment, comme je suis le tien, sans doute ? Ah ! si l'on m'eût confié ta femme, Albert, je n'aurais pas seulement songé à cette criminelle trahison de me faire aimer d'elle !

— Trenck, encore une fois, tu ne sais pas de quoi tu parles ! Trois hommes seulement parmi nous savent quel est ce Liverani, et quel est son crime. Dans quelques jours tu cesseras de blâmer et de maudire cet heureux mortel à qui Dieu, dans sa bonté, dans sa justice peut-être, a donné l'amour de Consuelo.

— Homme étrange et sublime ! tu ne le hais pas ?

— Je ne puis le haïr.

— Tu ne troubleras pas son bonheur ?

— Je travaille ardemment à l'assurer, au contraire, et je ne suis ni sublime ni étrange en ceci. Tu souriras bientôt bientôt des éloges que tu me donnes.

— Quoi ! tu ne souffres même pas ?

— Je suis le plus heureux des hommes.

— En ce cas, tu aimes peu, ou tu n'aimes plus. Un tel héroïsme n'est pas dans la nature humaine ; il est presque monstrueux ; et je ne puis admirer ce que je ne comprends pas. Attends, comte ; tu me railles, et je suis bien simple. Tiens, je devine enfin : tu aimes une autre femme, et tu bénis la Providence qui te délivre de tes engagements envers la première, en la rendant infidèle.

— Il faut donc que je t'ouvre mon cœur, tu m'y contrains, baron. Écoute ; c'est toute une histoire, tout un roman à te raconter ; mais il fait froid ici ; ce feu de broussailles ne peut réchauffer ces vieux murs ; et, d'ailleurs, je crains qu'à la longue ils ne te rappellent fâcheusement ceux de Glatz. Le temps s'est éclairci, nous pouvons reprendre le chemin du château ; et, puisque tu le quittes au point du jour, je ne veux pas trop prolonger ta veillée. Chemin faisant, je te ferai un étrange récit. »

Les deux amis reprirent leurs chapeaux, après en avoir secoué l'humidité ; et, donnant quelques coups de pied aux tisons pour les éteindre, ils quittèrent la tour en se tenant par le bras. Leurs voix se perdirent dans l'éloignement, et les échos du vieux manoir cessèrent bientôt de répéter le faible bruit de leurs pas sur l'herbe mouillée du préau.

XXX.

Consuelo resta plongée dans une étrange stupeur. Ce qui l'étonnait le plus, ce que le témoignage de ses sens avait peine à lui persuader, ce n'était pas la magnanime conduite d'Albert, ni ses sentiments héroïques, mais la facilité miraculeuse avec laquelle il dénouait lui-même le terrible problème de la destinée qu'il lui avait faite. Était-il donc si aisé à Consuelo d'être heureuse ? était-ce un amour si légitime que celui de Liverani ? Elle croyait avoir rêvé ce qu'elle venait d'entendre. Il lui était déjà permis de s'abandonner à son entraînement pour cet inconnu. Les austères Invisibles en faisaient l'égal d'Albert, par la grandeur d'âme, le courage et la vertu : Albert lui-même la justifiait et la défendait contre le blâme de Trenck. Enfin, Albert et les Invisibles, loin de condamner leur mutuelle passion, les abandonnaient à leur libre choix, à leur invincible sympathie : et tout cela sans combat, sans effort, sans cause de regret ou de

remords, sans qu'il en coûtât une larme à personne!
Consuelo, tremblante d'émotion plus que de froid, redescendit dans la salle voûtée, et ranima de nouveau le feu qu'Albert et Trenck venaient de disperser dans l'âtre. Elle regarda la trace de leurs pieds humides sur les dalles poudreuses. C'était un témoignage de la réalité de leur apparition, que Consuelo avait besoin de consulter pour y croire. Accroupie sous le cintre de la cheminée, comme la rêveuse cendrillon, la protégée des lutins du foyer, elle tomba dans une méditation profonde. Un si facile triomphe sur la destinée ne lui paraissait pas fait pour elle. Cependant aucune crainte ne pouvait prévaloir contre la sérénité merveilleuse d'Albert. C'était là précisément ce que Consuelo pouvait le moins révoquer en doute. Albert ne souffrait pas ; son amour ne se révoltait pas contre sa justice. Il accomplissait avec une sorte de joie enthousiaste le plus grand sacrifice qu'il soit au pouvoir de l'homme d'offrir à Dieu. L'étrange vertu de cet homme unique frappait Consuelo de surprise et d'épouvante. Elle se demandait si un tel détachement des faiblesses humaines était conciliable avec les humaines affections. Cette insensibilité apparente ne signalait-elle pas dans Albert une nouvelle phase de délire? Après l'exagération des maux qu'entraînent la mémoire et l'exclusivité du sentiment, ne subissait-il pas une sorte de paralysie du cœur et des souvenirs? Pouvait-il être guéri si vite de son amour, et cet amour était-il si peu de chose, qu'un simple acte de sa volonté, une seule décision de sa logique, pût en effacer ainsi jusqu'à la moindre trace? Tout en admirant ce triomphe de la philosophie, Consuelo ne put se défendre d'un peu d'humiliation, de voir ainsi détruire d'un souffle cette longue passion dont elle avait été fière à juste titre. Elle repassait les moindres paroles qu'il venait de dire; et l'expres-

sion de son visage, lorsqu'il les avait dites, était encore devant ses yeux. C'était une expression que Consuelo ne lui connaissait pas. Albert était aussi changé dans son extérieur que dans ses sentiments. A vrai dire, c'était un homme nouveau ; et si le son de sa voix, si le dessin de ses traits, si la réalité de ses discours n'eussent confirmé la vérité, Consuelo eût pu croire qu'elle voyait à sa place ce prétendu Sosie, ce personnage imaginaire de Trismégiste, que le docteur s'obstinait à vouloir lui substituer. La modification que l'état de calme et de santé avait apportée à l'extérieur et aux manières d'Albert semblait confirmer l'erreur de Supperville. Il avait perdu sa maigreur effrayante, et il semblait grandi, tant sa taille affaissée et languissante s'était redressée et rajeunie. Il avait une autre démarche ; ses mouvements étaient plus souples, son pas plus ferme, sa tenue aussi élégante et aussi soignée qu'elle avait été abandonnée et, pour ainsi dire, méprisée par lui. Il n'y avait pas jusqu'à ses moindres préoccupations qui n'étonnassent Consuelo. Autrefois, il n'eût pas songé à faire du feu ; il eût plaint son ami Trenck d'être mouillé, et il ne se fût pas avisé, tant les objets extérieurs et les soins matériels lui étaient devenus étrangers, de rapprocher les tisons épars sous ses pieds ; il n'eût pas secoué son chapeau avant de le remettre sur sa tête ; il eût laissé la pluie ruisseler sur sa longue chevelure, et il ne l'eût pas sentie. Enfin, il portait une épée, et jamais, auparavant, il n'eût consenti à manier, même en jouant, cette arme de parade, ce simulacre de haine et de meurtre. Maintenant elle ne gênait point ses mouvements ; il en voyait briller la lame devant la flamme, et elle ne lui rappelait point le sang versé par ses aïeux. L'expiation imposée à Jean Ziska, dans sa personne, était un rêve douloureux, qu'un bienfaisant sommeil avait enfin effacé entièrement. Peut-être en avait-il perdu le souvenir en perdant les autres souvenirs de sa vie et son amour, qui semblait avoir été, et n'être plus sa vie même.

Il se passa quelque chose d'incertain et d'inexplicable chez Consuelo, quelque chose qui ressemblait à du chagrin, à du regret, à de l'orgueil blessé. Elle se répétait les dernières suppositions de Trenck sur un nouvel amour d'Albert, et cette supposition lui paraissait vraisemblable. Ce nouvel amour pouvait seul lui donner tant de tolérance et de miséricorde. Ses dernières paroles en emmenant son ami, et en lui promettant un *récit*, un *roman*, n'étaient-elles pas la confirmation de ce doute, l'aveu et l'explication de cette joie discrète et profonde dont il paraissait rempli ? « Oui, ses yeux brillaient d'un éclat que je ne leur ai jamais vu, pensa Consuelo. Son sourire avait une expression de triomphe, d'ivresse ; et il souriait, il riait presque, lui à qui le rire semblait inconnu jadis; il y a eu même comme de l'ironie dans sa voix quand il a dit au baron : « Bientôt tu souriras aussi des éloges que tu me donnes. » Plus de doute, il aime, et ce n'est plus moi. Il ne s'en défend pas, et il ne songe point à se combattre; il bénit mon infidélité, il m'y pousse, il s'en réjouit, il n'en rougit point pour moi; il m'abandonne à une faiblesse dont je rougirai seule, et dont toute la honte retombera sur ma tête. O ciel ! Je n'étais pas seule coupable, et Albert l'était plus encore ! Hélas ! pourquoi ai-je surpris le secret d'une générosité que j'aurais tant admirée, et que je n'eusse jamais voulu accepter ? Je le sens bien, maintenant il y a quelque chose de saint dans la foi jurée ; Dieu seul qui change notre cœur, peut nous en délier. Alors les êtres unis par un serment peuvent peut-être s'offrir et accepter le sacrifice de leurs droits. Mais quand l'inconstance mutuelle préside seule au divorce, il se fait quelque chose d'atfreux, et comme une complicité de parricide entre ces deux êtres : ils ont foidement tué dans leur sein l'amour qui les unissait. »

Consuelo regagna les bois aux premières lueurs du matin. Elle avait passé toute la nuit dans la tour, absorbée par mille pensées sombres et chagrines. Elle n'eut pas de peine à retrouver le chemin de sa demeure, quoiqu'elle eût fait ce chemin dans les ténèbres, et que l'empressement de sa fuite le lui eût fait paraître moins long qu'il ne le fut au retour. Elle descendit la colline et remonta le cours du ruisseau jusqu'à la grille, qu'elle franchit adroitement, en marchant sur la bande transversale qui reliait les barreaux par en bas à fleur d'eau. Elle n'était plus ni craintive ni agitée. Peu lui importait d'être aperçue, décidée qu'elle était à tout raconter naïvement à son confesseur. D'ailleurs le sentiment de sa vie passée l'occupait tellement, que les choses présentes ne lui offraient plus qu'un intérêt secondaire. C'est à peine si Liverani existait pour elle. Le cœur humain est ainsi fait : l'amour naissant a besoin de dangers et d'obstacles, l'amour éteint se ranime quand il ne dépend plus de nous de le réveiller dans le cœur d'autrui.

Cette fois les Invisibles surveillants de Consuelo semblèrent s'être endormis, et sa promenade nocturne ne parut avoir été remarquée de personne. Elle trouva une nouvelle lettre de l'inconnu dans son clavecin, aussi tendrement respectueuse que celle de la veille était hardie et passionnée. Il se plaignait qu'elle eût eu peur de lui, il lui reprochait de s'être retranchée dans ses appartements comme si elle eût douté de sa craintive vénération. Il demandait humblement qu'elle lui permît de l'apercevoir seulement dans le jardin au crépuscule; il lui promettait de ne point lui parler, de ne pas se montrer si elle l'exigeait. « Soit détachement de cœur, soit arrêt de la conscience, ajoutait-il, Albert renonce à toi, tranquillement, froidement même en apparence. Le devoir parle plus haut que l'amour dans son cœur. Dans peu de jours les Invisibles te signifieront sa résolution, et prononceront le signal de ta liberté. Tu pourras alors rester ici pour te faire initier à leurs mystères, si tu persistes dans cette intention généreuse, et jusque-là je leur tiendrai mon serment, de ne point me montrer à tes yeux. Mais si tu n'as fait cette promesse que par compassion pour moi, si tu désires t'en affranchir, parle, et je romps tous mes engagements, et je fuis avec toi. Je ne suis pas Albert, moi : j'ai plus d'amour que de vertu. Choisis ! »

« Oui, cela est certain, dit Consuelo en laissant retomber la lettre de l'inconnu sur les touches de son clavecin : celui-ci m'aime et Albert ne m'aime pas. Il est possible qu'il ne m'ait jamais aimée, et que mon image n'ait été qu'une création de son délire. Pourtant cet amour me paraissait sublime, et plût au ciel qu'il le fût encore assez pour conquérir le mien par un pénible et sublime sacrifice ! cela vaudrait mieux pour nous deux que le détachement tranquille de deux âmes adultères. Mieux vaudrait aussi pour Liverani d'être abandonné de moi avec effort et déchirement que d'être accueilli comme une nécessité de mon isolement, dans un jour d'indignation, de honte et de douloureuse ivresse ! »

Elle répondit à Liverani ce peu de mots :

« Je suis trop fière et trop sincère pour vous tromper. Je sais ce que pense Albert, ce qu'il a résolu. J'ai surpris le secret de ses confidences à un ami commun. Il m'abandonne sans regret, et ce n'est pas la vertu seule qui triomphe de son amour. Je ne suivrai pas l'exemple qu'il me donne. Je vous aimais, et je renonce à vous sans en aimer un autre. Je dois ce sacrifice à ma dignité, à ma conscience. J'espère que vous ne vous approcherez plus de ma demeure. Si vous cédiez à une aveugle passion, et si vous m'arrachiez quelque nouvel aveu, vous vous en repentiriez. Vous devriez peut-être ma confiance à la juste colère d'un cœur brisé et à l'effroi d'une âme délaissée. Ce serait mon supplice et le vôtre. Si vous persistez, Liverani, vous n'avez pas en vous l'amour que j'avais rêvé. »

Liverani persista cependant; il écrivit encore, et fut éloquent, persuasif, sincère dans son humilité. « Vous faites un appel à ma fierté, disait-il, et je n'ai pas de fierté avec vous. Si vous regrettiez un absent dans mes bras, j'en souffrirais sans en être offensé. Je vous demanderais, prosterné et en arrosant vos pieds de mes larmes, de l'oublier et de vous fier à moi seul. De quelque façon que vous m'aimiez, et si peu que ce soit, j'en serai reconnaissant comme d'un immense bonheur. » Telle fut la substance d'une suite de lettres ardentes et craintives, soumises et persévérantes. Consuelo sentit s'évanouir sa fierté au charme pénétrant d'un véritable amour. Insensiblement elle s'habitua à l'idée qu'elle n'avait encore jamais été aimée auparavant, pas même par le comte de Rudolstadt. Repoussant alors le dépit involontaire qu'elle avait conçu de cet outrage fait à la sainteté de ses souvenirs, elle craignit, en le manifestant, de devenir un obstacle au bonheur qu'Albert pouvait se promettre d'un nouvel amour. Elle résolut donc d'accepter en silence l'arrêt de séparation dont il paraissait vouloir charger le tribunal des Invisibles, et elle s'abstint de tracer son nom dans les réponses qu'elle fit à l'inconnu, en lui ordonnant d'imiter cette réserve.

Au reste, ces réponses furent pleines de prudence et de délicatesse. Consuelo en se détachant d'Albert et en accueillant dans son âme la pensée d'une autre affection, ne voulait pas céder à un enivrement aveugle. Elle défendit à l'inconnu de paraître devant elle et de manquer à son vœu de silence, jusqu'à ce que les Invisibles l'en eussent relevé. Elle lui déclara que c'était librement et volontairement qu'elle voulait adhérer à cette association mystérieuse qui lui inspirait à la fois respect et confiance : qu'elle était résolue à faire les études nécessaires pour s'instruire dans leur doctrine, et à se défendre de toute préoccupation personnelle jusqu'à ce qu'elle eût acquis, par un peu de vertu, le droit de penser à son propre bonheur. Elle n'eut pas la force de lui dire qu'elle ne l'aimait pas ; mais elle eut celle de lui dire qu'elle ne voulait pas l'aimer sans réflexion.

Liverani parut se soumettre, et Consuelo étudia attentivement plusieurs volumes que Matteus lui avait remis un matin de la part du *prince*, en lui disant que *Son Altesse* et *sa cour* avaient quitté la *résidence*, mais qu'elle aurait bientôt *des nouvelles*. Elle se contenta de ce message, n'adressa aucune question à Matteus, et lut l'histoire des mystères de l'antiquité, du christianisme et des diverses sectes et sociétés secrètes qui en dérivent ; compilation manuscrite fort savante, faite dans la bibliothèque de l'ordre des Invisibles par quelque adepte patient et consciencieux. Cette lecture sérieuse, et pénible d'abord, s'empara peu à peu de son attention, et même de son imagination. Le tableau des épreuves des anciens temples égyptiens lui fit faire beaucoup de rêves terribles et poétiques. Le récit des persécutions des sectes du moyen âge et de la renaissance émut son cœur plus que jamais, et cette histoire de l'enthousiasme disposa son âme au fanatisme religieux d'une initiation prochaine.

Pendant quinze jours, elle ne reçut aucun avis du

dehors et vécut dans la retraite, environnée des soins mystérieux du chevalier, mais ferme dans sa résolution de ne point le voir, et de ne pas lui donner trop d'espérances.

Les chaleurs de l'été commençaient à se faire sentir, et Consuelo, absorbée d'ailleurs par ses études, n'avait pour se reposer et respirer à l'aise que les heures fraîches de la soirée. Peu à peu elle avait repris ses promenades lentes et rêveuses dans le jardin, l'enclos. Elle s'y croyait seule et pourtant je ne sais quelle vague émotion lui faisait rêver parfois la présence de l'inconnu non loin d'elle. Ces belles nuits, ces beaux ombrages, cette solitude, ce murmure languissant de l'eau courante à travers les fleurs, le parfum des plantes, la voix passionnée du rossignol, suivie de silences plus voluptueux encore; la lune jetant de grandes lueurs obliques sous l'ombre transparente des berceaux embaumés, le coucher de Vesper derrière les nuages roses de l'horizon, que sais-je? toutes les émotions classiques, mais éternellement fraîches et puissantes de la jeunesse et de l'amour, plongeaient l'âme de Consuelo dans de dangereuses rêveries; son ombre svelte sur le sable argenté des allées, le vol d'un oiseau réveillé par son approche, le bruit d'une feuille agitée par la brise, c'en était assez pour la faire tressaillir et doubler le pas; mais ces légères frayeurs étaient à peine dissipées qu'elles étaient remplacées par un indéfinissable regret, et les palpitations de l'attente étaient plus fortes que toutes les suggestions de la volonté.

Une fois elle fut troublée plus que de coutume par le frôlement du feuillage et les bruits incertains de la nuit. Il lui sembla qu'on marchait non loin d'elle, qu'on fuyait à son approche, qu'on s'approchait lorsqu'elle était assise. Son agitation l'avertissait plus encore : elle se

sentit sans force contre une rencontre dans ces beaux
lieux et sous ce ciel magnifique. Les bouffées de la brise
passaient brûlantes sur son front. Elle s'enfuit vers le
pavillon et s'enferma dans sa chambre. Les flambeaux
n'étaient pas allumés. Elle se cacha derrière une jalousie
et désira ardemment de voir celui dont elle ne voulait
pas être vue. Elle vit en effet paraître un homme qui
marcha lentement sous ses fenêtres sans appeler, sans
faire un geste, soumis et satisfait en apparence de regarder les murs qu'elle habitait. Cet homme, c'était bien
l'inconnu, du moins Consuelo le sentit d'abord à son
trouble, et crut reconnaître sa stature et sa démarche.
Mais bientôt d'étranges doutes et des craintes pénibles
s'emparèrent de son esprit. Ce promeneur silencieux lui
rappelait Albert au moins autant que Liverani. Ils étaient
de la même taille; et maintenant qu'Albert, transformé
par une santé nouvelle, marchait avec aisance et ne
tenait plus sa tête penchée sur son sein ou appuyée sur
sa main, dans une attitude chagrine ou maladive, Consuelo ne connaissait guère plus son aspect extérieur que
celui du chevalier. Elle avait vu celui-ci un instant au
grand jour, marchant devant elle à distance et enveloppé
des plis d'un manteau. Elle avait vu Albert peu d'instants aussi dans la tour déserte, depuis qu'il était si
différent de ce qu'elle le connaissait; et maintenant elle
voyait l'un ou l'autre très-vaguement, à la clarté des
étoiles; et chaque fois qu'elle se croyait sur le point de
fixer ses doutes, il passait sous l'ombre des arbres et s'y
perdait comme une ombre lui-même. Il disparut enfin
tout à fait, et Consuelo resta partagée entre la joie et la
crainte, se reprochant d'avoir manqué de courage pour
appeler Albert à tout hasard, afin de provoquer une
explication sincère et loyale entre eux.

Ce repentir devint plus vif à mesure qu'il s'éloignait,

et en même temps la persuasion que c'était lui, en effet, qu'elle venait de voir. Entraînée par cette habitude de dévouement qui lui avait toujours tenu lieu d'amour pour lui, elle se dit que s'il venait ainsi errer autour d'elle, c'était dans l'espérance timide de l'entretenir. Ce n'était pas la première fois qu'il le tentait ; il l'avait dit à Trenck un soir où peut-être il s'était croisé dans l'obscurité avec Liverani. Consuelo résolut de provoquer cette explication nécessaire. Sa conscience lui faisait un devoir d'éclaircir ses doutes sur les véritables dispositions de son époux, généreux ou volage. Elle redescendit au jardin et courut après lui, tremblante et pourtant courageuse; mais elle avait perdu sa trace, et elle parcourut tout l'enclos sans le rencontrer.

Enfin elle vit tout à coup, au sortir d'un bosquet, un homme debout au bord de l'eau. Était-ce bien le même qu'elle cherchait? Elle l'appela du nom d'Albert; il tressaillit, passa ses mains sur son visage, et lorsqu'il se retourna, le masque noir couvrait déjà ses traits.

« Albert, est-ce vous? s'écria Consuelo; c'est vous, vous seul que je cherche. »

Une exclamation étouffée trahit chez cet inconnu je ne sais quelle émotion de joie ou de douleur. Il sembla vouloir fuir; Consuelo avait cru reconnaître la voix d'Albert, elle s'élança et le retint par son manteau. Mais elle s'arrêta, le manteau en s'écartant avait laissé voir sur la poitrine de l'inconnu une assez large croix d'argent que Consuelo connaissait trop bien : c'était celle de sa mère, la même qu'elle avait confiée au chevalier durant son voyage avec lui, comme un gage de reconnaissance et de sympathie.

« Liverani! dit-elle, toujours vous! Puisque c'est vous, adieu! pourquoi m'avez-vous désobéi? »

Il se jeta à ses pieds, l'entoura de ses bras et lui prodigua d'ardentes et respectueuses étreintes que Consuelo n'eut plus la force de repousser.

« Si vous m'aimez et si vous voulez que je vous aime, laissez-moi, lui dit-elle. C'est devant les Invisibles que je veux vous voir et vous entendre. Votre masque m'effraie, votre silence me glace le cœur. »

Liverani porta la main à son masque, il allait l'arracher et parler. Consuelo, comme la curieuse Psyché, n'avait plus le courage de fermer les yeux... mais tout à coup le voile noir des messagers du tribunal secret tomba sur sa tête. La main de l'inconnu qui avait saisi la sienne avec précipitation fut détachée en silence. Consuelo se sentit entraînée sans violence et sans courroux apparent, mais avec rapidité. On l'enleva de terre, elle sentit fléchir sous ses pieds le plancher d'une barque. Elle descendit le ruisseau longtemps sans que personne lui adressât la parole, et lorsqu'on lui rendit la lumière, elle se trouva dans la salle souterraine où elle avait comparu pour la première fois devant le tribunal des Invisibles.

XXXI.

Ils étaient là tous les sept comme la première fois, masqués, muets, impénétrables comme des fantômes. Le huitième personnage, qui avait alors adressé la parole à Consuelo et qui semblait être l'interprète du conseil et l'initiateur des adeptes lui parla en ces termes :

« Consuelo, tu as subi déjà des épreuves dont tu es sortie à ta gloire et à notre satisfaction. Nous pouvons t'accorder notre confiance et nous allons te le prouver.

— Attendez, dit Consuelo ; vous me croyez sans reproche, et je ne le suis pas. Je vous ai désobéi, je suis sortie de la retraite que vous m'aviez assignée.

— Par curiosité ?

— Non.

— Peux-tu dire ce que tu as appris?

— Ce que j'ai appris m'est tout personnel; j'ai parmi vous un confesseur à qui je puis et veux le révéler. »

Le vieillard que Consuelo invoquait se leva et dit :

« Je sais tout. La faute de cette enfant est légère. Elle ne sait rien de ce que vous voulez qu'elle ignore. La confidence de ses émotions sera entre elle et moi. En attendant mettez l'heure à profit : que ce qu'elle doit savoir lui soit révélé sans retard. Je me porte garant pour elle en toutes choses. »

L'initiateur reprit la parole après s'être retourné vers le tribunal et en avoir reçu un signe d'adhésion.

« Écoute-moi bien, lui dit-il, je te parle au nom de ceux que tu vois ici rassemblés. C'est leur esprit et pour ainsi dire leur souffle qui m'inspire. C'est leur doctrine que je vais t'exposer.

« Le caractère distinctif des religions de l'antiquité est d'avoir deux faces, une extérieure et publique, une interne et secrète. L'une est l'esprit, l'autre la forme ou la lettre. Derrière le symbole matériel et grossier, le sens profond, l'idée sublime. L'Égypte et l'Inde, grands types des antiques religions, mères des pures doctrines, offrent au plus haut point cette dualité d'aspect, signe nécessaire et fatal de l'enfance des sociétés, et des misères attachées au développement du génie de l'homme. Tu as appris récemment en quoi consistaient les grands mystères de Memphis et d'Eleusis, et tu sais maintenant pourquoi la science divine, politique et sociale, concentrée avec le triple pouvoir religieux, militaire et industriel dans les mains des hiérophantes, ne descendit pas jusqu'aux classes infimes de ces antiques sociétés. L'idée chrétienne, enveloppée, dans la parole du révélateur, de

symboles plus transparents et plus purs, vint au monde
pour faire descendre dans les âmes populaires la connaissance de la vérité et la lumière de la foi. Mais la
théocratie, abus inévitable des religions qui se constituent dans le trouble et les périls, vint bientôt s'efforcer
de voiler encore une fois le dogme, et, en le voilant, elle
l'altéra. L'idolâtrie reparut avec les mystères, et, dans le
pénible développement du christianisme on vit les hiérophantes de la Rome apostolique perdre, par un châtiment
divin, la lumière divine, et retomber dans les ténèbres
où ils voulaient plonger les hommes. Le développement
de l'intelligence humaine s'opéra dès lors dans un sens
tout contraire à la marche du passé. Le temple ne fut
plus, comme dans l'antiquité, le sanctuaire de la vérité.
La superstition et l'ignorance, le symbole grossier, la
lettre morte, siégèrent sur les autels et sur les trônes.
L'esprit descendit enfin dans les classes trop longtemps
avilies. De pauvres moines, d'obscurs docteurs, d'humbles pénitents, vertueux apôtres du christianisme primitif, firent de la religion secrète et persécutée l'asile
de la vérité inconnue. Ils s'efforcèrent d'initier le peuple
à la religion de l'égalité, et, au nom de saint Jean, ils
prêchèrent un nouvel évangile, c'est-à-dire un interprétation plus libre, plus hardie et plus pure de la révélation chrétienne. Tu sais l'histoire de leurs travaux, de
leurs combats et de leurs martyres, tu sais les souffrances
des peuples, leurs ardentes inspirations, leurs élans terribles, leurs déplorables affaissements, leurs réveils orageux ; et, à travers tant d'efforts tour à tour effroyables et
sublimes, leur héroïque persévérance à fuir les ténèbres et
à trouver les voies de Dieu. Le temps est proche où le
voile du temple sera déchiré pour jamais, et où la foule
emportera d'assaut les sanctuaires de l'arche sainte. Alors
les symboles disparaîtront, et les abords de la vérité ne

5.

seront plus gardés par les dragons du despotisme religieux et monarchique. Tout homme pourra marcher dans .e chemin de la lumière et se rapprocher de Dieu de toute la puissance de son âme. Nul ne dira plus à son frère : « Ignore et abaisse-toi. Ferme les yeux et reçois le joug. » Tout homme pourra, au contraire, demander à son semblable le secours de son œil, de son cœur et de son bras pour pénétrer dans les arcanes de la science sacrée. Mais ce temps n'est pas encore venu, et nous n'en saluons aujourd'hui que l'aube tremblante à l'horizon. Le temps de la religion secrète dure toujours, la tâche du mystère n'est pas accomplie. Nous voici encore enfermés dans le temple, occupés à forger des armes pour écarter les ennemis qui s'interposent entre les peuples et nous, et forcés de tenir encore nos portes fermées et nos paroles secrètes pour qu'on ne vienne pas arracher de nos mains l'arche sainte, sauvée avec tant de peine et réservée à la communauté des hommes.

« Te voilà donc accueillie dans le nouveau temple : mais ce temple est encore une forteresse qui tient depuis des siècles pour la liberté sans pouvoir la conquérir. La guerre est autour de nous. Nous voulons être des libérateurs, nous ne sommes encore que des combattants. Tu viens ici pour recevoir la communion fraternelle, l'étendard du salut, le signe de la liberté, et pour périr peut-être sur la brèche au milieu de nous. Voilà la destinée que tu as acceptée ; tu succomberas peut-être sans avoir vu flotter sur ta tête le gage de la victoire. C'est encore au nom de saint Jean que nous appelons les hommes à la croisade. C'est encore un symbole que nous invoquons ; nous sommes les héritiers des Johannites d'autrefois, les continuateurs ignorés, mystérieux et persévérants de Wickleff, de Jean Huss et de Luther ; nous voulons, comme ils le voulaient, affranchir le genre humain ; mais, comme eux, nous ne sommes pas libres nous-mêmes, et comme eux, nous marchons peut-être au supplice.

« Cependant le combat a changé de terrain, et les armes de nature. Nous bravons encore la rigueur ombrageuse des lois, nous nous exposons encore à la proscription, à la misère, à la captivité, à la mort ; car les moyens de la tyrannie sont toujours les mêmes : mais nos moyens, à nous, ne sont plus l'appel à la révolte matérielle, et la prédication sanglante de la croix et du glaive. Notre guerre est toute intellectuelle comme notre mission. Nous nous adressons à l'esprit. Nous agissons par l'esprit. Ce n'est pas à main armée que nous pouvons renverser des gouvernements, aujourd'hui organisés et appuyés sur tous les moyens de la force brutale. Nous leur faisons une guerre plus lente, plus sourde et plus profonde, nous les attaquons au cœur. Nous ébranlons leurs bases en détruisant la foi aveugle et le respect idolâtrique qu'ils cherchent à inspirer. Nous faisons pénétrer partout, et jusque dans les cours, et même jusque dans l'esprit troublé et fasciné des princes et des rois, ce que personne n'ose déjà plus appeler le poison de la philosophie ; nous détruisons tous les prestiges ; nous lançons du haut de notre forteresse, tous les boulets rouges de l'ardente vérité et de l'implacable raison sur les autels et sur les trônes. Nous vaincrons, n'en doute pas. Dans combien d'années, dans combien de jours ? nous l'ignorons. Mais notre entreprise date de si loin, elle a été conduite avec tant de foi, étouffée avec si peu de succès, reprise avec tant d'ardeur, poursuivie avec tant de passion, qu'elle ne peut pas échouer ; elle est devenue immortelle de sa nature comme les biens immortels dont elle a résolu la conquête. Nos ancêtres l'ont commencée, et chaque génération a rêvé de la finir. Si nous ne l'espérions pas un peu aussi nous-mêmes, peut-être notre zèle serait-il moins fervent et moins efficace ; mais si l'esprit de doute et d'ironie, qui domine le monde à cette heure, venait à nous prouver, par ses froids calculs et ses raisonnements accablants, que nous poursuivons un rêve, réalisable seulement dans plusieurs siècles, notre conviction dans la sainteté de notre cause n'en serait point ébranlée ; et pour travailler avec un peu plus d'effort et de douleur, nous n'en travaillerions pas moins pour les hommes de l'avenir. C'est qu'il y a entre nous et les hommes du passé, et les générations à naître, un lien religieux si étroit et si ferme, que nous avons presque étouffé en nous le côté égoïste et personnel de l'individualité humaine. C'est ce que le vulgaire ne saurait comprendre, et pourtant il y a dans l'orgueil de la noblesse quelque chose qui ressemble à notre religieux enthousiasme héréditaire. Chez les grands, on fait beaucoup de sacrifices à la gloire, afin d'être digne de ses aïeux, et de léguer beaucoup d'honneur à sa postérité. Chez nous autres, architectes du temple de la vérité, on fait beaucoup de sacrifices à la vertu, afin de continuer l'édifice des maîtres et de former de laborieux apprentis. Nous vivons par l'esprit et par le cœur dans le passé, dans l'avenir et dans le présent tout à la fois. Nos prédécesseurs et nos successeurs sont aussi bien *nous* que nous-mêmes. Nous croyons à la transmission de la vie, des sentiments, des généreux instincts dans les âmes, commes les patriciens croient à celles d'une excellence de race dans leurs veines. Nous allons plus loin encore ; nous croyons à la transmission de la vie, de l'individualité, de l'âme et de la personne humaine. Nous nous sentons fatalement et providentiellement appelés à continuer l'œuvre que nous avons déjà rêvée, toujours poursuivie et avancée de siècle en siècle. Parmi nous il en est même quelques-uns qui ont poussé la contemplation du passé et de l'avenir au point de perdre presque la notion du présent ; c'est la fièvre sublime, c'est l'extase de nos croyants et de nos saints : car nous avons nos saints, nos prophètes, peut-être aussi nos exaltés et nos visionnaires ; mais quel que soit l'égarement ou la sublimité de leur transport, nous respectons leur inspiration, et parmi nous, Albert l'extatique et le *voyant* n'a trouvé que des frères pleins de sympathie pour ses douleurs et d'admiration pour ses enthousiasmes.

« Nous avons foi aussi à la conviction du comte de Saint-Germain, réputé imposteur ou aliéné dans le monde. Quoique ses réminiscences d'un passé inaccessible à la mémoire humaine aient un caractère plus calme, plus précis et plus inconcevable encore que les extases d'Albert, elles ont aussi un caractère de bonne foi et une lucidité dont il nous est impossible de nous railler. Nous comptons parmi nous beaucoup d'autres exaltés, des mystiques, des poètes, des hommes du peuple, des philosophes, des artistes, d'ardents sectaires groupés sous les bannières de divers chefs ; des bœhmistes, des théosophes, des moraves, des hernuters, des quakers, même des panthéistes, des pythagoriciens, des xérophagistes, des illuminés, des johannites, des templiers, des millénaires, des joachimites, etc. Toutes ces sectes anciennes, pour n'avoir plus le développement qu'elles eurent aux époques de leur éclosion, n'en sont pas moins existantes, et même assez peu modifiées. Le propre de notre époque est de reproduire à la fois toutes les formes que le génie novateur ou réformateur a données tour à tour dans les siècles passés à la pensée religieuse et philosophique. Nous recrutons donc nos adeptes dans ces divers groupes sans exiger une identité de préceptes absolue, et impossible dans le temps où nous vivons. Il nous suffit de trouver en eux l'ardeur de la destruction pour les appeler dans nos rangs : toute notre science organisatrice consiste à ne choisir les *constructeurs* que parmi des esprits supérieurs aux disputes d'école, chez qui la passion de la vérité, la soif de la justice et l'instinct du beau moral l'emportent sur les habitudes de famille et les rivalités de secte. Il n'est d'ailleurs pas si difficile qu'on le croit de faire travailler de concert des éléments très-dissemblables ; ces dissemblances sont plus apparentes que réelles. Au fond, tous les hérétiques (c'est avec respect que j'emploie ce nom) sont d'accord sur le point principal, celui de détruire la tyrannie intellectuelle et matérielle, ou tout au moins de protester contre. Les antagonismes qui ont retardé jusqu'ici la fusion de toutes ces généreuses et utiles résistances viennent de l'amour-propre et de la jalousie, vices inhérents à la condition humaine, contre-poids fatal et inévitable de tout progrès dans l'humanité. En ménageant ces susceptibilités, en permettant à chaque communion de garder ses maîtres, ses institutions et ses rites, on peut constituer, sinon une société, du moins une armée, et, je te l'ai dit, nous ne sommes encore qu'une armée marchant à la conquête d'une terre promise, d'une société idéale. Au point où en est encore la nature humaine, il y a tant de nuances de caractères chez les individus, tant de degrés différents dans la conception du vrai, tant d'aspects variés, ingénieuses manifestations de la riche nature qui créa le génie humain, qu'il est absolument nécessaire de laisser à chacun les conditions de sa vie morale et les éléments de sa force d'action.

« Notre œuvre est grande, notre tâche est immense. Nous ne voulons pas fonder seulement un empire universel sur un ordre nouveau et sur des bases équitables ; c'est une religion que nous voulons reconstituer. Nous sentons bien d'ailleurs que l'un est impossible sans l'autre. Aussi avons-nous deux modes d'action. Un tout matériel, pour miner et faire crouler l'ancien monde par la critique, par l'examen, par la raillerie même, par le voltairianisme et tout ce qui s'y rattache. Le redoutable concours de toutes les volontés hardies et de toutes les passions fortes précipite notre marche dans ce sens-là. Notre autre mode d'action est tout spirituel : il s'agit d'édifier la religion de l'avenir. L'élite des intelligences et des vertus nous assiste dans ce labeur incessant de notre pensée. L'œuvre des Invisibles est un concile que la persécution du monde officiel empêche de se réunir publiquement, mais qui délibère sans relâche et qui travaille sous la même inspiration de tous les points du monde civilisé. Des communications mystérieuses apportent le grain dans l'aire à mesure qu'il mûrit, et le sèment dans le champ de l'humanité à mesure que nous le détachons de l'épi. C'est à ce dernier travail souterrain que tu peux t'associer ; nous te dirons comment quand tu l'auras accepté.

— Je l'accepte, répondit Consuelo d'une voix ferme, et en étendant le bras en signe de serment.

— Ne te hâte point de promettre, femme aux instincts généreux, à l'âme entreprenante. Tu n'as peut-être pas toutes les vertus que réclamerait une telle mission. Tu as traversé le monde ; tu y as déjà puisé les notions de la prudence, de ce qu'on appelle le savoir-vivre, la discrétion, l'esprit de conduite.

— Je ne m'en flatte pas, répondit Consuelo, en souriant avec une fierté modeste.

— Eh bien, tu y as appris du moins à douter, à discuter, à railler, à suspecter.

— A douter, peut-être. Otez-moi le doute qui n'était pas dans ma nature, et qui m'a fait souffrir; je vous bénirai. Otez-moi surtout le doute de moi-même, qui me frapperait d'impuissance.

— Nous ne t'ôterons le doute qu'en te développant nos principes. Quant à te donner des garanties matérielles de notre sincérité et de notre puissance, nous ne le ferons pas plus que nous ne l'avons fait jusqu'ici. Que les services rendus te suffisent; nous t'assisterons toujours dans l'occasion : mais nous ne t'associerons aux mystères de notre pensée et de nos actions que selon la part d'action que nous te donnerons à toi-même. Tu ne nous connaîtras point. Tu ne verras jamais nos traits. Tu ne sauras jamais nos noms, à moins qu'un grand intérêt de la cause ne nous force à enfreindre la loi qui nous rend inconnus et invisibles à nos disciples. Peux-tu te soumettre et te fier aveuglément à des hommes qui ne seront jamais pour toi que des êtres abstraits, des idées vivantes, des appuis et des conseils mystérieux?

— Une vaine curiosité pourrait seule me pousser à vouloir vous connaître autrement. J'espère que ce sentiment puéril n'entrera jamais en moi.

— Il ne s'agit point de curiosité, il s'agit de méfiance. La tienne serait fondée selon la logique et la prudence du monde. Un homme répond de ses actions; son nom est une garantie ou un avertissement ; sa réputation appuie ou dément ses actes ou ses projets. Songes-tu bien que tu ne pourras jamais comparer la conduite d'aucun de nous en particulier avec les préceptes de l'ordre ? Tu devras croire en nous comme à des saints, sans savoir si nous ne sommes pas des hypocrites. Tu devras même peut-être voir émaner de nos décisions des injustices, des perfidies, des cruautés apparentes. Tu ne pourras pas plus contrôler nos démarches que nos intentions. Auras-tu assez de foi pour marcher les yeux fermés sur le bord d'un abîme?

— Dans la pratique du catholicisme, j'ai fait ainsi dans mon enfance, répondit Consuelo après un instant de réflexion. J'ai ouvert mon cœur et abandonné la direction de ma conscience à un prêtre dont je ne voyais pas les traits derrière le voile du confessionnal, et dont je ne savais ni le nom ni la vie. Je ne voyais en lui que le sacerdoce, l'homme ne m'était rien. J'obéissais au Christ, je ne m'inquiétais pas du ministre. Pensez-vous que cela soit bien difficile?

— Lève donc la main à présent, si tu persistes.

— Attendez, dit Consuelo. Votre réponse déciderait de ma vie; mais me permettez-vous de vous interroger une seule, une première et dernière fois?

— Tu le vois! déjà tu hésites, déjà tu cherches des garanties ailleurs que dans ton inspiration spontanée et dans l'élan de ton cœur vers l'idée que nous représentons. Parle cependant. La question que tu veux nous faire nous éclairera sur tes dispositions.

— La voici. Albert est-il initié à tous vos secrets?

— Oui.

— Sans restriction aucune?

— Sans restriction aucune.

— Et il marche avec vous?

— Dis plutôt que nous marchons avec lui. Il est une des lumières de notre conseil, la plus pure, la plus divine peut-être.

— Que ne me disiez-vous cela d'abord? Je n'eusse pas hésité un instant. Conduisez-moi où vous voudrez, disposez de ma vie. Je suis à vous, et je le jure.

— Tu étends la main! mais sur quoi jures-tu?

— Sur le Christ dont je vois l'image ici.

— Qu'est-ce que le Christ?

— C'est la pensée divine, révélée à l'humanité.

— Cette pensée est-elle tout entière dans la lettre de l'Évangile?

— Je ne le crois pas; mais je crois qu'elle est tout entière dans son esprit.

— Nous sommes satisfaits de tes réponses, et nous acceptons le serment que tu viens de faire. A présent, nous allons t'instruire de tes devoirs envers Dieu et envers nous. Apprends donc d'avance les trois mots qui sont tout le secret de nos mystères, et qu'on ne révèle à beaucoup d'affiliés qu'avec tant de lenteurs et de précautions. Tu n'as pas besoin d'un long apprentissage; et cependant, il te faudra quelques réflexions pour en comprendre toute la portée. *Liberté, fraternité, égalité* : voilà la formule mystérieuse et profonde de l'œuvre des Invisibles.

— Est-ce là, en effet, tout le mystère?

— Il ne te semble pas que c'en soit un; mais examine l'état des sociétés, et tu verras que, pour des hommes habitués à être régis par le despotisme, l'inégalité, l'antagonisme, c'est toute une éducation, toute une conversion, toute une révélation, que d'arriver à comprendre nettement la possibilité humaine, la nécessité sociale et l'obligation morale de ce triple précepte : *liberté, égalité, fraternité*. Le petit nombre d'esprits droits et de cœurs purs qui protestent naturellement contre l'injustice et le désordre des tyrannies saisissent, dès le premier pas, la doctrine secrète. Leurs progrès y sont rapides; car il ne s'agit plus, avec eux, que de leur enseigner les procédés d'application que nous avons trouvés. Mais, pour le grand nombre, avec les gens du monde, les courtisans et les puissants, imagine ce qu'il faut de précautions et de ménagements pour livrer à leur examen la formule sacrée de l'œuvre immortelle. Il faut s'environner de symboles et de détours; il faut leur persuader qu'il ne s'agit que d'une liberté fictive et restreinte à l'exercice de la pensée individuelle; d'une égalité relative, étendue seulement aux membres de l'association, et praticable seulement dans ses réunions secrètes et bénévoles; enfin, d'une fraternité romanesque, consentie entre un certain nombre de personnes et bornée à des services passagers, à quelques bonnes œuvres, à des secours mutuels. Pour ces esclaves de la coutume et du préjugé, nos mystères ne sont que les statuts d'ordres héroïques, renouvelés de l'ancienne chevalerie, et ne portant nulle atteinte aux pouvoirs constitués, nul remède aux misères des peuples. Pour ceux-là, il n'y a que des grades insignifiants, des degrés de science frivole ou d'ancienneté banale, une série d'initiations dont les rites bizarres amusent leur curiosité sans éclairer leurs esprits. Ils croient tout savoir et ne savent rien.

— A quoi servent-ils? dit Consuelo, qui écoutait attentivement.

— A protéger l'exercice et la liberté du travail de ceux qui comprennent et qui savent, répondit l'initiateur. Ceci te sera expliqué. Écoute d'abord ce que nous attendons de toi.

« L'Europe (l'Allemagne et la France principalement) est remplie de sociétés secrètes, laboratoires souterrains où se prépare une grande révolution, dont le cratère sera l'Allemagne ou la France. Nous avons la clef, et nous tentons d'avoir la direction, de toutes ces associations, à l'insu de la plus grande partie de leurs membres, et à l'insu les unes des autres. Quoique notre but ne soit pas encore atteint, nous avons réussi à mettre le pied partout, et les plus éminents, parmi ces divers affiliés, sont à nous et secondent nos efforts. Nous te ferons entrer dans tous ces sanctuaires sacrés, dans tous ces temples profanes, car la corruption ou la frivolité ont bâti aussi leurs cités ; et, dans quelques-unes, le vice et la vertu travaillent au même œuvre de destruction, sans que le mal comprenne son association avec le bien. Telle est la loi des conspirations. Tu sauras le secret des francs-maçons, grande confrérie qui, sous les formes les plus variées, et avec les idées les plus diverses, travaille à organiser la pratique et à répandre la notion de l'égalité. Tu recevras les degrés de tous les rites, quoique les femmes n'y soient admises qu'à titre d'adoption, et qu'elles ne participent pas à tous les secrets de la doctrine. Nous te traiterons comme un homme ; nous te donnerons tous les insignes, tous les titres, toutes les formules nécessaires aux relations que nous te ferons établir avec les *loges*, et aux négociations dont nous te chargerons avec elles. Ta profession, ton existence voyageuse, tes talents, le prestige de ton sexe, de ta jeunesse et de ta beauté, tes vertus, ton courage, ta droiture et ta discrétion te rendent propre à ce rôle et nous donnent les garanties nécessaires. Ta vie passée, dont nous connaissons les moindres détails, nous est un gage suffisant. Tu as subi volontairement plus d'épreuves que les mystères maçonniques n'en sauraient inventer, et tu en es sortie plus victorieuse et plus forte que leurs adeptes ne sortent des vains simulacres destinés à éprouver leur constance. D'ailleurs, l'épouse et l'élève d'Albert de Rudolstadt est notre fille, notre sœur et notre égale. Comme Albert, nous professons le précepte de l'égalité divine de l'homme et de la femme ; mais, forcés de reconnaître dans les fâcheux résultats de l'éducation de ton sexe, de sa situation sociale et de ses habitudes, une légèreté dangereuse et de capricieux instincts, nous ne pouvons pratiquer ce précepte dans toute son étendue ; nous ne pouvons nous fier qu'à un petit nombre de femmes, et il est des secrets que nous ne confierons qu'à toi seule.

« Les autres sociétés secrètes des diverses nations de l'Europe te seront ouvertes également par le talisman de notre investiture, afin que, quelque pays que tu traverses, tu y trouves l'occasion de nous seconder et de servir notre cause. Tu pénétreras même, s'il le faut, dans l'impure société des *Mopses* et dans les autres mystérieuses retraites de la galanterie et de l'incrédulité du siècle. Tu y porteras la réforme et la notion d'une fraternité plus pure et mieux étendue. Tu ne seras pas plus souillée dans ta mission, par le spectacle de la débauche des grands, que tu ne l'as été par celui de la liberté des coulisses. Tu seras la sœur de charité des âmes malades ; nous te donnerons d'ailleurs les moyens de détruire les associations que tu ne pourrais point corriger. Tu agiras principalement sur les femmes : ton génie et ta renommée t'ouvrent les portes des palais : l'amour de Trenck et notre protection t'ont livré déjà le cœur et les secrets d'une princesse illustre. Tu verras de plus près encore des têtes plus puissantes, et tu en feras nos auxiliaires. Les moyens d'y parvenir seront l'objet de communications particulières, de toute une éducation spéciale que tu dois recevoir ici. Dans toutes les cours et dans toutes les villes de l'Europe où tu voudras porter tes pas, nous te ferons trouver des amis, des associés, des frères pour te seconder, des protecteurs puissants pour te soustraire aux dangers de ton entreprise. Des sommes considérables te seront confiées pour soulager les infortunes de nos frères et celles de tous les malheureux qui, au moyen des *signaux de détresse*, invoqueront le secours de notre ordre, dans les lieux où tu te trouveras. Tu institueras parmi les femmes des sociétés secrètes nouvelles, fondées par nous sur le principe de la nôtre, mais appropriées, dans leurs formes et dans leur composition, aux usages et aux mœurs des divers pays et des diverses classes. Tu y opéreras, autant que possible, le rapprochement cordial et sincère de la grande dame et de la bourgeoise, de la femme riche et de l'humble ouvrière, de la vertueuse matrone et de l'artiste aventureuse. *Tolérance et bienfaisance*, telle sera la formule, adoucie pour les personnes du monde, de notre véritable et austère formule : *égalité, fraternité*. Tu le vois ; au premier abord, ta mission est douce pour ton cœur et glorieuse pour ta vie ; cependant elle n'est pas sans danger. Nous sommes puissants, mais la la trahison peut détruire notre entreprise et t'envelopper dans notre désastre. Spandaw peut bien n'être pas la dernière de tes prisons, et les emportements de Frédéric II la seule ire royale que tu aies à affronter. Tu dois être préparée à tout, et dévouée d'avance au martyre de la persécution.

— Je le suis, répondit Consuelo.

— Nous en sommes certains, et si nous craignons quelque chose, ce n'est pas la faiblesse de ton caractère, c'est l'abattement de ton esprit. Dès à présent nous devons te mettre en garde contre le principal dégoût attaché à ta mission. Les premiers grades des sociétés secrètes, et de la maçonnerie particulièrement, sont à peu près insignifiants à nos yeux, et ne nous servent qu'à éprouver les instincts et les dispositions des postulants. La plupart ne dépassent jamais ces premiers degrés, où, comme je te l'ai dit déjà, de vaines cérémonies amusent leur frivole curiosité. Dans les grades suivants on n'admet que les sujets qui donnent de l'espérance, et cependant on les tient encore à distance du but, on les examine, on les éprouve, on sonde leurs âmes, on les prépare à une initiation plus complète, ou on les abandonne à une interprétation qu'ils ne sauraient franchir sans danger pour la cause et pour eux-mêmes. Ce n'est encore là qu'une pépinière où nous choisissons les plantes robustes destinées à être transplantées dans la forêt sacrée. Aux derniers grades appartiennent seules les révélations importantes, et c'est par ceux-là que tu vas débuter dans la carrière. Mais le rôle de *maître* impose bien des devoirs, et là cesse le charme de la curiosité, l'enivrement du mystère, l'illusion de l'espérance. Il ne s'agit plus d'apprendre; au milieu de l'enthousiasme et de l'émotion, cette loi qui transforme le néophyte en apôtre, la novice en prêtresse. Il s'agit de la pratiquer en instruisant les autres et en cherchant à recruter, parmi les pauvres de cœur et les faibles d'esprit, des lévites pour le sanctuaire. C'est là, pauvre Consuelo, que tu connaîtras l'amertume des illusions déçues et les durs labeurs de la persévérance, lorsque tu verras, parmi tant de poursuivants avides, curieux et fanfarons de la vérité, si peu d'esprits sérieux, fermes et sincères, si peu d'âmes dignes de la recevoir et capables de la comprendre. Pour des centaines d'enfants, vaniteux d'employer les formules de l'égalité et d'en affecter les simulacres, tu trouveras à peine un homme pénétré de leur importance et courageux dans leur interprétation. Tu seras obligée de leur parler par des énigmes et de te faire un triste jeu de les abuser sur le fond de la doctrine. La plupart des princes que nous enrôlons sous notre bannière sont dans ce cas, et, parés de vains titres maçonniques qui amusent leur fol orgueil, ne servent qu'à nous garantir la liberté de nos mouvements et la tolérance de la police. Quelques-uns pourtant sont sincères ou l'ont été. Frédéric dit le Grand, et capable certainement de l'être, a été reçu franc-maçon avant d'être roi, et, à cette époque, la liberté parlait à son cœur, l'égalité à sa raison. Cependant nous avons entouré son initiation d'hommes habiles et prudents, qui ne lui ont pas livré les secrets de la doctrine Combien n'eût-on pas eu à s'en repentir! A l'heure qu'il est, Frédéric soupçonne, surveille et persécute un autre rite maçonnique qui s'est établi à Berlin, en concurrence de la loge qu'il préside, et d'autres sociétés secrètes à la tête desquelles le prince Henri, son frère, s'est placé avec ardeur. Et cependant le prince Henri n'est et ne sera jamais, non plus que l'abbesse de Quedlimbourg, qu'un initié du second degré. Nous connaissons les princes, Consuelo, et nous savons qu'il ne faut jamais compter entièrement sur eux, ni sur leurs courtisans. Le frère et la sœur de Frédéric souffrent de sa tyrannie et la maudissent. Ils conspireraient volontiers contre elle, mais à leur profit. Malgré les éminentes qualités de ces deux princes, nous ne remettrons jamais dans leurs mains les rênes de notre entreprise. Ils conspirent en effet, mais ils ne savent pas à quelle œuvre terrible ils prêtent l'appui de leur nom, de leur fortune et de leur crédit. Ils s'imaginent travailler seulement à diminuer l'autorité de leur maître, et à paralyser les envahissements de son ambition. La princesse Amélie porte même dans son zèle une sorte d'enthousiasme républicain, et elle n'est pas la seule tête couronnée qu'un certain rêve de grandeur antique et de révolution philosophique ait agitée dans ces temps-ci. Tous les petits souverains de l'Allemagne ont appris le *Télémaque* de Fénelon par cœur dès leur enfance, et aujourd'hui ils se nourrissent de Montesquieu, de Voltaire et d'Helvétius : mais ils ne vont guère au delà d'un certain idéal de gouvernement aristocratique, sagement pondéré, où ils auraient, de droit, les premières places. Tu peux juger de leur logique et de leur bonne foi, à tous, par le contraste bizarre que tu a vu dans Frédéric, entre les maximes et les actions, les paroles et les faits. Ils ne sont tous que des copies, plus ou moins effacées, plus ou moins outrées, de ce modèle des tyrans philosophes. Mais comme ils n'ont pas le pouvoir absolu entre les mains, leur conduite est moins choquante, et peut faire illusion sur l'usage qu'ils feraient de ce pouvoir. Nous ne nous y laissons pas tromper; nous laissons ces maîtres ennuyés, ces dangereux amis s'asseoir sur les trônes de nos temples symboliques. Ils s'en croient les pontifes, ils s'imaginent tenir la clef des mystères sacrés, comme autrefois le chef du saint-empire, élu fictivement grand maître du tribunal secret, se persuadait commander à la terrible armée des francs-juges, maîtres de son pouvoir, de ses desseins et de sa vie. Mais, tandis qu'ils se croient nos généraux, ils nous servent de lieutenants; et jamais, avant le jour fatal marqué pour leur chute dans le livre du destin, ils ne sauront qu'ils nous aident à travailler contre eux-mêmes.

« Tel est le côté sombre et amer de notre œuvre. Il faut transiger avec certaines lois de la conscience paisible, quand on ouvre son âme à notre saint fanatisme. Auras-tu ce courage, jeune prêtresse au cœur pur, à la parole candide?

— Après tout ce que vous venez de me dire, il ne m'est plus permis de reculer, répondit Consuelo, après un instant de silence. Un premier scrupule pourrait m'entraîner dans une série de réserves et de terreurs qui me conduiraient à la lâcheté. J'ai reçu vos austères confidences; je sens que je ne m'appartiens plus. Hélas! oui, je l'avoue, je souffrirai souvent du rôle que vous m'imposez, car j'ai amèrement souffert déjà d'être forcée de mentir au roi Frédéric pour sauver des amis en péril.

Laissez-moi rougir une dernière fois de la rougeur des âmes vierges de toute feinte, et pleurer la candeur de ma jeunesse ignorante et paisible. Je ne puis me défendre de ces regrets; mais je saurai me garder des remords tardifs et pusillanimes. Je ne dois plus être l'enfant inoffensif et inutile que j'étais naguère; je ne le suis déjà plus, puisque me voici placée entre la nécessité de conspirer contre les oppresseurs de l'humanité ou de trahir ses libérateurs. J'ai touché à l'arbre de la science : ses fruits sont amers; mais je ne les rejetterai pas loin de moi. Savoir est un malheur ; mais refuser d'agir est un crime, quand on *sait* ce qu'il faut faire.

— C'est là répondre avec sagesse et courage, reprit l'initiateur. Nous sommes contents de toi. Dès demain soir, nous procéderons à ton initiation. Prépare-toi tout le jour à un nouveau baptême, à un redoutable engagement, par la méditation et la prière, par la confession même, si tu n'as pas l'âme libre de toute préoccupation personnelle. »

XXXII.

Consuelo fut éveillée au point du jour par les sons du cor et les aboiements des chiens. Lorsque Matteus vint lui apporter son déjeuner, il lui apprit qu'il y avait grande battue aux cerfs et aux sangliers dans la forêt. Plus de cent hôtes, disait-il, étaient réunis au château pour prendre ce divertissement seigneurial. Consuelo comprit qu'un grand nombre des affiliés de l'ordre s'étaient rassemblés sous le prétexte de la chasse, dans ce château, rendez-vous principal de leurs séances les plus importantes. Elle s'effraya un peu de l'idée qu'elle aurait peut-être tous ces hommes pour témoins de son initiation, et se demanda si c'était en effet une affaire assez intéressante aux yeux de l'ordre, pour amener un si grand concours de ses membres. Elle s'efforça de lire et de méditer pour se conformer aux prescriptions de *l'initiateur;* mais elle fut distraite plus encore par une émotion intérieure et des craintes vagues, que par les fanfares, le galop des chevaux et les hurlements des limiers qui firent retentir les bois environnants pendant toute la journée. Cette chasse était-elle réelle ou simulée ? Albert s'était-il converti à toutes les habitudes de la vie ordinaire au point d'y prendre part et de verser sans effroi le sang des bêtes innocentes ? Liverani n'allait-il pas quitter cette partie de plaisir, et à la faveur du désordre, venir troubler la néophyte dans le secret de sa retraite ?

Consuelo ne vit rien de ce qui se passait au dehors, et Liverani ne vint pas. Matteus, trop occupé, sans doute, au château pour songer à elle, ne lui apporta pas son dîner. Était-ce, comme le prétendait Supperville, un jeûne imposé à dessein pour affaiblir les forces mentales de l'adepte ? Elle s'y résigna.

Vers la nuit, lorsqu'elle rentra dans la bibliothèque dont elle était sortie depuis une heure pour prendre l'air, elle recula de frayeur à la vue d'un homme vêtu de rouge et masqué, assis sur son fauteuil : mais elle se rassura aussitôt, car elle reconnut le frêle vieillard qui lui servait, pour ainsi dire, de père spirituel.

« Mon enfant, lui dit-il en se levant et en venant à sa rencontre, n'avez-vous rien à me dire ? Ai-je toujours votre confiance ?

— Vous l'avez, Monsieur, répondit Consuelo en le faisant rasseoir sur le fauteuil et en prenant un pliant à côté de lui, dans l'embrasure de la croisée. Je désirais vivement vous parler, et depuis longtemps. »

Alors elle lui raconta fidèlement tout ce qui s'était

passé entre elle, Albert et l'inconnu depuis sa dernière confession, et elle ne cacha aucune des émotions involontaires qu'elle avait éprouvées.

Lorsqu'elle eut fini, le vieillard garda le silence assez longtemps pour troubler et embarrasser Consuelo. Pressé par elle de juger sa conduite et ses sentiments, il répondit enfin :

« Votre conduite est excusable, presque irréprochable; mais que puis-je dire de vos sentiments? L'affection soudaine, insurmontable, violente, qu'on appelle l'amour, est une conséquence des bons ou mauvais instincts que Dieu a mis ou laissés pénétrer dans les âmes pour leur perfectionnement ou pour leur punition en cette vie. Les mauvaises lois humaines qui contrarient presque en toutes choses le vœu de la nature et les desseins de la Providence font souvent un crime de ce que Dieu avait inspiré, et maudissent le sentiment qu'il avait béni, tandis qu'elles sanctionnent des unions infâmes, des instincts immondes. C'est à nous autres, législateurs d'exception, constructeurs cachés d'une société nouvelle, de démêler autant que possible l'amour légitime et vrai de l'amour coupable et vain, afin de prononcer, au nom d'une loi plus pure, plus généreuse et plus morale que celle du monde, sur le sort que tu mérites. Voudras-tu t'en remettre à notre décision? nous accorderas-tu le droit de te lier ou de te délier?

— Vous m'inspirez une confiance absolue, je vous l'ai dit, et je le répète.

— Eh bien, Consuelo, nous allons délibérer sur cette question de vie et de mort pour ton âme et pour celle d'Albert.

— Et n'aurai-je pas le droit de faire entendre le cri de ma conscience?

— Oui, pour nous éclairer; moi, qui l'ai entendue, je

serai ton avocat. Il faut que tu me relèves du secret de ta confession.

— Eh quoi! vous ne serez plus le seul confident de mes sentiments intimes, de mes combats, de mes souffrances?

— Si tu formulais une demande en divorce devant un tribunal, n'aurais-tu pas des plaintes publiques à faire? Cette souffrance te sera épargnée. Tu n'as à te plaindre de personne. N'est-il pas plus doux d'avouer l'amour que de déclarer la haine?

— Suffit-il donc d'éprouver un nouvel amour pour avoir le droit d'abjurer l'ancien?

— Tu n'as pas eu d'amour pour Albert.

— Il me semble que non; pourtant je n'en jurerais pas.

— Tu n'en douterais pas si tu l'avais aimé. D'ailleurs, la question que tu fais porte sa réponse en elle-même. Tout nouvel amour exclut l'ancien par la force des choses.

— Ne proncez pas cela trop vite, mon père, dit Consuelo avec un triste sourire. Pour aimer Albert autrement que *l'autre*, je ne l'en aime pas moins que par le passé. Qui sait si je ne l'aime pas davantage? Je me sens prête à lui sacrifier cet inconnu, dont la pensée m'ôte le sommeil et fait battre mon cœur encore en ce moment où je vous parle.

— N'est-ce pas l'orgueil du devoir, l'ardeur du sacrifice plus que l'affection, qui te conseillent cette sorte de préférence pour Albert?

— Je ne le crois pas.

— En es-tu bien sûre? Songe que tu es ici loin du monde, à l'abri de ses jugements, en dehors de toutes ses lois. Si nous te donnons une nouvelle formule et de nouvelles notions du devoir, persisteras-tu à préférer le bonheur de l'homme que tu n'aimes pas, à celui de l'homme que tu aimes?

— Ai-je donc jamais dit que je n'aimais pas Albert? s'écria Consuelo avec vivacité.

— Je ne puis répondre à tes questions que par d'autres questions, ma fille. Peut-on avoir deux amours à la fois dans le cœur?

— Oui, deux amours différents. On aime à la fois son frère et son époux.

— Mais non son époux et son amant. Les droits de l'époux et du frère sont différents en effet. Ceux de l'époux et de l'amant seraient les mêmes, à moins que l'époux ne consentît à redevenir frère. Alors la loi du mariage serait brisée dans ce qu'elle a de plus mystérieux, de plus intime et de plus sacré. Ce serait un divorce, moins la publicité. Réponds-moi, Consuelo; je suis un vieillard au bord de la tombe, et toi un enfant. Je suis ici comme ton père, comme ton confesseur. Je ne puis alarmer ta pudeur par cette question délicate, et j'espère que tu y répondras avec courage. Dans l'amitié enthousiaste qu'Albert t'inspirait, n'y a-t-il pas toujours eu une secrète et insurmontable terreur à l'idée de ses caresses?

— C'est la vérité, répondit Consuelo en rougissant. Cette idée n'était pas mêlée ordinairement à celle de son amour, elle y semblait étrangère; mais quand elle se présentait, le froid de la mort passait dans mes veines.

— Et le souffle de l'homme que tu connais sous le nom de Liverani t'a donné le feu de la vie?

— C'est encore la vérité. Mais de tels instincts ne doivent-ils pas être étouffés par notre volonté?

— De quel droit? Dieu te les a-t-il suggérés pour rien? t'a-t-il autorisée à abjurer ton sexe, à prononcer dans le mariage le vœu de virginité, ou celui plus affreux et plus dégradant encore du servage? La passivité de l'esclavage a quelque chose qui ressemble à la froideur et à l'abrutissement de la prostitution. Est-il dans les desseins de Dieu qu'un être tel que toi soit dégradé à ce point? Malheur aux enfants qui naissent de telles unions! Dieu leur inflige quelque disgrâce, une organisation incomplète, délirante ou stupide. Ils portent le sceau de la désobéissance. Ils n'appartiennent pas entièrement à l'humanité, car ils n'ont pas été conçus selon la loi de l'humanité qui veut une réciprocité d'ardeur, une communauté d'aspirations entre l'homme et la femme. Là où cette réciprocité n'existe pas, il n'y a pas d'égalité; et là où l'égalité est brisée, il n'y a pas d'union réelle. Sois donc certaine que Dieu, loin de commander de pareils sacrifices à ton sexe, les repousse et lui dénie le droit de les faire. Ce suicide-là est aussi coupable et plus lâche encore que le renoncement à la vie. Le vœu de virginité est anti-humain et anti-social; mais l'abnégation sans l'amour est quelque chose de monstrueux dans ce sens-là. Penses-y bien, Consuelo, et si tu persistes à t'annihiler à ce point, réfléchis au rôle que tu réserverais à ton époux, s'il acceptait ta soumission sans la comprendre. A moins d'être trompé, il ne l'accepterait jamais, je n'ai pas besoin de te le dire; mais abusé par ton dévouement, enivré par ta générosité, ne te semblerait-il pas bientôt étrangement égoïste ou grossier dans sa méprise? Ne le dégraderais-tu pas à tes propres yeux, ne le dégraderais-tu pas en réalité devant Dieu, en tendant ce piége à sa candeur, et en lui fournissant cette occasion presque irrésistible d'y succomber? Où serait sa grandeur, où serait sa délicatesse, s'il n'apercevait pas la pâleur sur tes lèvres, et les larmes dans tes yeux? Peux-tu te flatter que la haine n'entrerait pas malgré toi dans ton cœur, avec la honte et la douleur de n'avoir pas été comprise ou devinée? Non, femme! vous n'avez pas le droit de tromper l'amour dans votre sein; vous auriez plutôt celui de le supprimer. Quoi que de cyniques philosophes aient pu dire sur la condition passive de l'espèce féminine dans l'ordre de la nature, ce qui dsitinguera toujours la compagne de l'homme de celle de la brute, ce sera le discernement dans l'amour et le droit de choisir. La vanité et la cupidité font de la plupart des mariages une *prostitution jurée*, selon l'expression des antiques Lollards. Le dévouement et la générosité peuvent conduire une âme simple à de pareils résultats. Vierge, j'ai dû t'instruire de ces choses délicates, que la pureté de ta vie et de tes pensées t'empêchait de prévoir ou d'analyser. Lorsqu'une mère marie sa fille, elle lui révèle à demi, avec plus ou moins de sagesse et de pudeur, les mystères qu'elle lui a cachés jusqu'à cette heure. Une mère t'a manqué, lorsque tu as prononcé, avec un enthousiasme plus fanatique qu'humain, le serment d'appartenir à un homme que tu aimais d'une manière incomplète. Une mère t'est donnée aujourd'hui pour t'assister et t'éclairer dans tes nouvelles résolutions à l'heure du divorce ou de la sanction définitive de cet étrange hyménée. Cette mère, c'est moi, Consuelo, moi qui ne suis pas un homme, mais une femme.

— Vous, une femme, dit Consuelo en regardant avec surprise la main maigre et bleuâtre, mais délicate et vraiment féminine qui avait pris la sienne pendant ce discours.

— Ce petit vieillard grêle et cassé, reprit le problématique confesseur, cet être accablé et souffrant, dont la voix éteinte n'a plus de sexe, est une femme brisée par la douleur, les maladies et les inquiétudes, plus que par l'âge. Je n'ai pas plus de soixante ans, Consuelo, bien que sous cet habit, que je ne porte pas hors de mes fonctions d'*Invisible*, j'aie l'aspect d'un octogénaire cacochyme. Au reste, sous les vêtements de mon sexe comme sous celui-ci, je ne suis plus qu'une ruine; pourtant j'ai été une femme grande, forte, belle et d'un extérieur imposant. Mais à trente ans, j'étais déjà courbée et tremblante comme vous me voyez. Et savez-vous, mon enfant, la cause de cet affaissement précoce? C'est le malheur dont je veux vous préserver. C'est une affection incomplète, c'est une union malheureuse, c'est un épouvantable effort de courage et de résignation qui m'a attachée dix ans à un homme que j'estimais et que je respectais sans pouvoir l'aimer. Un homme n'eût pu vous dire quels sont dans l'amour les droits sacrés et les véritables devoirs de la femme. Ils ont fait leurs lois et leurs idées sans nous consulter; j'ai pourtant éclairé souvent à cet égard la conscience de mes associés, et ils ont eu le courage et la loyauté de m'écouter. Mais, croyez-moi, je savais bien que s'ils ne me mettaient pas en contact direct avec vous, ils n'auraient pas la clef de votre cœur, et vous condamneraient peut-être à une éternelle souffrance, à un complet abaissement, en croyant assurer votre bonheur dans la force de la vertu. Maintenant ouvrez-moi donc votre âme tout entière. Dites-moi si ce Liverani...

— Hélas! je l'aime ce Liverani; cela n'est que trop vrai, dit Consuelo en portant la main de la sibylle mystérieuse à ses lèvres. Sa présence me cause plus de frayeur encore que celle d'Albert; mais que cette frayeur est différente et qu'elle est mêlée d'étranges délices! Ses bras sont un aimant qui m'attire, et son baiser sur mon front me fait entrer dans un autre monde où je respire, où j'existe autrement que dans celui-ci.

— Eh bien! Consuelo, tu dois aimer cet homme et

oublier l'autre. C'est moi qui prononce ton divorce dès ce moment ; c'est mon devoir et mon droit.

— Quoi que vous m'ayez dit, je ne puis accepter cette sentence avant d'avoir vu Albert, avant qu'il m'ait parlé et dit lui-même qu'il renonce à moi sans regret, qu'il me rend ma parole sans mépris.

— Tu ne connais pas encore Albert, ou tu le crains; mais moi, je le connais, j'ai des droits sur lui plus encore que sur toi, et je puis parler en son nom. Nous sommes seules, Consuelo, et il ne m'est pas défendu de m'ouvrir à toi entièrement, bien que je fasse partie du conseil suprême, de ceux que leurs plus proches disciples ne connaissent jamais. Mais ma situation et la tienne sont exceptionnelles; regarde donc mes traits flétris, et dis-moi s'ils te semblent inconnus. »

En parlant ainsi, la sibylle détacha en même temps son masque et sa fausse barbe, sa toque et ses faux cheveux, et Consuelo vit une tête de femme vieillie et souffrante à la vérité, mais d'une beauté de lignes incomparable, et d'une expression sublime de bonté, de tristesse et de force. Ces trois habitudes de l'âme, si diverses, et si rarement réunies dans un même être, se peignaient dans le vaste front, dans le sourire maternel et dans le profond regard de l'inconnue. La forme de sa tête et la base de son visage annonçaient une grande puissance d'organisation primitive ; mais les ravages de la douleur n'étaient que trop visibles, et une sorte de tremblement nerveux faisait vaciller cette belle tête, qui rappelait celle de Niobé expirante ou plutôt celle de Marie défaillante au pied de la croix. Des cheveux gris fins et lisses comme de la soie vierge, séparés sur son large front, et serrés en minces bandeaux sur ses tempes, complétaient la noble étrangeté de cette figure saisissante. A cette époque toutes les femmes portaient leurs cheveux poudrés et crêpés, relevés en arrière, et laissant à découvert le front nu et hardi. La sibylle avait noué les siens de la manière la moins embarrassante sous son déguisement, sans songer qu'elle adoptait la plus harmonieuse à la coupe et à l'expression de son visage. Consuelo la contempla longtemps avec respect et admiration : puis tout à coup, frappée de surprise, elle s'écria en lui saisissant les deux mains :

« Oh ! mon Dieu, comme vous lui ressemblez !

— Oui, je ressemble à Albert, ou plutôt Albert me ressemble prodigieusement, répondit-elle ; mais n'as-tu jamais vu un portrait de moi ? » Et, voyant que Consuelo faisait des efforts de mémoire, elle ajouta pour l'aider :

« Un portrait qui m'a ressemblé autant qu'il est permis à l'art d'approcher de la réalité, et dont aujourd'hui je ne suis plus que l'ombre ; un grand portrait de femme, jeune, fraîche, brillante, avec un corsage de brocart d'or chargé de fleurs en pierreries, un manteau de pourpre, et des cheveux noirs s'échappant de nœuds de rubis et de perles pour retomber en boucles sur les épaules : c'est le costume que je portais il y a plus de quarante ans, le lendemain de mon mariage. J'étais belle, mais je ne devais pas l'être longtemps ; j'avais déjà la mort dans l'âme.

— Le portrait dont vous parlez, dit Consuelo en pâlissant, est au château des Géants dans la chambre qu'habitait Albert... C'est celui de sa mère qu'il avait à peine connue, et qu'il adorait pourtant... et qu'il croyait voir et entendre dans ses extases. Seriez-vous donc une proche parente de la noble Wanda de Prachatitz, et par conséquent...

— Je suis Wanda de Prachatitz elle-même, répondit la sibylle en retrouvant quelque fermeté dans sa voix et dans son attitude ; je suis la mère d'Albert, et la veuve de Christian de Rudolstadt; je suis la descendante de Jean Ziska du Calice, et la belle-mère de Consuelo; mais je ne veux plus être que son amie et sa mère adoptive, parce-que Consuelo n'aime pas Albert, et qu'Albert ne doit pas être heureux au prix du bonheur de sa compagne.

— Sa mère! vous, sa mère! s'écria Consuelo tremblante en tombant aux genoux de Wanda. Êtes-vous donc un spectre? N'étiez-vous pas pleurée comme morte au château des Géants?

— Il y a vingt-sept ans, répondit la sibylle, que Wanda de Prachatitz, comtesse de Rudolstadt, a été ensevelie au château des Géants, dans la même chapelle et sous la même dalle où Albert de Rudolstadt, atteint de la même maladie et sujet aux mêmes crises cataleptiques, fut enseveli l'année dernière, victime de la même erreur. Le fils ne se fût jamais relevé de cet affreux tombeau, si la mère, attentive au danger qui le menaçait, n'eût veillé, invisible, sur son agonie, et n'eût présidé avec angoisse à son inhumation. C'est sa mère qui a sauvé un être encore plein de force et de vie, des vers du sépulcre auquel on l'avait déjà abandonné; c'est sa mère qui l'a arraché au joug de ce monde où il n'avait que trop vécu et où il ne pouvait plus vivre, pour le transporter dans ce monde mystérieux, dans cet asile impénétrable où elle-même avait recouvré, sinon la santé du corps, du moins la vie de l'âme. C'est une étrange histoire, Consuelo, et il faut que tu la connaisses pour comprendre celle d'Albert, sa triste vie, sa mort prétendue, et sa miraculeuse résurrection. Les Invisibles n'ouvriront la séance de ton initiation qu'à minuit. Écoute-moi donc, et que l'émotion de ce bizarre récit te prépare à celles qui t'attendent encore.

XXXIII.

« Riche, belle et d'illustre naissance, je fus mariée à vingt ans au comte Christian, qui en comptait déjà plus de quarante. Il eût pu être mon père, et m'inspirait de l'affection et du respect ; de l'amour, point. J'avais été élevée dans l'ignorance de ce que peut être un pareil sentiment dans la vie d'une femme. Mes parents, austères Luthériens, mais forcés de pratiquer leur culte le moins ostensiblement possible, avaient dans leurs habitudes et dans leurs idées une rigidité excessive et une grande force d'âme. Leur haine pour l'étranger, leur révolte intérieure contre le joug religieux et politique de l'Autriche, leur attachement fanatique aux antiques libertés de la patrie, avaient passé dans mon sein, et ces passions suffisaient à ma fière jeunesse. Je n'en soupçonnais pas d'autres, et ma mère, qui n'avait jamais connu que le devoir, eût cru faire un crime en me les laissant pressentir. L'empereur Charles, père de Marie-Thérèse, persécuta longtemps ma famille pour cause d'hérésie, et mit notre fortune, notre liberté, et presque notre vie à prix. Je pouvais racheter mes parents en épousant un seigneur catholique dévoué à l'empire, et je me sacrifiai avec une sorte d'orgueil enthousiaste. Parmi ceux qui me furent désignés, je choisis le comte Christian, parce que son caractère doux, conciliant, et même faible en apparence, me donnait l'espérance de le convertir secrètement aux idées politiques de ma famille. Ma famille accepta mon dévouement et le bénit. Je crus que je serais heureuse par la vertu ; mais le malheur, dont on comprend la portée et dont on sent l'injustice, n'est pas un milieu où l'âme puisse aisément se développer ; je reconnus bientôt que le sage et calme Christian cachait sous sa douceur bienveillante une obstination invincible, un attachement opiniâtre aux coutumes de sa caste et aux préjugés de son entourage, une sorte de haine miséricordieuse et de mépris douloureux pour toute idée de combat et de résistance aux choses établies. Sa sœur Wenceslawa, tendre, viligante, généreuse, mais rivée plus encore que lui aux petitesses de sa dévotion et à l'orgueil de son rang, me fut une société à la fois douce et amère; une tyrannie caressante, mais accablante; une amitié dévouée, mais irritante au dernier point. Je souffris mortellement de cette absence de rapports sympathiques et intellectuels avec des êtres que j'aimais pourtant, mais dont le contact me tuait, dont l'atmosphère me desséchait lentement. Vous savez l'histoire de la jeunesse d'Albert, ses enthousiasmes comprimés, sa religion incomprise, ses idées évangéliques taxées d'hérésie et de démence. Ma vie fut un prélude de la sienne, et vous avez dû entendre échapper quelquefois dans la famille de Rudolstadt des exclamations d'effroi et de douleur sur cette ressemblance funeste du fils et de la mère, au moral comme au physique.

« L'absence d'amour fut le plus grand mal de ma vie, et c'est de lui que dérivèrent tous les autres. J'aimais Christian d'une forte amitié; mais rien en lui ne pouvait m'inspirer d'enthousiasme, et une affection enthousiaste m'eût été nécessaire pour comprimer cette profonde désunion de nos intelligences. L'éducation religieuse et sévère que j'avais reçue ne me permettait pas de séparer l'intelligence de l'amour. Je me dévorais moi-même. Ma santé s'altéra; une excitation extraordinaire s'empara de mon système nerveux; j'eus des hallucinations, des extases qu'on appela des accès de folie, et qu'on cacha avec soin au lieu de chercher à me guérir. On tenta pourtant de me distraire et de me mener dans le monde, comme si des bals, des spectacles et des fêtes eussent pu me tenir lieu de sympathie, d'amour et de confiance. Je tombai si malade à Vienne, qu'on me ramena au château des Géants. Je préférais encore ce triste séjour, les exorcismes du chapelain et la cruelle amitié de la chanoinesse à la cour de nos tyrans.

« La perte consécutive de mes cinq enfants me porta les derniers coups. Il me sembla que le ciel avait maudit mon union ; je désirai la mort avec énergie. Je n'espérais plus rien de la vie. Je m'efforçais de ne point aimer Albert, mon dernier-né, persuadée qu'il était condamné comme les autres, et que mes soins ne pourraient pas le sauver.

« Un dernier malheur vint porter au comble l'exaspération de mes facultés. J'aimai, je fus aimée, et l'austérité de mes principes me contraignit de refouler en moi jusqu'à l'aveu intérieur de ce sentiment terrible. Le médecin qui me soignait dans mes fréquentes et douloureuses crises était moins jeune en apparence, et moins beau que Christian. Ce ne furent donc pas les grâces de la personne qui m'émurent, mais la sympathie profonde de nos âmes, la conformité d'idées ou du moins d'instincts religieux et philosophiques, un rapport incroyable de caractères. Marcus, je ne puis vous le désigner que par ce prénom, avait la même énergie, la même activité d'esprit, le même patriotisme que moi. C'était de lui qu'on pouvait dire aussi bien que de moi ce que Shakspeare met dans la bouche de Brutus : « Je ne suis pas de ces hommes qui supportent l'injustice avec un visage serein. » La misère et l'abaissement du pauvre, le servage, les **lois despotiques** et leurs abus monstrueux, tous les **droits** impies de la conquête, soulevaient en lui des tempêtes d'indignation. Oh ! que de torrents de larmes nous avons versés ensemble sur les maux de notre patrie et sur ceux de la race humaine, partout asservie ou trompée! ici abrutie par l'ignorance, là décimée par la rapacité des cupides, ailleurs violentée et dégradée par les ravages de la guerre, avilie et infortunée sur toute la face de la terre. Cependant Marcus, plus instruit que moi, concevait un remède à tant de maux, et m'entretenait souvent de projets étranges et mystérieux pour organiser une conspiration universelle contre le despotisme et l'intolérance. J'écoutais ses desseins comme des rêves romanesques. Je n'espérais plus; j'étais trop malade et trop brisée pour croire à l'avenir. Il m'aima ardemment; je le vis, je le sentis, je partageai sa passion : et pourtant, durant cinq années d'amitié apparente et de chaste intimité, nous ne nous révélâmes jamais l'un à l'aure le funeste secret qui nous unissait. Il n'habitait point ordinairement le Bœhmer-Wald; du moins il faisait de fréquentes absences sous prétexte d'aller donner des soins à des clients éloignés, et, dans le fait, pour organiser cette conjuration dont il me parlait sans cesse sans me persuader de ses résultats. Chaque fois que je le revoyais, je me sentais plus enflammée pour son génie, son courage et sa persévérance. Chaque fois qu'il revenait, il me retrouvait plus affaiblie, plus rongée par un feu intérieur, plus dévastée par la souffrance physique.

« Durant une de ses absences, j'eus d'effroyables convulsions auxquelles l'ignorant et vaniteux docteur Wetzelius que vous connaissez, et qui me soignait en son absence, donna le nom de *fièvre maligne*. A la suite de ces crises, je tombai dans un anéantissement complet qu'on prit pour la mort. Mon pouls ne battait plus; ma respiration était insensible. Cependant j'avais toute ma connaissance; j'entendis les prières du chapelain et les

larmes de ma famille. J'entendis les cris déchirants de
mon seul enfant, de mon pauvre Albert, et je ne pus
faire un mouvement; je ne pus pas même le voir. On
m'avait fermé les yeux, il m'était impossible de les
rouvrir. Je me demandais si c'était là la mort, et si
l'âme, privée de ses moyens d'action sur le cadavre,
conservait dans le trépas les douleurs de la vie et l'épouvante du tombeau. J'entendis des choses terribles autour
de mon lit de mort; le chapelain, essayant de calmer
les regrets vifs et sincères de la chanoinesse, lui disait
qu'il fallait remercier Dieu de toutes choses, et que
c'était un grand bonheur pour mon mari d'être délivré
des angoisses de ma continuelle agonie et des orages de
mon âme réprouvée. Il ne se servait pas de mots aussi
durs, mais le sens était le même, et la chanoinesse
l'écoutait et se rendait peu à peu. Je l'entendis même
ensuite essayer de consoler Christian avec les mêmes
arguments, encore plus adoucis par l'expression, mais
tout aussi cruels pour moi. J'entendais distinctement, je
comprenais affreusement. C'était, pensait-on, la volonté
de Dieu que je n'élevasse pas mon fils, et qu'il fût
soustrait dans son jeune âge au poison de l'hérésie dont
j'étais infectée. Voilà ce qu'on trouvait à dire à mon
époux lorsqu'il s'écriait, en pressant Albert sur son
sein : « Pauvre enfant, que deviendras-tu sans ta mère! »
La réponse du chapelain était : « Vous l'éleverez selon
Dieu ! »

« Enfin, après trois jours d'un désespoir immobile et
muet, je fus portée dans la tombe, sans avoir recouvré
la force de faire un mouvement, sans avoir perdu un
instant la certitude de l'épouvantable mort qu'on allait
me donner! On me couvrit de diamants, on me revêtit
de mes habits de fiançailles, les habits magnifiques
que vous m'avez vus dans mon portrait. On me plaça

une couronne de fleurs sur la tête, un crucifix d'or sur la poitrine, et on me déposa dans une longue cuvette de marbre blanc, taillée dans le pavé souterrain de la chapelle. Je ne sentis ni le froid ni le manque d'air; je ne vivais que par la pensée.

« Marcus arriva une heure après. Sa consternation lui ôta d'abord toute réflexion. Il vint machinalement se prosterner sur ma tombe: on l'en arracha; il y revint dans la nuit. Cette fois il s'était armé d'un marteau et d'un levier. Une pensée sinistre avait traversé son esprit. Il connaissait mes crises léthargiques; il ne les avait jamais vues aussi longues, aussi complètes; mais, de quelques instants de cet état bizarre observés par lui, il concluait à la possibilité d'une effroyable erreur. Il ne se fiait point à la science de Wetzelius. Je l'entendis marcher au-dessus de ma tête; je reconnus son pas. Le bruit du fer qui soulevait la dalle me fit tressaillir, mais je ne pus faire entendre un cri, un gémissement. Quand il il souleva le voile qui couvrait mon visage, j'étais tellement exténuée par les efforts que je venais de faire pour l'appeler, que je semblais plus morte que jamais. Il hésita longtemps; il interrogea mille fois mon souffle éteint, mon cœur et mes mains glacés. J'avais la raideur d'un cadavre. Je l'entendis murmurer d'une voix déchirante : « C'en est donc fait! plus d'espoir! Morte, morte!... O Wanda! » Il laissa retomber le voile, mais il ne replaça pas la pierre. Un silence épouvantable régnait de nouveau. Était-il évanoui? M'abandonnait-il, lui aussi, oubliant, dans l'horreur que lui inspirait la vue de ce qu'il avait aimé, de refermer mon sépulcre?

« Marcus, plongé dans une sombre méditation, formait un projet lugubre comme sa douleur, étrange comme son caractère. Il voulait dérober mon corps aux outrages de la destruction. Il voulait l'emporter secrètement, l'embaumer, le sceller dans un cercueil de métal, le conserver toujours à ses côtés. Il se demandait s'il aurait ce courage ; et tout à coup, dans une sorte de transport fanatique, il se dit qu'il l'aurait. Il me prit dans ses bras, et, sans savoir si ses forces lui permettraient d'emporter un cadavre jusqu'à sa demeure qui était éloignée de plus d'une lieue, il me déposa sur le pavé, et replaça la dalle avec le terrible sang-froid qu'on a souvent dans les actes du délire. Ensuite il m'enveloppa et me cacha entièrement avec son manteau, et sortit du château, qu'on ne fermait pas alors avec le même soin qu'aujourd'hui, parce que des bandes de malfaiteurs, désespérées par la guerre, ne s'étaient pas encore montrées aux environs. J'étais devenue si maigre, que je n'étais pas, à vrai dire, un bien pesant fardeau. Marcus traversa les bois, en choisissant les sentiers les moins fréquentés. Il me déposa plusieurs fois sur les rochers, accablé de douleur et d'épouvante plus encore que de fatigue. Il m'a dit depuis que, plus d'une fois, il avait eu horreur de ce rapt d'un cadavre, et qu'il avait été tenté de me reporter dans ma tombe. Enfin il arriva chez lui, pénétra sans bruit par son jardin, et me porta, sans être vu de personne, dans un pavillon isolé dont il avait fait un cabinet d'études. C'est là seulement que la joie de me voir sauvée, le premier mouvement de joie que j'eusse eu depuis dix ans, délia ma langue, et que je pus articuler une faible exclamation.

« Une nouvelle crise violente succéda à cet affaissement. Je retrouvai tout à coup une force exubérante ; je poussai des cris, des rugissements. La servante et le jardinier de Marcus accoururent, croyant qu'on l'assassinait. Il eut la présence d'esprit de se jeter au-devant d'eux, en leur disant qu'une dame était venue accoucher en secret chez lui, et qu'il tuerait quiconque essaierait de la voir, de même qu'il chasserait celui qui aurait le malheur d'en dire un mot. Cette feinte réussit. Je fus dangereusement malade dans ce pavillon durant trois jours. Marcus, enfermé avec moi, m'y soigna avec un zèle et une intelligence dignes de sa volonté. Lorsque je fus sauvée et que je pus rassembler mes idées, je me jetai dans ses bras avec terreur en songeant qu'il fallait nous séparer.

« O Marcus! m'écriai-je, pourquoi ne m'avez-vous pas laissée mourir ici, dans vos bras! Si vous m'aimez, tuez-moi; retourner dans ma famille est pour moi pire que la mort.

« — Madame, me répondit-il avec fermeté, vous n'y retournerez jamais, j'en ai fait le serment à Dieu et à moi-même. Vous n'appartenez plus qu'à moi. Vous ne me quitterez plus, ou vous ne sortirez d'ici qu'en passant sur mon cadavre. »

Cette terrible résolution m'épouvanta et me charma en même temps. J'étais trop troublée et trop affaiblie pour en sentir la portée. Je l'écoutai avec la soumission à la fois craintive et confiante d'un enfant. Je me laissai soigner, guérir, et peu à peu je m'habituai à l'idée de ne jamais retourner à Riesenburg, et de ne ne jamais démentir les apparences de ma mort. Marcus déploya pour me convaincre une éloquence exaltée. Il me dit que je ne pouvais pas vivre dans ce mariage, et que je n'avais pas le droit d'y aller subir une mort certaine. Il me jura qu'il avait les moyens de me soustraire à la vue des hommes pendant longtemps, et pendant toute ma vie à celle des personnes qui me connaissaient. Il me promit de veiller sur mon fils, et de me ménager les moyens de le voir en secret. Il me donna même des garanties certaines de ces possibilités étranges, et je me laissai convaincre. Je consentis à partir avec lui pour ne jamais redevenir la comtesse de Rudolstadt.

« Mais au moment où nous allions partir, dans la nuit, on vint chercher Marcus pour secourir Albert qu'on disait dangereusement malade. La tendresse maternelle, que le malheur semblait avoir étouffée, se réveilla dans mon sein. Je voulus suivre Marcus à Riesenburg; aucune puissance humaine, pas même la sienne, n'eût pu m'en dissuader. Je montai dans sa voiture, et, enveloppée d'un long voile, j'attendis avec anxiété, à quelque distance du château, qu'il allât voir mon fils, et qu'il m'en rapportât des nouvelles. Il revint bientôt en effet, m'assura que l'enfant n'était point en danger, et voulut me ramener chez lui, afin de retourner passer la nuit auprès d'Albert. Je ne pus m'y décider. Je voulus l'attendre encore, cachée derrière les sombres murailles du château, tremblante et agitée, tandis qu'il retournait soigner mon fils. A peine fus-je seule, que mille inquiétudes me dévorèrent le cœur. Je m'imaginai que Marcus me cachait la véritable situation d'Albert, que peut-être il était mourant, qu'il allait expirer sans avoir reçu mon dernier baiser. Dominée par cette persuasion funeste, je m'élançai sous le portique du château; un valet, que je rencontrai dans la cour, laissa tomber son flambeau, et s'enfuit en se signant. Mon voile cachait mes traits, mais l'apparition d'une femme au milieu de la nuit suffisait pour réveiller les idées superstitieuses de ces crédules serviteurs. On ne doutait pas que je fusse l'ombre de la malheureuse et impie comtesse Wanda. Un hasard inespéré voulut que je pusse pénétrer jusqu'à la chambre de mon fils sans rencontrer d'autres personnes, et que la chanoinesse fût sortie en cet instant pour chercher quelque médicament ordonné par Marcus. Mon mari, suivant sa coutume, avait été prier dans son oratoire, au lieu d'agir pour conjurer le danger. Je me précipitai sur mon fils, je le pressai sur mon sein. Il n'eut point peur de moi, il me rendit mes caresses ; il n'avait pas compris ma mort. En ce moment le chapelain parut au seuil de la chambre. Marcus pensa que tout était perdu. Cependant, avec une rare présence d'esprit, il se tint immobile et parut ne point me voir à côté de lui. Le chapelain prononça, d'une voix entrecoupée, quelques paroles d'exorcisme, et tomba évanoui avant d'avoir osé faire un pas vers moi. Alors je me résignai à fuir par une autre porte, et je regagnai, dans les ténèbres, l'endroit où Marcus m'avait laissée. J'étais rassurée, j'avais vu Albert soulagé, ses petites mains étaient tièdes, et le feu de la fièvre n'était plus sur ses joues. L'évanouissement et la frayeur du chapelain furent attribués à une vision. Il soutint m'avoir vue auprès de Marcus, tenant mon fils dans mes bras. Marcus soutint n'avoir rien vu du tout. Albert s'était endormi. Mais le lendemain, il me redemanda, et les nuits suivantes, convaincu que je n'étais pas endormie pour toujours, comme on tâchait de le lui persuader, il rêva de moi, crut me voir encore, et m'appela à plusieurs reprises. A partir de ce moment, l'enfance d'Albert fut étroitement surveillée, et les âmes superstitieuses de Riesenburg firent maintes prières pour conjurer les funestes assiduités de mon fantôme autour de son berceau.

« Marcus me ramena chez lui avant le jour. Nous retardâmes encore notre départ d'une semaine, et quand mon fils fut entièrement rétabli, nous quittâmes la Bohême. Depuis ce temps j'ai mené une vie errante et mystérieuse. Toujours cachée dans mes gîtes, toujours voilée dans mes voyages, portant un nom supposé, et n'ayant pendant bien longtemps d'autre confident au monde que Marcus, j'ai passé plusieurs années avec lui en pays étranger. Il entretenait une correspondance suivie avec un ami qui le tenait au courant de tout ce qui se passait à Riesenburg, et qui lui donnait d'amples détails sur la santé, sur le caractère, sur l'éducation de mon fils. L'état déplorable de ma santé m'autorisait à mener la vie la plus retirée et à ne voir personne. Je passais pour la sœur de Marcus, et je vécus plusieurs années au fond de l'Italie, dans une villa isolée, tandis que, pendant une partie de chaque année, Marcus continuait ses voyages, et poursuivait l'accomplissement de ses vastes projets.

« Je ne fus point la maîtresse de Marcus ; j'étais restée sous l'empire de mes scrupules religieux, et il me fallut plus de dix années de méditations pour concevoir les droits de l'être humain à secouer le joug des lois sans pitié et sans intelligence qui régissent la société humaine. Étant censée morte, et ne voulant pas risquer la liberté que j'avais si chèrement conquise, je ne pouvais invoquer aucun pouvoir religieux ou civil pour rompre mon mariage avec Christian, et je n'eusse d'ailleurs pas voulu réveiller ses douleurs assoupies. Il ne savait pas combien j'avais été malheureuse avec lui ; il me croyait descendue, pour mon bonheur, pour la paix de sa famille et pour le salut de son fils, dans le repos de la tombe. Dans cette situation, je me regardais comme éternellement condamnée à lui être fidèle. Plus tard, quand, par les soins de Marcus, les disciples d'une foi nouvelle se furent réunis et constitués secrètement en pouvoir religieux, quand j'eus assez modifié mes idées pour accepter ce nouveau concile et entrer dans cette nouvelle Église qui eût pu prononcer mon divorce et consacrer notre union, il n'était plus temps. Marcus, fatigué de mon opiniâtreté, avait senti le bien d'aimer ailleurs, et je l'y avais héroïquement poussé. Il était marié; j'étais l'amie de sa femme : cependant, il ne fut point heureux. Cette femme n'avait pas l'esprit et le cœur assez grands pour satisfaire l'esprit et le cœur d'un homme tel que lui. Il n'avait pu lui faire comprendre ses plans; il se garda de l'initier à son succès. Elle mourut au bout de quelques années sans avoir deviné que Marcus m'aimait toujours. Je la soignai à son agonie; je lui fermai les yeux sans avoir aucun reproche à me faire envers elle, sans me réjouir de voir disparaître cet obstacle à ma longue et cruelle passion. La jeunesse avait fui; j'étais brisée; j'avais eu une vie trop grave et trop austère pour m'en départir lorsque l'âge commençait à blanchir mes cheveux. J'entrai enfin dans le calme de la vieillesse, et je sentis profondément tout ce qu'il y a d'auguste et de sacré dans cette phase de notre vie de femme. Oui, notre vieillesse comme toute notre vie, quand nous la comprenons bien, a quelque chose de plus sérieux que celle de l'homme. Ils peuvent tromper le cours des années; ils peuvent aimer encore et devenir pères dans un âge plus avancé que nous, au lieu que la nature nous marque un terme après lequel il y a je ne sais quoi de monstrueux et d'impie à vouloir réveiller l'amour, et empiéter par de ridicules délires sur les brillants priviléges de la génération qui déjà nous succède et nous efface. Les leçons et les exemples qu'elle attend de nous d'ailleurs en ce moment solennel, demandent une vie de contemplation et de recueillement que les agitations de l'amour troubleraient sans fruit. La jeunesse peut s'inspirer de sa propre ardeur et y trouver de hautes révélations. L'âge mûr n'a plus commerce avec Dieu que dans l'auguste sérénité qui lui est accordée comme un dernier bienfait. Dieu lui-même l'aide doucement et par une insensible transformation à entrer dans cette voie. Il prend soin d'apaiser nos passions et de les changer en amitiés paisibles; il nous ôte le prestige de la beauté, éloignant ainsi de nous les dangereuses tentations. Rien n'est donc si facile que de vieillir, quoi qu'en disent et quoi qu'en pensent toutes ces femmes malades d'esprit qu'on voit s'agiter dans le monde, en proie à une sorte de fureur obstinée pour cacher aux autres et à elles-mêmes la décadence de leurs charmes, et la fin de leur mission en tant que femmes. Hé quoi! l'âge nous ôte notre sexe, il nous dispense des labeurs terribles de la maternité, et nous ne reconnaîtrions pas que c'est le moment de nous élever à une sorte d'état angélique? Mais, ma chère fille, vous êtes si loin de ce terme effrayant et pourtant désirable comme le port après la tempête, que toutes mes réflexions à ce sujet sont hors de propos : qu'elles vous servent donc seulement à comprendre mon histoire. Je restai ce que j'avais toujours été, la sœur de Marcus, et ces émotions comprimées, ces désirs vaincus qui avaient torturé notre jeunesse, donnèrent au moins à l'amitié de l'âge mûr un caractère de force et de confiance enthousiaste qui ne se rencontre pas dans les vulgaires amitiés.

« Je ne vous ai encore rien dit, d'ailleurs, des travaux d'esprit et des occupations sérieuses qui, durant les quinze premières années, nous empêchèrent d'être absorbés par nos souffrances, et qui, depuis ce temps, nous ont empêchés de les regretter. Vous en connaissez la nature, le but et le résultat; vous y avez été initiée la nuit dernière; vous le serez plus encore ce soir par l'organe des Invisibles. Je puis vous dire seulement que Marcus siége parmi eux, et qu'il a lui-même formé leur conseil secret et organisé toute leur société avec le concours d'un prince vertueux, dont toute la fortune est consacrée à l'entreprise mystérieuse et grandiose que vous connaissez. J'y ai consacré également toute ma vie depuis quinze ans. Après douze années d'absence, j'étais trop oubliée d'une part, trop changée de l'autre, pour ne pouvoir pas reparaître en Allemagne. La vie étrange qui convient à certaines fonctions de notre ordre favorisait d'ailleurs mon incognito. Chargée, non pas de l'active propagande, qui est réservée à votre vie d'éclat, mais des secrètes missions que ma prudence pouvait exercer, j'ai fait quelques voyages que je vous raconterai tout à l'heure. Et depuis lors, j'ai vécu ici tout à fait cachée, exerçant en apparence les fonctions obscures de gouvernante d'une partie de la maison du prince, mais ne m'occupant en effet sérieusement que de l'œuvre secrète, tenant une vaste correspondance au nom du conseil avec tous les affiliés importants, les recevant ici, et présidant souvent leurs conférences, seule avec Marcus, lorsque le prince et les autres chefs suprêmes étaient absents, enfin exerçant en tout temps une influence assez marquée sur celles de leurs décisions qui semblaient appeler les vues délicates et le sens particulier dont est doué l'esprit féminin. A part les questions philosophiques qui s'agitent et se pèsent ici, et desquelles, du reste, j'ai acquis par la maturité de mon intelligence, le droit de n'être pas écartée, il y a souvent des questions de sentiment à débattre et à juger. Vous pensez bien que, dans nos tentatives au dehors, nous rencontrons souvent le concours ou l'obstacle des passions particulières, de l'amour, de la haine, de la jalousie. J'ai eu par l'intermédiaire de mon fils, j'ai même eu en personne et sous les travestissements fort à la mode dans les cours auprès des femmes, de magicienne ou d'inspirée, des relations fréquentes avec la princesse Amélie de Prusse, avec l'intéressante et malheureuse princesse de Culmbach, enfin avec la jeune margrave de Bareith, sœur de Frédéric,

Nous devions conquérir ces femmes par le cœur plus encore que par l'esprit. J'ai travaillé noblement, j'ose le dire, à nous les attacher, et j'y ai réussi. Mais cette face de ma vie n'est pas celle dont je veux vous entretenir. Dans vos futures entreprises, vous retrouverez ma trace, et vous continuerez ce que j'ai commencé. Je veux vous parler d'Albert, et vous raconter tout le côté de son existence que vous ne connaissez pas. Nous en avons encore le temps. Prêtez-moi encore un peu d'attention. Vous comprendrez comment j'ai enfin connu, dans cette vie terrible et bizarre que je me suis faite, des émotions tendres et des joies maternelles.

XXXIV.

« Informée minutieusement, par les soins de Marcus, de tout ce qui se passait au château des Géants, je n'eus pas plus tôt appris la résolution que l'on avait prise de faire voyager Albert, et la direction qu'il devait suivre, que je courus me mettre sur son passage. Ce fut l'époque de ces voyages dont je vous parlais tout à l'heure, et dans plusieurs desquels Marcus m'accompagna. Le gouverneur et les domestiques qu'on avait donnés à Albert ne m'avaient point connue; je ne craignais donc point leurs regards. J'étais si impatiente de voir mon fils, que j'eus bien de la peine à m'en abstenir, en voyageant derrière lui à quelques heures de distance, et à gagner ainsi Venise, où il devait faire sa première station. Mais j'étais résolue à ne point me montrer à lui sans une espèce de solennité mystérieuse; car mon but n'était pas seulement l'ardent instinct maternel qui me poussait dans ses bras, j'avais un dessein plus sérieux, un devoir plus maternel encore à remplir; je voulais arracher

Albert aux superstitions étroites dans lesquelles on avait essayé de l'enlacer. Je devais m'emparer de son imagination, de sa confiance, de son esprit, de son âme tout entière. Je le croyais fervent catholique, et à cette époque il l'était en apparence. Il suivait régulièrement toutes les pratiques extérieures du culte romain. Les personnes qui avaient informé Marcus de ces détails ignoraient le fond du cœur d'Albert. Son père et sa tante ne le connaissaient guère davantage. Ils ne trouvaient à lui reprocher qu'un rigorisme farouche, une manière trop naïve et trop ardente d'interpréter l'Evangile. Ils ne comprenaient pas que, dans sa logique rigide et dans sa loyale candeur, mon noble enfant, obstiné à la pratique du vrai christianisme, était déjà un hérétique passionné, incorrigible. J'étais un peu effrayée de ce gouverneur jésuite qu'on avait attaché à ses pas; je craignais de ne pouvoir l'approcher sans être observée et contrariée par un Argus fanatique. Mais je sus bientôt que l'indigne abbé *** ne s'occupait pas même de sa santé, et qu'Albert, négligé aussi par des valets auxquels il lui répugnait de commander, vivait à peu près seul et livré à lui-même dans toutes les villes où il faisait quelque séjour. J'observais avec anxiété tous ses mouvements. Logée à Venise dans le même hôtel que lui, je le rencontrai enfin seul et rêveur dans les escaliers, dans les galeries, sur les quais. Oh! vous pouvez bien deviner comme mon cœur battit à sa vue, comme mes entrailles s'émurent, et quels torrents de larmes s'échappèrent de mes yeux consternés et ravis! Il me semblait si beau, si noble, et si triste, hélas! cet unique objet permis à mon amour sur la terre! je le suivis avec précaution. La nuit approchait. Il entra dans l'église de Saints-Jean-et-Paul, une austère basilique remplie de tombeaux que vous connaissez bien sans doute. Albert s'agenouilla dans un coin; je m'y glissai avec lui : je me cachai derrière une tombe. L'église était déserte; l'obscurité devenait à chaque instant plus profonde. Albert était immobile comme une statue. Cependant il paraissait plongé dans la rêverie plutôt que dans la prière. La lampe du sanctuaire éclairait faiblement ses traits. Il était si pâle! j'en fus effrayée. Son œil fixe, ses lèvres entr'ouvertes, je ne sais quoi de désespéré dans son attitude et dans sa physionomie, me brisèrent le cœur; je tremblais comme la flamme vacillante de la lampe. Il me semblait que si je me révélais à lui en cet instant, il allait tomber anéanti. Je me rappelai tout ce que Marcus m'avait dit de sa susceptibilité nerveuse et du danger des brusques émotions sur une organisation aussi impressionnable. Je sortis pour ne pas céder aux élans de mon amour. J'allai l'attendre sous le portique. J'avais jeté sur mes vêtements, d'ailleurs fort simples et fort sombres, une mante brune dont le capuchon cachait mon visage et me donnait l'aspect d'une femme du peuple de ce pays. Lorsqu'il sortit, je fis involontairement un pas vers lui; il s'arrêta, et, me prenant pour une mendiante, il prit au hasard une pièce d'or dans sa poche, et me la présenta. Oh! avec quel orgueil et quelle reconnaissance je reçus cette aumône! Tenez, Consuelo, c'est un sequin de Venise; je l'ai fait percer pour y passer une chaîne, et je le porte toujours sur mon sein comme un bijou précieux, comme une relique. Il ne m'a jamais quitté depuis ce jour-là, ce gage que la main de mon enfant avait sanctifié. Je ne fus pas maîtresse de mon transport; je saisis cette main chérie, et je la portai à mes lèvres. Il la retira avec une sorte d'effroi; elle était trempée de mes pleurs.

« — Que faites-vous, femme? me dit-il d'une voix dont le timbre pur et sonore retentit jusqu'au fond de mes os. Pourquoi me bénissez-vous ainsi pour un si faible don? Sans doute vous êtes bien malheureuse, et je vous ai donné trop peu. Que vous faut-il pour ne plus souffrir? Parlez. Je veux vous consoler; j'espère que je le pourrai. »

« Et il prit dans ses mains, sans le regarder, tout l'or qu'il avait sur lui.

« — Tu m'as assez donné, bon jeune homme, lui répondis-je; je suis satisfaite.

« — Mais pourquoi pleurez-vous, me dit-il, frappé des sanglots qui étouffaient ma voix : vous avez donc quelque chagrin auquel ma richesse ne peut remédier?

« — Non, repris-je, je pleure d'attendrissement et de joie.

« — De joie! Il y a donc des larmes de joie? et de telles larmes pour une pièce d'or! O misère humaine! Femme, prends tout le reste, je t'en prie ; mais ne pleure pas de joie. Songe à tes frères les pauvres, si nombreux, si avilis, si misérables, et que je ne puis pas soulager tous! »

« Il s'éloigna en soupirant. Je n'osai pas le suivre, de peur de me trahir. Il avait laissé son or sur le pavé, en me le tendant avec une sorte de hâte de s'en débarrasser. Je le ramassai, et j'allai le mettre dans le tronc aux aumônes, afin de satisfaire la noble charité de mon fils. Le lendemain, je l'épiai encore, et je le vis entrer à Saint-Marc; j'avais résolu d'être plus forte et plus calme, je le fus. Nous étions encore seuls, dans la demi-obscurité de l'église. Il rêva encore longtemps, et tout à coup je l'entendis murmurer d'une voix profonde en se relevant :

« — O Christ! ils te crucifient tous les jours de leur vie!

« — Oui! lui répondis-je, lisant à moitié dans sa pensée, les pharisiens et les docteurs de la loi! »

« Il tressaillit, garda le silence un instant, et dit à voix basse, sans se retourner, sans chercher à voir qui lui parlait ainsi :

« — Encore la voix de ma mère ! »

« Consuelo, je faillis m'évanouir en entendant Albert évoquer ainsi mon souvenir, et garder dans la mémoire de son cœur l'instinct de cette divination filiale. Pourtant la crainte de troubler sa raison, déjà si exaltée, m'arrêta encore ; j'allai encore l'attendre sous le porche, et quand il passa, satisfaite de le voir, je ne m'approchai pas de lui. Mais il m'aperçut et recula avec un mouvement d'effroi.

« — Signora, me dit-il après un instant d'hésitation, pourquoi mendiez-vous aujourd'hui? Est-ce donc une profession en effet, comme le disent les riches impitoyables! N'avez-vous pas de famille? Ne pouvez-vous être utile à quelqu'un, au lieu d'errer la nuit comme un spectre autour des églises? Ce que je vous ai donné hier ne suffit-il pas pour vous mettre à l'abri aujourd'hui? Voulez-vous donc accaparer la part qui peut revenir à vos frères?

« — Je ne mendie pas ; lui répondis-je. J'ai mis ton or dans le tronc des pauvres, excepté un sequin que je veux garder pour l'amour de toi.

« — Qui êtes-vous donc? s'écria-t-il en me saisissant le bras ; votre voix me remue jusqu'au fond de l'âme. Il me semble que je vous connais. Montrez-moi votre visage !... Mais non ! je ne veux pas le voir, vous me faites peur.

« — Oh ! Albert ! lui dis-je hors de moi et oubliant toute prudence, toi aussi, tu as donc peur de moi? »

« Il frémit de la tête aux pieds, et murmura encore avec une expression de terreur et de respect religieux :

« — Oui, c'est sa voix, la voix de ma mère !

« — J'ignore qui est ta mère, repris-je effrayée de mon imprudence. Je sais seulement ton nom, parce que les pauvres le connaissent déjà. D'où vient que je t'effraie? Ta mère est donc morte?

« — Ils disent qu'elle est morte, répondit-il; mais ma mère n'est pas morte pour moi.

« — Où vit-elle donc?

« — Dans mon cœur, dans ma pensée, continuellement, éternellement. J'ai rêvé sa voix, j'ai rêvé ses traits, cent fois, mille fois. »

« Je fus effrayée autant que charmée de cette impérieuse expansion qui le portait ainsi vers moi. Mais je voyais en lui des signes d'égarement. Je vainquis ma tendresse pour le calmer.

« Albert, lui dis-je, j'ai connu votre mère; j'ai été son amie. J'ai été chargée par elle de vous parler d'elle un jour, quand vous seriez en âge de comprendre ce que j'ai à vous dire. Je ne suis pas ce que je parais. Je ne vous ai suivie hier et aujourd'hui que pour avoir l'occasion de m'entretenir avec vous. Écoutez-moi donc avec calme, et ne vous laissez pas troubler par de vaines superstitions. Voulez-vous me suivre sous les arcades des Procuraties, qui sont maintenant désertes, et causer avec moi? Vous sentez-vous assez tranquille, assez recueilli pour cela?

« — Vous, l'amie de ma mère! s'écria-t-il. Vous, chargée par elle de me parler d'elle? Oh! oui, parlez, parlez; vous voyez bien que je ne me trompais pas, qu'une voix intérieure m'avertissait! Je sentais qu'il y avait quelque chose d'elle en vous. Non, je ne suis pas superstitieux, je ne suis pas insensé; seulement j'ai le cœur plus vivant et plus accessible que bien d'autres à certaines choses que les autres ne comprennent pas et ne sentent pas. Vous comprendrez cela, vous, si vous avez compris ma mère. Parlez-moi donc d'elle; parlez-moi encore avec sa voix, avec son esprit. »

« Ayant ainsi réussi, quoique imparfaitement, à donner le change à son émotion, je l'emmenai sous les arcades, et je commençai par l'interroger sur son enfance, sur ses souvenirs, sur les principes qu'on lui avait donnés, sur l'idée qu'il se faisait des principes et des idées de sa mère. Les questions que je lui faisais lui prouvaient bien que j'étais au courant des secrets de sa famille, et capable de comprendre ceux de son cœur. O ma fille! quel orgueil enthousiaste s'empara de moi, quand je vis l'amour ardent qu'Albert nourrissait pour moi, la foi qu'il avait dans ma piété et dans ma vertu, l'horreur que lui inspirait la répulsion superstitieuse des catholiques de Riesenburg pour ma mémoire; la pureté de son âme, la grandeur de son sentiment religieux et patriotique, enfin, tous ces sublimes instincts qu'une éducation catholique n'avait pu étouffer en lui! Mais, en même temps, quelle douleur profonde m'inspira la précoce et incurable tristesse de cette jeune âme, et les combats qui la brisaient déjà, comme on s'était efforcé de briser la mienne! Albert se croyait encore catholique. Il n'osait pas se révolter ouvertement contre les arrêts de l'Église. Il avait besoin de croire à une religion constituée. Déjà instruit et méditatif plus que son âge ne le comportait (il avait à peine vingt ans), il avait réfléchi beaucoup sur la longue et funèbre histoire des hérésies, et il ne pouvait se résoudre à condamner certaines de nos doctrines. Forcé pourtant de croire aux égarements des novateurs, si exagérés et si envenimés par les historiens ecclésiastiques, il flottait dans une mer d'incertitudes, tantôt condamnant la révolte, tantôt maudissant la tyrannie, et ne pouvant rien conclure, sinon que des hommes de bien s'étaient égarés dans leurs tentatives de réforme, et que des hommes de sang avaient souillé le sanctuaire en voulant le défendre.

« Il fallait donc porter la lumière dans son esprit, faire la part des fautes et des excès dans les deux camps, lui apprendre à embrasser courageusement la défense des novateurs, tout en déplorant leurs inévitables emportements; l'exhorter à abandonner le parti de la ruse, de la violence et de l'asservissement, tout en reconnaissant l'excellence de certaine mission dans un passé plus éloigné. Je n'eus pas de peine à l'éclairer. Il avait déjà prévu, déjà deviné, déjà conclu avant que j'eusse achevé de prouver. Ses admirables instincts répondaient à mes inspirations : mais, quand il eut achevé de comprendre, une douleur plus accablante que celle de l'incertitude s'empara de son âme consternée. La vérité n'était donc reconnue nulle part sur la terre! La loi de Dieu n'était plus vivante dans aucun sanctuaire! Aucun peuple, aucune caste, aucune école ne pratiquait la vertu chrétienne et ne cherchait à l'éclaircir et à la développer! Catholiques et protestants avaient abandonné les voies divines! Partout régnait la loi du plus fort, partout le faible était enchaîné et avili; le Christ était crucifié tous les jours sur tous les autels érigés par les hommes! La nuit s'écoula dans cet entretien amer et pénétrant. Les horloges sonnèrent lentement les heures sans qu'Albert songeât à les compter. Je m'effrayais de cette puissance de tension intellectuelle, qui me faisait pressentir chez lui tant de goût pour la lutte et tant de facultés pour la douleur. J'admirais la mâle fierté et l'expression déchirante de mon noble et malheureux enfant; je me retrouvais en lui tout entière; je croyais lire dans ma vie passée et recommencer avec lui l'histoire des longues tortures de mon cœur et de mon cerveau; je contemplais, sur son large front éclairé par la lune, l'inutile beauté extérieure et morale de ma jeunesse solitaire et incomprise ; je pleurais sur lui et sur moi en même temps. Ces plaintes furent longues et déchirantes. Je n'osais pas encore lui livrer les secrets de notre conspiration ; je craignais qu'il ne les comprît pas tout de suite, et que, dans sa douleur, il ne les rejetât comme d'inutiles et dangereux efforts. Inquiète de le voir veiller et marcher si longtemps, je lui promis de lui faire entrevoir un port de salut s'il consentait à attendre, et à se préparer à d'austères confidences ; j'émus doucement son imagination dans l'attente d'une révélation nouvelle, et je le ramenai à l'hôtel où nous demeurions tous deux, en lui promettant un nouvel entretien, que je reculai de plusieurs jours, afin de ne pas abuser de l'excitation de ses facultés.

« Au moment de me quittter, il songea seulement à me demander qui j'étais.

« Je ne puis vous le dire, lui répondis-je ; je porte un nom supposé ; j'ai des raisons pour me cacher ; ne parlez de moi à personne. »

« Il ne me fit jamais d'autres questions, et parut se contenter de ma réponse ; mais sa délicate réserve fut accompagnée d'un autre sentiment étrange comme son caractère, et sombre comme ses habitudes mentales. Il m'a dit, bien longtemps après, qu'il m'avait toujours prise dès lors pour l'âme de sa mère, lui apparaissant sous une forme réelle et avec des circonstances explicables pour le vulgaire, mais surnaturelles en effet. Ainsi, mon cher Albert s'obstinait à me reconnaître en dépit de moi-même. Il aimait mieux inventer un monde fantastique que de douter de ma présence ; et je ne pouvais pas réussir à tromper l'instinct victorieux de son cœur. Tous mes efforts pour ménager son exaltation ne servaient qu'à le fixer dans une sorte de délire calme et contenu, qui n'avait ni contradicteur ni confident, pas même moi qui en étais l'objet. Il se soumettait religieusement à la volonté du spectre qui lui défendait de le reconnaître et de le nommer, mais il persistait à se croire sous la puissance d'un spectre.

« De cette effrayante tranquillité qu'Albert portait dès lors dans les égarements de son imagination, de ce courage sombre et stoïque qui lui a fait toujours affronter sans pâlir les fantômes enfantés par son cerveau, résulta pour moi pendant longtemps une erreur funeste. Je ne sus pas l'idée bizarre qu'il se faisait de ma réapparition sur la terre. Je crus qu'il m'acceptait pour une mystérieuse amie de sa défunte mère et de sa propre jeunesse. Je m'étonnai, il est vrai, du peu de curiosité qu'il me témoignait et du peu d'étonnement que lui causait l'assiduité de mes soins : mais ce respect aveugle, cette soumission délicate, cette absence d'inquiétude pour toutes les réalités de la vie, paraissaient si conformes à son caractère recueilli, rêveur et contemplatif, que je ne cherchai pas assez à m'en rendre compte, et à en sonder les causes secrètes. En travaillant donc à fortifier son raisonnement contre l'excès de son enthousiasme, j'aidai, sans le savoir, à développer en lui cette sorte de démence à la fois sublime et déplorable dont il a été si longtemps le jouet et la victime.

« Peu à peu, dans une suite d'entretiens qui n'eurent jamais ni confidents ni témoins, je lui développai les doctrines dont notre ordre s'est fait le dépositaire et le propagateur occulte. Je l'initiai à notre projet de régénération universelle. A Rome, dans les souterrains réservés à nos mystères, Marcus le présenta et le fit admettre aux premiers grades de la maçonnerie, mais en se réservant de lui révéler d'avance les symboles cachés sous ces formes vagues et bizarres, dont l'interprétation multiple se prête si bien à la mesure d'intelligence et de courage des adeptes. Pendant sept ans je suivis mon fils dans tous ses voyages, partant toujours des lieux qu'il abandonnait un jour après lui, et arrivant à ceux qu'il allait visiter le lendemain de son arrivée. J'eus soin de me loger toujours à une certaine distance, et de ne jamais me montrer, ni à son gouverneur, ni à ses valets qu'il eut, au reste, d'après mon avis, la précaution de changer souvent, et de tenir toujours éloignés de sa personne. Je lui demandais quelquefois s'il n'était pas surpris de me retrouver partout.

« — Oh non! me répondait-il; je sais bien que vous me suivrez partout. »

« Et lorsque je voulus lui faire exprimer le motif de cette confiance :

« — Ma mère vous a chargée de me donner la vie, répondait-il, et vous savez bien que si vous m'abandonniez maintenant, je mourrais. »

« Il parlait toujours d'une manière exaltée et comme inspirée. Je m'habituai à le voir ainsi, et je devins ainsi moi-même, à mon insu, en parlant avec lui. Marcus m'a souvent reproché, et je me suis souvent reproché moi-même d'avoir entretenu de la sorte la flamme intérieure qui dévorait Albert. Marcus eût voulu l'éclairer par des leçons plus positives, et par une logique plus froide; mais en d'autres moments je me suis rassurée en pensant que, faute des aliments que je lui fournissais, cette flamme l'eût consumé plus vite et plus cruellement. Mes autres enfants avaient annoncé les mêmes dispositions à l'enthousiasme; on avait comprimé leur âme; on avait travaillé à les éteindre comme des flambeaux dont on redoute l'éclat. Ils avaient succombé avant d'avoir la force de résister. Sans mon souffle qui ranimait sans cesse dans un air libre et pur l'étincelle sacrée, l'âme d'Albert

eût été peut-être rejoindre celle de ses frères, de même
que sans le souffle de Marcus, je me fusse éteinte avant
d'avoir vécu. Je m'attachais d'ailleurs à distraire souvent
son esprit de cette éternelle aspiration vers les choses
idéales. Je lui conseillai, j'exigeai de lui des études positives ; il m'obéit avec douceur, avec conscience. Il étudia les sciences naturelles, les langues des divers pays
qu'il parcourait : il lut énormément ; il cultiva même les
arts et s'adonna sans maître à la musique. Tout cela ne
fut qu'un jeu, un repos pour sa vive et large intelligence. Étranger à tous les enivrements de son âge,
ennemi-né du monde et de ses vanités, il vivait partout
dans une profonde retraite, et, résistant avec opiniâtreté
aux conseils de son gouverneur, il ne voulut pénétrer
dans aucun salon, être poussé dans aucune cour. C'est
à peine s'il vit, dans deux ou trois capitales, les plus
anciens et les plus sérieux amis de son père. Il se composa devant eux un maintien grave et réservé qui ne
donna aucune prise à leur critique, et il n'eut d'expansion et d'intimité qu'avec quelques adeptes de notre
ordre, auxquels Marcus le recommanda particulièrement.
Au reste, il nous pria de ne point exiger de lui qu'il
s'occupât de propagande avant de sentir éclore en lui le
don de la persuasion, et il me déclara souvent avec
franchise qu'il ne l'avait point, parce qu'il n'avait pas
encore une foi assez complète dans l'excellence de nos
moyens. Il se laissa conduire de grade en grade comme
un élève docile ; mais, examinant tout avec une sévère
logique et une scrupuleuse loyauté, il se réservait toujours, me disait-il, le droit de nous proposer des réformes
et des améliorations quand il se sentirait suffisamment
éclairé pour oser se livrer à son inspiration personnelle.
Jusque-là il voulait rester humble, patient et soumis aux
formes établies dans notre société secrète. Plongé dans

l'étude et la méditation, il tenait son gouverneur en respect par le sérieux de son caractère et la froideur de son maintien. L'abbé en vint donc à le considérer comme un triste pédant, et à s'éloigner de lui le plus possible, pour ne s'occuper que des intrigues de son ordre. Albert fit même d'assez longues résidences en France et en Angleterre sans qu'il l'accompagnât; il était souvent à cent lieues de lui, et se bornait à lui donner rendez-vous lorsqu'il voulait voir une autre contrée : encore souvent ne voyagèrent-ils pas ensemble. A ces époques j'eus la plus grande liberté de voir mon fils, et sa tendresse exclusive me paya au centuple des soins que je lui rendais. Ma santé s'était raffermie. Ainsi qu'il arrive parfois aux constitutions profondément altérées de se faire une habitude de leurs maux et de ne les plus sentir, je ne m'apercevais presque plus des miens. La fatigue, les veilles, les longs entretiens, les courses pénibles, au lieu de m'abattre, me soutenaient dans une fièvre lente et continue, qui était devenue et qui est restée mon état normal. Frêle et tremblante comme vous me voyez, il n'est plus de travaux et de lassitudes que je ne puisse supporter mieux que vous, belle fleur du printemps. L'agitation est devenue mon élément, et je m'y repose en marchant toujours, comme ces courriers de profession qui ont appris à dormir en galopant sur leur cheval.

« Cette expérimentation de ce que peut supporter et accomplir une âme énergique dans un corps maladif, m'a rendue plus confiante en la force d'Albert. Je me suis accoutumée à le voir parfois languissant et brisé comme moi, animé et fébrile comme moi à d'autres heures. Nous avons souvent souffert ensemble des mêmes douleurs physiques, résultat des mêmes émotions morales; et jamais peut-être notre intimité n'a été plus douce et plus tendre qu'à ces heures d'épreuve, où la même fièvre brûlait nos veines, où le même anéantissement confondait nos faibles soupirs. Combien de fois il nous a semblé que nous étions le même être! combien de fois nous avons rompu le silence où nous plongeait la même rêverie pour nous adresser mutuellement les mêmes paroles! Combien de fois enfin, agités ou brisés en sens contraires, nous nous sommes communiqué, en nous serrant la main, la langueur ou l'animation l'un de l'autre! Que de bien et de mal nous avons connu en commun! O mon fils! ô mon unique passion! ô la chair de ma chair et les os de mes os! que de tempêtes nous avons traversées, couverts de la même égide céleste! à combien de ravages nous avons résisté en nous serrant l'un contre l'autre, et en prononçant la même formule de salut : amour, vérité, justice!

« Nous étions en Pologne aux frontières de la Turquie, et Albert, ayant parcouru toutes les initiations successives de la maçonnerie et des grades supérieurs qui forment le dernier anneau entre cette société préparatoire et la nôtre, allait diriger ses pas vers cette partie de l'Allemagne où nous sommes, afin d'y être admis au banquet sacré des Invisibles, lorsque le comte Christian de Rudolstadt le rappela auprès de lui. Ce fut un coup de foudre pour moi. Quant à mon fils, malgré tous les soins que j'avais pris pour l'empêcher d'oublier sa famille, il ne l'aimait plus que comme un tendre souvenir du passé; il ne comprenait plus l'existence avec elle. Il ne nous vint pourtant pas à l'esprit de résister à cet ordre formulé avec la dignité froide et la confiance de l'autorité paternelle, telle qu'on l'entend dans les familles catholiques et patriciennes de notre pays. Albert se prépara à me quitter, sans savoir pour combien de temps on nous séparait, mais sans pouvoir imaginer qu'il ne dût pas me revoir bientôt, et resserrer avec Marcus les liens de l'association qui le réclamait. Albert avait peu la notion du temps, et encore moins l'appréciation des éventualités matérielles de la vie.

« — Est-ce que nous nous quittons? me disait-il en me voyant pleurer malgré moi; nous ne pouvons pas nous quitter. Toutes les fois que je vous ai appelée au fond de mon cœur, vous m'êtes apparue. Je vous appellerai encore.

« — Albert, Albert! lui répondis-je, je ne puis pas te suivre cette fois où tu vas. »

« Il pâlit et se serra contre moi comme un enfant effrayé. Le moment était venu de lui révéler mon secret :

« — Je ne suis pas l'âme de ta mère, lui dis-je après quelque préambule; je suis ta mère elle-même.

« — Pourquoi me dites-vous cela? reprit-il avec un sourire étrange; est-ce que je ne le savais pas? est-ce que nous ne nous ressemblons pas? est-ce que je n'ai pas vu votre portrait à Riesenburg? est-ce que je vous avais oubliée, d'ailleurs? est-ce que je ne vous avais pas toujours vue, toujours connue?

« — Et tu n'étais pas surpris de me voir vivante, moi que l'on croit ensevelie dans la chapelle du château des Géants?

« — Non, me répondit-il, je n'étais pas surpris; j'étais trop heureux pour cela. Dieu a le pouvoir des miracles, et ce n'est point aux hommes de s'en étonner. »

« L'étrange enfant eut plus de peine à comprendre les effrayantes réalités de mon histoire que le prodige dont il s'était bercé. Il avait cru à ma résurrection comme à celle du Christ; il avait pris à la lettre mes doctrines sur la transmission de la vie; il y croyait avec excès, c'est-à-dire qu'il ne s'étonnait pas de me voir conserver le souvenir et la certitude de mon individualité, après avoir dépouillé mon corps pour en revêtir une autre. Je ne sais pas même si je le convainquis que ma vie n'avait pas été interrompue par mon évanouissement et que mon enveloppe mortelle n'était pas restée dans le sépulcre. Il m'écoutait avec une physionomie distraite et cependant enflammée, comme s'il eût entendu sortir de ma bouche d'autres paroles que celles que je prononçais. Il se passa en lui, en ce moment, quelque chose d'inexplicable. Un lien terrible retenait encore l'âme d'Albert sur le bord de l'abîme. La vie réelle ne pouvait pas encore s'emparer de lui avant qu'il eût subi cette dernière crise dont j'étais sortie miraculeusement, cette mort apparente qui devait être en lui le dernier effort de la notion d'éternité luttant contre la notion du temps. Mon cœur se brisa en se séparant de lui ; un douloureux pressentiment m'avertissait vaguement qu'il allait entrer dans cette phase pour ainsi dire climatérique, qui avait si violemment ébranlé mon existence, et que l'heure n'était pas loin où Albert serait anéanti ou renouvelé. J'avais remarqué en lui une tendance à l'état cataleptique. Il avait eu sous mes yeux des accès de sommeil si longs, si profonds, si effrayants; sa respiration était alors si faible, son pouls si peu sensible, que je ne cessais de dire ou d'écrire à Marcus : « Ne laissons jamais ensevelir Albert, ou ne craignons pas de briser sa tombe. » Malheureusement pour nous, Marcus ne pouvait plus se présenter au château des Géants; il ne pouvait plus mettre le pied sur les terres de l'Empire. Il avait été gravement compromis dans une insurrection à Prague, à laquelle en effet son influence n'avait pas été étrangère. Il n'avait échappé que par la fuite à la rigueur des lois autrichiennes. Dévorée d'inquiétude, je revins ici. Albert m'avait promis de m'écrire tous les jours. Je me promis, de mon côté, aussitôt qu'une lettre me manquerait, de partir pour la Bohême, et de me présenter à Riesenburg, à tout risque, à tout événement.

« La douleur de notre séparation lui fut d'abord moins cruelle qu'à moi. Il ne comprit pas ce qui se passait ; il sembla ne pas y croire. Mais quand il fut rentré sous ce toit funeste où l'air semble être un poison pour la poitrine ardente des descendants de Ziska, il reçut une commotion terrible dans tout son être ; il courut s'enfermer dans la chambre que j'avais habitée ; il m'y appela, et, ne m'y voyant pas reparaître, il se persuada que j'étais morte une seconde fois, et que je ne lui serais plus rendue dans le cours de sa vie présente. Du moins, c'est ainsi qu'il m'a expliqué depuis ce qui se passa en lui à cette heure fatale où sa raison et sa foi furent ébranlées pour des années entières. Il regarda longtemps mon portrait. Un portrait ne ressemble jamais qu'imparfaitement, et ce sentiment particulier que l'artiste a eu de nous, est toujours si au-dessous de celui que conçoivent et conservent les êtres dont nous sommes ardemment aimés, qu'aucune ressemblance ne peut les satisfaire ; elle les afflige même et les indigne parfois. Albert, en comparant cette représentation de ma jeunesse et de ma beauté passée, ne retrouva pas sa vieille mère chérie, ses cheveux gris qui lui semblaient plus augustes, et cette pâleur flétrie qui parlait à son cœur. Il s'éloigna du portrait avec terreur et reparut devant ses parents, sombre, taciturne, consterné. Il alla visiter ma tombe ; il y fut saisi de vertige et d'épouvante. L'idée de la mort lui parut monstrueuse ; et cependant, pour le consoler, son père lui dit que j'étais là, qu'il fallait s'y agenouiller et prier pour le repos de mon âme.

« — Le repos ! s'écria Albert hors de lui, le repos de l'âme ! non, l'âme de ma mère n'est pas faite pour un pareil néant, non plus que la mienne. Ni ma mère ni moi ne voulons nous reposer dans une tombe. Jamais, jamais! cette caverne catholique, ces sépulcres scellés, cet abandon de la vie, ce divorce entre le ciel et la terre, entre le corps et l'âme, me font horreur! »

« C'est par de pareils discours qu'Albert commença à répandre l'effroi dans l'âme simple et timide de son père. On rapporta ses paroles au chapelain, pour qu'il essayât de les expliquer. Cet homme borné n'y vit qu'un cri arraché par le sentiment de ma damnation éternelle. La crainte superstitieuse qui se répandit dans les esprits autour d'Albert, les efforts de sa famille pour le ramener à la soumission catholique, réussirent bientôt à le torturer, et son exaltation prit tout à fait le caractère maladif que vous lui avez vu. Ses idées se confondirent: à force de voir et de toucher les preuves de ma mort, il oublia qu'il m'avait connue vivante, et je ne lui semblai plus qu'un spectre fugitif toujours prêt à l'abandonner. Sa fantaisie évoqua ce spectre et ne lui prêta plus que des discours incohérents, des cris douloureux, des menaces sinistres. Quand le calme lui revenait, sa raison restait comme voilée sous un nuage. Il avait perdu la mémoire des choses récentes; il se persuadait avoir fait un rêve de huit années auprès de moi, ou plutôt ces huit années de bonheur, d'activité, de force, lui apparaissaient comme le songe d'une heure.

« Ne recevant aucune lettre de lui, j'allais courir vers lui : Marcus me retint. La poste, disait-il, interceptait nos lettres, ou la famille de Rudolstadt les supprimait. Il recevait toujours, par son fidèle correspondant, des nouvelles de Riesenburg; mon fils passait pour calme, bien portant, heureux dans sa famille. Vous savez quels soins on prenait pour cacher sa situation, et on les prit avec succès durant les premiers temps.

« Dans ses voyages, Albert avait connu le jeune Trenck ; il s'était lié avec lui d'une amitié chaleureuse. Trenck, aimé de la princesse de Prusse, et persécuté par le roi Frédéric, écrivit à mon fils ses joies et ses malheurs ; il l'engageait ardemment à venir le trouver à Dresde, pour lui donner conseil et assistance. Albert fit ce voyage, et à peine eut-il quitté le sombre château de Riesenburg, que la mémoire, le zèle, la raison, lui revinrent. Trenck avait rencontré mon fils dans la milice des néophytes *Invisibles*. Là ils s'étaient compris et juré une fraternité chevaleresque. Informé par Marcus de leur projet d'entrevue, je courus à Dresde, je revis Albert, je le suivis en Prusse, où il s'introduisit dans le palais des rois sous un déguisement pour servir l'amour de Trenck et remplir un message des Invisibles. Marcus jugeait que cette activité et la conscience d'un rôle utile et généreux sauveraient Albert de sa dangereuse mélancolie. Il avait raison ; Albert reprenait à la vie parmi nous ; Marcus voulait, au retour, l'amener ici et l'y garder quelque temps dans la société des plus vénérables chefs de l'ordre ; il était convaincu qu'en respirant cette véritable atmosphère vitale de son âme supérieure, Albert recouvrerait la lucidité de son génie. Mais une circonstance fâcheuse troubla tout à coup la confiance de mon fils. Il avait rencontré sur son chemin l'imposteur Cagliostro, initié par l'imprudence des rose-croix à quelques-uns de leurs mystères. Albert, depuis longtemps reçu rose-croix, avait dépassé ce grade, et présida une de leurs assemblées comme grand-maître. Il vit alors de près ce qu'il n'avait fait encore que pressentir. Il toucha tous ces éléments divers qui composent les affiliations maçonniques ; il reconnut l'erreur, l'engouement, la vanité, l'imposture, la fraude même qui commençaient dès lors à se glisser dans ces sanctuaires déjà envahis par la démence et les vices du siècle. Cagliostro, avec sa police vigilante des petits secrets du monde, qu'il présentait comme les révélations d'un esprit familier, avec son éloquence captieuse qui parodiait les grandes inspirations révolutionnaires, avec son art prestigieux qui évoquait de prétendues ombres; Cagliostro, l'intrigant et le cupide, fit horreur au noble adepte. La crédulité des gens du monde, la superstition mesquine d'un grand nombre de francs-maçons, l'avidité honteuse qu'excitaient les promesses de la pierre philosophale et tant d'autres misères du temps où nous vivons, portèrent dans son âme une lumière funeste. Dans sa vie de retraite et d'études, il n'avait pas assez deviné la race humaine; il ne s'était point preparé à la lutte avec tant de mauvais instincts. Il ne put souffrir tant de misères. Il voulait qu'on démasquât et qu'on chassât honteusement des abords de nos temples les charlatans et les sorciers. Il ne pouvait admettre qu'on dût supporter le concours dégradant de Cagliostro, parce qu'il était trop tard pour s'en défaire, parce que cet homme irrité pouvait perdre beaucoup d'hommes estimables; tandis que, flatté de leur protection et d'une apparence de confiance, il pouvait rendre beaucoup de services à la cause sans la connaître véritablement. Albert s'indigna et prononça sur notre œuvre l'anathème d'une âme ferme et ardente; il nous prédit que nous échouerions pour avoir laissé l'alliage pénétrer trop avant dans la chaîne d'or. Il nous quitta en disant qu'il allait réfléchir à ce que nous nous efforcions de lui faire comprendre des nécessités terribles de l'œuvre des conspirations, et qu'il reviendrait nous demander le baptême quand ses doutes poignants seraient dissipés. Nous ne savions pas, hélas! quelles lugubres réflexions étaient les siennes dans la solitude de Riesenburg. Il ne nous les disait point ; peut-être ne se les rappelait-il pas quand leur amertume était dissipée.

« Il y vécut encore un an dans une alternative de calme et de transport, de force exubérante et d'affaissement douloureux. Il nous écrivait quelquefois, sans nous dire ses souffrances et le dépérissement de sa santé. Il combattait amèrement notre marche politique. Il voulait qu'on cessât dès lors de travailler dans l'ombre et de tromper les hommes pour leur faire avaler l coupe de la régénération.

« — Jetez vos masques noirs, disait-il, sortez de vos cavernes. Effacez du fronton de votre temple le mot *mystère*, que vous avez volé à l'Église romaine, et qui ne convient pas aux hommes de l'avenir. Ne voyez-vous pas que vous avez pris les moyens de l'ordre des jésuites? Non, je ne puis pas travailler avec vous ; c'est chercher la vie au milieu des cadavres. Paraissez enfin à la lumière du jour. Ne perdez pas un temps précieux à organiser votre armée. Comptez un peu plus sur son élan, et sur la sympathie des peuples, et sur la spontanéité des instincts généreux. Une armée d'ailleurs se corrompt dans le repos, et la ruse qu'elle emploie à s'embusquer lui ôte la puissance et la vie nécessaires pour combattre. »

« Albert avait raison en principe ; mais le moment n'était pas venu pour qu'il eût raison dans la pratique. Ce moment est peut-être encore loin !

« Vous vîntes enfin à Riesenburg ; vous le surprîtes au milieu des plus grandes détresses de son âme. Vous savez, ou plutôt vous ne savez pas, quelle action vous avez eue sur lui, jusqu'à lui faire oublier tout ce qui n'était pas vous, jusqu'à lui donner une vie nouvelle, jusqu'à lui donner la mort.

« Quand il crut que tout était fini entre vous et lui, toutes ses forces l'abandonnèrent, il se laissa dépérir.

Jusque-là j'ignorais la véritable nature et le degré d'intensité de son mal. Le correspondant de Marcus lui disait que le château des Géants se fermait de plus en plus aux yeux profanes, qu'Albert n'en sortait plus, qu'il passait pour monomane auprès des gens du monde, mais que les pauvres l'aimaient et le bénissaient toujours, et que quelques personnes d'un sens supérieur qui l'avaient entrevu, après avoir été frappées de la bizarrerie de ses manières, rendaient, en le quittant, hommage à son éloquence, à sa haute sagesse, à la grandeur de ses conceptions. Mais enfin j'appris que Supperville avait été appelé, et je volai à Riesenburg, en dépit de Marcus qui, me voyant déterminée à tout, s'exposa à tout pour me suivre. Nous arrivâmes sous les murs du château, déguisés en mendiants. Personne ne nous reconnut. Il y avait vingt-sept ans qu'on ne m'avait vue; il y en avait dix qu'on n'avait vu Marcus. On nous fit l'aumône et on nous éloigna. Mais nous rencontrâmes un ami, un sauveur inespéré dans la personne du pauvre Zdenko. Il nous traita en frères, et nous prit en affection parce qu'il comprit à quel point nous nous intéressions à Albert: nous sûmes lui parler le langage qui plaisait à son enthousiasme, et lui faire révéler tous les secrets de la douleur mortelle de son ami. Zdenko n'était plus le furieux par qui votre vie a été menacée. Abattu et brisé, il venait comme nous demander humblement à la porte du château des nouvelles d'Albert, et comme nous, il était repoussé avec des réponses vagues, effrayantes pour notre angoisse. Par une étrange coïncidence avec les visions d'Albert, Zdenko prétendait m'avoir connue. Je lui étais apparue dans ses rêves, dans ses extases, et, sans se rendre compte de rien, il m'abandonnait sa volonté avec un entraînement naïf.

« — Femme, me disait-il souvent, je ne sais pas ton nom, mais tu es le bon ange de mon *Podiebrad*. Bien souvent je l'ai vu dessiner ta figure sur du papier, et décrire ta voix, ton regard et ta démarche dans ses bonnes heures, quand le ciel s'ouvrait devant lui et qu'il voyait apparaître autour de son chevet ceux qui ne sont plus, au dire des hommes. »

« Loin de repousser les épanchements de Zdenko, je les encourageai. Je flattai son illusion, et j'obtins qu'il nous recueillît, Marcus et moi, dans la grotte du Schreckenstein. En voyant cette demeure souterraine, et en apprenant que mon fils avait vécu là des semaines et presque des mois entiers à l'insu de tout le monde, je compris la couleur lugubre de ses pensées. Je vis une tombe, à laquelle Zdenko semblait rendre une espèce de culte, et ce ne fut pas sans peine que j'en connus la destination. C'était le plus grand secret d'Albert et de Zdenko, et leur plus grande réserve.

« — Hélas! c'est là, me dit l'insensé, que nous avons enseveli Wanda de Prachatitz, la mère de mon Albert. Elle ne voulait pas rester dans cette chapelle, où ils l'avaient scellée dans la pierre. Ses os ne faisaient que s'agiter et bondir, et ceux d'ici, ajouta-t-il en nous montrant l'ossuaire des Taborites au bord de la source, nous reprochaient toujours de ne pas l'amener auprès d'eux. Nous avons été chercher cette tombe sacrée, et nous l'avons ensevelie ici, et tous les jours nous y apportions des fleurs et des baisers. »

« Effrayée de cette circonstance, qui pouvait par la suite amener la découverte de mon secret, Marcus questionna Zdenko, et sut qu'il avait apporté là mon cercueil sans l'ouvrir. Ainsi, Albert avait été malade et égaré au point de ne plus se rappeler mon existence, et de s'obstiner dans l'idée de ma mort. Mais tout cela n'était-il pas un rêve de Zdenko? Je ne pouvais en croire mes oreilles. « — O mon ami! disais-je à Marcus avec désespoir, si le flambeau de sa raison est éteint à ce point et pour jamais, Dieu lui fasse la grâce de mourir! »

« Maîtres enfin de tous les secrets de Zdenko, nous sûmes que nous pouvions nous introduire par des galeries souterraines et des passages ignorés dans le château des Géants; nous l'y suivîmes, une nuit, et nous attendîmes à l'entrée de la citerne qu'il se fût glissé dans l'intérieur de la maison. Il revint en riant et en chantant, nous dire qu'Albert était guéri, qu'il dormait, et qu'on lui avait mis des habits neufs et une couronne. Je tombai comme foudroyée, je compris qu'Albert était mort. Je ne sais plus ce qui se passa; je m'éveillai plusieurs fois au milieu de la fièvre; j'étais couchée sur des peaux d'ours et des feuilles sèches, dans la chambre souterraine qu'Albert avait habitée sous le Schreckenstein. Zdenko et Marcus me veillaient tour à tour. L'un me disait d'un air de joie et de triomphe que son Podiebrad était guéri, qu'il viendrait bientôt me voir; l'autre, pâle et pensif, me disait : « — Tout n'est pas perdu, peut-être; n'abandonnons pas l'espoir du miracle qui vous a fait sortir du tombeau. » Je ne comprenais plus, j'avais le délire; je voulais me lever, courir, crier; je ne le pouvais pas, et le désolé Marcus, me voyant dans cet etat, n'avait ni la force ni le loisir de s'en occuper sérieusement. Tout son esprit, toutes ses pensées, étaient absorbés par une anxiété autrement terrible. Enfin une nuit, je crois que ce fut la troisième de ma crise, je me trouvai calme et je sentis la force me revenir. Je tâchai de rassembler mes idées, je réussis à me lever; j'étais seule dans cette horrible cave qu'une lampe sépulcrale éclairait à peine; je voulus en sortir, j'étais enfermée; où étaient Marcus, Zdenko... et surtout Albert?... La mémoire me revint, je fis un cri auquel les voûtes glacées répondirent par un cri si lugubre, que la sueur me coula du front froide comme l'humidité du sépulcre; je me crus encore une fois enterrée vivante. Que s'était-il passé? que se passait-il encore? je tombai à genoux, je tordis mes bras dans une prière désespérée, j'appelai Albert avec des cris furieux. Enfin, j'entends des pas sourds et inégaux, comme de gens qui s'approchent portant un fardeau. Un chien aboyait et gémissait, et plus prompt qu'eux, il vint à diverses reprises gratter à la porte. Elle s'ouvrit, et je vis Marcus et Zdenko m'apportant Albert, roidi, décoloré, mort enfin selon toutes les apparences. Son chien Cynabre sautait après lui et léchait ses mains pendantes. Zdenko chantait en improvisant d'une voix douce et pénétrée :

« — Viens dormir sur le sein de ta mère, pauvre ami si longtemps privé du repos; viens dormir jusqu'au jour, nous t'éveillerons pour voir lever le soleil. »

« Je m'élançai sur mon fils. « — Il n'est pas mort, m'écriai-je. Oh! Marcus, vous l'avez sauvé, n'est-ce pas? il n'est pas mort? il va se réveiller?

« — Madame, ne vous flattez pas, dit Marcus avec une fermeté épouvantable; je n'en sais rien, je ne puis croire à rien; ayez du courage, quoi qu'il arrive. Aidez-moi, oubliez-vous vous-même. »

« Je n'ai pas besoin de vous dire quels soins nous prîmes pour ranimer Albert. Grâce au ciel, il y avait un poêle dans cette cave. Nous réussîmes à réchauffer ses membres. « — Voyez, disais-je à Marcus, ses mains sont tièdes!

« — On peut donner de la chaleur au marbre, me répondait-il d'un ton sinistre; ce n'est pas lui donner la vie. Ce cœur est inerte comme de la pierre! »

« D'épouvantables heures se traînèrent dans cette

attente, dans cette terreur, dans ce découragement. Marcus, à genoux, l'oreille collée contre la poitrine de mon fils, le visage morne, épiait en vain un faible indice de la vie. Défaillante, épuisée, je n'osais plus dire un mot, ni adresser une question. J'interrogeais le front terrible de Marcus. Un moment vint où je n'osai même plus le regarder; j'avais cru lire la sentence suprême.

« Zdenko, assis dans un coin, jouait avec Cynabre comme un enfant, et continuait à chanter; il s'interrompait quelquefois pour nous dire que nous tourmentions Albert, qu'il fallait le laisser dormir, que lui, Zdenko, l'avait vu ainsi des semaines entières, et qu'il se réveillerait bien de lui-même. Marcus souffrait cruellement de la confiance de cet insensé; il ne pouvait la partager; mais moi je voulais m'obstiner à y ajouter foi, et j'étais bien inspirée. L'insensé avait la divination céleste, la certitude angélique de la vérité. Enfin, je crus saisir un imperceptible mouvement sur le front d'airain de Marcus; il me sembla que ses sourcils contractés se détendaient. Je vis sa main trembler, pour se roidir dans un nouvel effort de courage; puis il soupira profondément, retira son oreille de la place où le cœur de mon fils avait peut-être battu, essaya de parler, se contint, effrayé de la joie peut-être chimérique qu'il allait me donner, se pencha encore, écouta de nouveau, tressaillit, et tout à coup, se relevant et se rejetant en arrière, fléchit et retomba comme prêt à mourir. « — Plus d'espérance? m'écriai-je en arrachant mes cheveux.

« — Wanda! répondit Marcus d'une voix étouffée, votre fils est vivant! »

« Et, brisé par l'effort de son attention, de son courage et de sa sollicitude, mon stoïque et tendre ami alla tomber, comme anéanti, auprès de Zdenko. »

XXXV.

La comtesse Wanda, ébranlée par l'émotion d'un tel souvenir, reprit son récit après quelques minutes de silence.

« Nous passâmes dans la caverne plusieurs jours durant lesquels la force et la santé revinrent à mon fils avec une étonnante rapidité. Marcus, surpris de ne lui trouver aucune lésion organique, aucune altération profonde dans les fonctions de la vie, s'effrayait pourtant de son silence farouche et de son indifférence apparente ou réelle devant nos transports et l'étrangeté de sa situation. Albert avait perdu entièrement la mémoire. Plongé dans une sombre méditation, il faisait vainement de secrets efforts pour comprendre ce qui se passait autour de lui. Quant à moi, qui savais bien que le chagrin était la seule cause de sa maladie et de la catastrophe qui en avait été la suite, je n'étais pas aussi impatiente que Marcus de lui voir recouvrer les poignants souvenirs de son amour. Marcus lui-même avouait que cet effacement du passé dans son esprit pouvait seul expliquer le rapide retour de ses forces physiques. Son corps se ranimait aux dépens de son esprit, aussi vite qu'il s'était brisé sous l'effort douloureux de sa pensée. « Il vit, et il vivra assurément, me disait-il; mais sa raison, est-elle à jamais obscurcie? — Sortons-le de ce tombeau le plus vite possible, répondais-je; l'air, le soleil et le mouvement le réveilleront sans doute de ce sommeil de l'âme. — Sortons-le surtout de cette vie fausse et impossible qui l'a tué, reprenait Marcus. Éloignons-le de cette famille et de ce monde qui contrarient tous ses instincts; conduisons-le auprès de ces âmes sympathiques au contact desquelles la sienne recouvrera sa clarté et sa vigueur. »

« Pouvais-je hésiter ? En errant avec précaution au déclin du jour dans les environs du Schreckenstein, où je feignais de demander l'aumône aux rares passants des chemins, j'avais appris que le comte Christian était tombé dans une sorte d'enfance. Il n'eût pas compris le retour de son fils, et le spectacle de cette mort anticipée, si Albert l'eût comprise à son tour, eût achevé de l'accabler. Fallait-il donc le rendre et l'abandonner aux soins malentendus de cette vieille tante, de cet ignare chapelain et de cet oncle abruti, qui l'avaient fait si mal vivre et si tristement mourir ? « Ah ! fuyons avec lui, disais-je enfin à Marcus ; qu'il n'ait pas sous les yeux l'agonie de son père, et le spectacle effrayant de l'idolâtrie catholique dont on entoure le *lit* des mourants ; mon cœur se brise en songeant que cet époux, qui ne m'a pas comprise, mais dont j'ai vénéré toujours les vertus simples et pures, et que j'ai respecté depuis mon abandon aussi religieusement que durant mon union avec lui, va quitter la terre sans qu'il nous soit possible d'échanger un mutuel pardon. Mais, puisqu'il le faut, puisque mon apparition et celle de son fils ne pourraient que lui être indifférentes ou funestes, partons, ne rendons pas à cette tombe de Riesenburg celui que nous avons reconquis sur la mort, et à qui la vie ouvre encore, je l'espère, un chemin sublime. Ah ! suivons le premier mouvement qui nous a fait venir ici ! Arrachons Albert à la captivité des faux devoirs que créent le rang et la richesse ; ces devoirs seront toujours des crimes à ses yeux, et s'il s'obstine à les remplir pour complaire à des parents que la vieillesse et la mort lui disputent déjà, il mourra lui-même à la peine ; il mourra le premier. Je sais ce que j'ai souffert dans cet esclavage de la pensée, dans cette mortelle et incessante contradiction entre la vie de l'âme et la vie positive, entre les principes, les instincts, et des habitudes forcées. Je vois bien qu'il a repassé par les mêmes chemins, et qu'il y a cueilli les mêmes poisons. Sauvons-le donc, et s'il veut revenir plus tard sur cette détermination que nous allons prendre, ne sera-t-il pas libre de le faire? Si l'existence de son père se prolonge, et si sa propre santé morale le lui permet, ne sera-t-il pas toujours à temps de revenir consoler les derniers jours de Christian par sa présence et son amour? — Difficilement! répondit Marcus. J'entrevois dans l'avenir des obstacles terribles, si Albert veut revenir sur son divorce avec la société constituée, avec le monde et la famille. Mais pourquoi Albert le voudrait-il? Cette famille va s'éteindre peut-être avant qu'il ait recouvré la mémoire, et ce qu'il lui restera à conquérir sur le monde, le nom, les honneurs et la richesse, je sais bien ce qu'il en pensera, le jour où il redeviendra lui-même. Fasse le ciel que ce jour arrive! Notre tâche la plus importante et la plus pressée est de le placer dans des conditions où sa guérison soit possible. »

« Nous sortîmes donc une nuit de la grotte aussitôt qu'Albert put se soutenir. A peu de distance du Schreckenstein, nous le plaçâmes sur un cheval, et nous gagnâmes ainsi la frontière, qui est fort rapprochée en cet endroit, comme vous savez, et où nous trouvâmes des moyens de transport plus faciles et plus rapides. Les relations que notre ordre entretient avec les nombreux affiliés de l'ordre maçonnique nous assurent, dans tout l'intérieur de l'Allemagne, la facilité de voyager sans être connus et sans être soumis aux investigations de la police. La Bohême était le seul endroit périlleux pour nous, à cause des récents mouvements de Prague et de la jalouse surveillance du pouvoir autrichien.

— Et que devient Zdenko? demanda la jeune comtesse de Rudolstadt.

— Zdenko faillit nous perdre par son obstination à empêcher notre départ, ou du moins celui d'Albert, dont il ne voulait pas se séparer, et qu'il ne voulait pas suivre. Il persistait à s'imaginer qu'Albert ne pouvait pas vivre hors de la fatale et lugubre demeure du Schreckenstein. « Ce n'est que là, disait-il, que mon Podiebrad est tranquille; ailleurs on le tourmente, on l'empêche de dormir, on le force à renier nos pères du Mont-Tabor, et à mener une vie de honte et de parjure qui l'exaspère. Laissez-le-moi ici; je le soignerai bien, comme je l'y ai si souvent soigné. Je ne troublerai pas ses méditations; quand il voudra rester silencieux, je marcherai sans faire de bruit, et je tiendrai le museau de Cynabre des heures entières dans mes mains, pour qu'il n'aille pas le faire tressaillir en léchant la sienne; quand il voudra se réjouir, je lui chanterai les chansons qu'il aime, je lui en composerai de nouvelles qu'il aimera encore, car il aimait toutes mes compositions, et lui seul les comprenait. Laissez-moi mon Podiebrad, vous dis-je. Je sais mieux que vous ce qui lui convient, et quand vous voudrez encore le voir, vous le trouverez jouant du violon ou plantant de belles branches de cyprès, que j'irai lui couper dans la forêt, pour orner le tombeau de sa mère bien-aimée. Je le nourrirai bien, moi! Je sais toutes les cabanes où on ne refuse jamais ni le pain, ni le lait, ni les fruits au bon vieux Zdenko, et il y a longtemps que les pauvres paysans du Bœhmer-Wald sont habitués à nourrir, à leur insu, leur noble maître, le riche Podiebrad. Albert n'aime point les festins où l'on mange la chair des animaux; il préfère la vie d'innocence et de simplicité. Il n'a pas besoin de voir le soleil, il préfère le rayon de la lune à travers les bois;

et quand il veut de la société, je l'emmène dans les clairières, dans les endroits sauvages, où campent, la nuit, nos bons amis les zingari, ces enfants du Seigneur, qui ne connaissent ni les lois ni la richesse. »

« J'écoutais attentivement Zdenko, parce que ses discours naïfs me révélaient la vie qu'Albert avait menée avec lui dans ses fréquentes retraites au Schreckenstein. Ne craignez pas, ajoutait-il, que je révèle jamais à ses ennemis le secret de sa demeure. Ils sont si menteurs et si fous, qu'ils disent à présent : « Notre enfant est mort, notre ami est mort, notre maître est mort. » Ils ne pourraient pas croire qu'il est vivant quand même ils le verraient. D'ailleurs, n'étais-je pas habitué à leur répondre, quand ils me demandaient si j'avais vu le comte Albert : « Il est sans doute mort ? » Et comme je riais en disant cela, ils prétendaient que j'étais fou. Mais je parlais de mort pour me moquer d'eux, parce qu'ils croient ou font semblant de croire à la mort. Et quand les gens du château faisaient mine de me suivre, n'avais-je pas mille bons tours pour les dérouter ? Oh ! je connais toutes les ruses du lièvre et de la perdrix. Je sais, comme eux, me tapir dans un fourré, disparaître sous la bruyère, faire fausse route, bondir, franchir un torrent, m'arrêter dans une cachette pour me faire dépasser, et, comme le météore de nuit, les égarer et les enfoncer à leur grand risque dans les marécages et les fondrières. Ils appellent Zdenko, *l'innocent*. L'innocent est plus malin qu'eux tous. Il n'y a jamais qu'une fille, une sainte fille ! qui a pu déjouer la prudence de Zdenko. Elle savait des mots magiques pour enchaîner sa colère ; elle avait des talismans pour surmonter toutes les embûches et tous les dangers, elle s'appelait Consuelo.

« Lorsque Zdenko prononçait votre nom, Albert frémissait légèrement et détournait la tête ; mais il la laissait aussitôt retomber sur sa poitrine, et sa mémoire ne se réveillait pas.

« J'essayai en vain de transiger avec ce gardien si dévoué et si aveugle, en lui promettant de ramener Albert au Schreckenstein, à condition qu'il commencerait par le suivre dans un autre endroit où Albert voulait aller. Je ne le persuadai point, et lorsque enfin moitié de gré, moitié de force, nous l'eûmes contraint à laisser sortir mon fils de la caverne, il nous suivit en pleurant, en murmurant, et en chantant d'une voix lamentable jusqu'au delà des mines de Cuttemberg. Arrivés dans un endroit célèbre où Ziska remporta jadis une de ses grandes victoires sur Sigismond, Zdenko reconnut bien les rochers qui marquent la frontière, car nul n'a exploré comme lui, dans ses courses vagabondes, tous les sentiers de cette contrée. Là il s'arrêta, et dit, en frappant la terre de son pied : « Jamais plus Zdenko ne quittera le sol qui porte les ossements de ses pères ! Il n'y a pas longtemps qu'exilé et banni par mon Podiebrad pour avoir méconnu et menacé la sainte fille qu'il aime, j'ai passé des semaines et des mois sur la terre étrangère. J'ai cru que j'y deviendrais fou. Je suis revenu depuis peu de temps dans mes forêts chéries, pour voir dormir Albert, parce qu'une voix m'avait chanté dans mon sommeil que sa colère était passée. A présent qu'il ne me maudit plus, vous me le volez. Si c'est pour le conduire vers sa Consuelo, j'y consens. Mais, quant à quitter encore une fois mon pays, quant à parler la langue de nos ennemis, quant à leur tendre la main, quant à laisser le Schreckenstein désert et abandonné, je ne le ferai plus. Cela est au-dessus de mes forces ; et d'ailleurs, les voix de mon sommeil me l'ont défendu. Zdenko doit vivre et mourir sur la terre des Slaves ; il doit vivre et mourir en chantant la gloire des Slaves et leurs malheurs dans la langue de ses pères. Adieu et partez! Si Albert ne m'avait pas défendu de répandre le sang humain, vous ne me le raviriez pas ainsi; mais il me maudirait encore si je levais la main sur vous, et j'aime mieux ne plus le voir que de le voir irrité contre moi. Tu m'entends, ô mon Podiebrad! s'écria-t-il en pressant contre ses lèvres les mains de mon fils, qui le regardait et l'écoutait sans le comprendre : je t'obéis, et je m'en vais. Quand tu reviendras, tu retrouveras ton poêle allumé, tes livres rangés, ton lit de feuilles renouvelé, et le tombeau de ta mère jonché de palmes toujours vertes. Si c'est dans la saison des fleurs, il y aura des fleurs sur elle et sur les os de nos martyrs, au bord de la source... Adieu, Cynabre! » Et en parlant ainsi, d'une voix entrecoupée par les pleurs, le pauvre Zdenko s'élança sur la pente des rochers qui s'inclinent vers la Bohême, et disparut avec la rapidité d'un daim aux premières lueurs du jour.

« Je ne vous raconterai pas, chère Consuelo, les anxiétés de notre attente durant les premières semaines qu'Albert passa ici auprès de nous. Caché dans le pavillon que vous habitez maintenant, il revint peu à peu à la vie morale que nous nous efforcions de réveiller en lui, avec lenteur et précaution cependant. La première parole qui sortit de ses lèvres après deux mois de silence absolu fut provoquée par une émotion musicale. Marcus avait compris que la vie d'Albert était liée à son amour pour vous, et il avait résolu de n'invoquer le souvenir de cet amour qu'autant qu'il vous saurait digne de l'inspirer et libre d'y répondre un jour. Il prit donc sur vous les informations les plus minutieuses, et, en peu de temps, il connut les moindres détails de votre caractère, les moindres particularités de votre vie passée et présente. Grâce à l'organisation savante de notre ordre, aux rapports établis avec toutes les autres sociétés secrètes, à une quantité de néophytes et d'adeptes dont les fonctions consistent à examiner avec la plus scrupuleuse attention les choses et les personnes qui nous intéressent, il n'est rien qui puisse échapper à nos investigations. Il n'est point de secrets pour nous dans le monde. Nous savons pénétrer dans les arcanes de la politique, comme dans les intrigues des cours. Votre vie sans tache, votre caractère sans détours, n'étaient donc pas bien difficiles à connaître et à juger. Le baron de Trenck, dès qu'il sut que l'homme dont vous aviez été aimée et que vous ne lui aviez jamais nommé, n'était autre que son ami Albert, nous parla de vous avec effusion. Le comte de Saint-Germain, un des hommes les plus distraits en apparence et les plus clairvoyants en réalité, ce visionnaire étrange, cet esprit supérieur qui ne semble vivre que dans le passé et auquel rien n'échappe dans le présent, nous eut bien vite fourni sur vous les renseignements les plus complets. Ils furent tels, que dès lors je m'attachai à vous avec tendresse et vous regardai comme ma propre fille.

« Quand nous fûmes assez instruits pour nous diriger avec certitude, nous fîmes venir d'habiles musiciens sous cette fenêtre où nous voici maintenant assises. Albert était là où vous êtes, appuyé contre ce rideau, et contemplant le coucher du soleil; Marcus tenait une de ses mains et moi l'autre. Au milieu d'une symphonie composée exprès pour quatre instruments, dans laquelle nous avions fait placer divers motifs des airs bohémiens qu'Albert joue avec tant d'âme et de religion, on lui fit entendre le cantique à la Vierge avec lequel vous l'aviez charmé autrefois.

« O Consuelo de mi alma... »

« A ce moment, Albert, qui s'était montré légèrement ému à l'audition des chants de notre vieille Bohême, se jeta dans mes bras en fondant en larmes, et en s'écriant: « O ma mère ! ô ma mère ! »

« Marcus fit cesser la musique, il était content de l'émotion produite ; il ne voulait pas en abuser pour une première fois. Albert avait parlé, il m'avait reconnue, il avait retrouvé la force d'aimer. Bien des jours se passèrent encore avant que son esprit eût recouvré toute sa liberté. Il n'eut cependant aucun accès de délire. Lorsqu'il paraissait fatigué de l'exercice de ses facultés, il retombait dans un morne silence; mais insensiblement sa physionomie prenait une expression moins sombre, et peu à peu nous combattîmes avec douceur et ménagement cette disposition taciturne. Enfin nous eûmes le bonheur de voir disparaître en lui ce besoin de repos intellectuel, et il n'y eut plus de suspension dans le travail de sa pensée qu'aux heures d'un sommeil régulier, paisible, et à peu près semblable à celui des autres hommes; Albert retrouva la conscience de sa vie, de son amour pour vous et pour moi, de sa charité et de son enthousiasme pour ses semblables et pour la vertu, de sa foi, et de son besoin de la faire triompher. Il continua de vous chérir sans amertume, sans méfiance, et sans regret de tout ce qu'il avait souffert pour vous. Mais, malgré le soin qu'il prit de nous rassurer et nous montrer son courage et son abnégation, nous vîmes bien que sa passion n'avait rien perdu de son intensité. Il avait acquis seulement plus de force morale et physique pour la supporter ; nous ne cherchâmes point à la combattre. Loin de là, nous unissions nos efforts, Marcus et moi, pour lui donner de l'espérance, et nous résolûmes de vous instruire de l'existence de cet époux dont vous portiez le deuil religieusement, non pas sur vos vêtements, mais dans votre âme. Mais Albert, avec une résignation généreuse et un sens juste de sa situation à votre égard, nous empêcha de nous hâter. Elle ne m'a pas aimé d'amour, nous dit-il; elle a eu pitié de moi dans mon agonie; elle ne se fût pas engagée sans terreur et peut-être sans désespoir à passer sa vie avec moi. Elle reviendrait à moi par devoir maintenant. Quel malheur serait le mien de lui ravir sa liberté, les émotions de son art, et peut-être les joies d'un nouvel amour! C'est bien assez d'avoir été l'objet de sa compassion; ne me réduisez pas à être celui de son pénible dévouement. Laissez-la vivre; laissez-lui connaître les plaisirs de l'indépendance, les enivrements de la gloire, et de plus grands bonheurs encore s'il le faut! Ce n'est pas pour moi que je l'aime, et s'il est trop vrai qu'elle soit nécessaire à mon bonheur, je saurai bien renoncer à être heureux, pourvu que mon sacrifice lui profite! D'ailleurs, suis-je né pour le bonheur? Y ai-je droit lorsque tout souffre et gémit dans le monde? N'ai-je pas d'autres devoirs que celui de travailler à ma propre satisfaction? Ne trouverai-je pas dans l'exercice de ces devoirs la force de m'oublier et de ne plus rien désirer pour moi-même? Je veux du moins le tenter; si je succombe, vous prendrez pitié de moi, vous travaillerez à me donner du courage; cela vaudra mieux que de me bercer de vaines espérances, et de me rappeler sans cesse que mon cœur est malade et dévoré de l'égoïste désir d'être heureux. Aimez-moi, ô mes amis! bénissez-moi, ô ma mère, et ne me parlez pas de ce qui m'ôte la force et la vertu, quand malgré moi je sens l'aiguillon de mes tourments! Je sais bien que le plus grand mal que j'aie subi à Riesenburg, c'est celui que j'ai fait aux autres. Je redeviendrais fou, je mourrais peut-être en blasphémant, si je voyais Consuelo souffrir les angoisses que je n'ai pas su épargner aux autres objets de mon affection.

« Sa santé paraissait complétement rétablie, et d'autres secours que ceux de ma tendresse l'aidaient à combattre sa malheureuse passion. Marcus et quelques-uns des chefs de notre ordre l'initiaient avec ferveur aux mystères de notre entreprise. Il trouvait des joies sérieuses et mélancoliques dans ces vastes projets, dans ces espérances hardies, et surtout dans ces longs entretiens philosophiques où, s'il ne rencontrait pas toujours une entière similitude d'opinions entre lui et ses nobles amis, il sentait du moins son âme en contact avec la leur dans tout ce qui tenait au sentiment profond et ardent, à l'amour du bien, au désir de la justice et de la vérité. Cette aspiration vers les choses idéales, longtemps comprimée et refoulée en lui par les étroites terreurs de sa famille, trouvait enfin un libre espace pour se développer, et ce développement, secondé par de nobles sympathies, excité même par de franches et amicales contradictions, était l'atmosphère vitale dans laquelle il pouvait respirer et agir, quoique dévoré d'une peine secrète. Albert est un esprit essentiellement métaphysique. Rien ne lui a jamais souri dans la vie frivole où l'égoïsme cherche ses aliments. Il est né pour la contemplation des plus hautes vérités et pour l'exercice des plus austères vertus; mais en même temps, par une perfection de beauté morale bien rare parmi les hommes, il est doué d'une âme essentiellement tendre et aimante. La charité ne lui suffit pas, il lui faut les affections. Son amour s'étend à tous, et pourtant il a besoin de le concentrer plus particulièrement sur quelques-uns. Il est fanatique de dévouement; mais sa vertu n'a rien de farouche. L'amour l'enivre, l'amitié le domine, et sa vie est un partage fécond, inépuisable entre l'être abstrait qu'il révère passionnément sous le nom d'humanité, et les êtres particuliers qu'il chérit avec délices. Enfin, son cœur sublime est un foyer d'amour; toutes les nobles passions y trouvent place et y vivent sans rivalité. Si l'on pouvait se représenter la Divinité sous l'aspect d'un être fini et périssable, j'oserais dire que l'âme de mon fils est l'image de l'âme universelle que nous appelons Dieu.

« Voilà pourquoi, faible créature humaine, infinie dans son aspiration et bornée dans ses moyens, il n'avait pu vivre auprès de ses parents. S'il ne les eût point ardemment aimés, il eût pu se faire au milieu d'eux une vie à part, une foi robuste et calme, différente de la leur, et indulgente pour leur aveuglement inoffensif; mais cette force eût réclamé une certaine froideur qui lui était aussi impossible qu'elle me l'avait été à moi-même. Il n'avait pas su vivre isolé d'esprit et de cœur; il avait invoqué avec angoisse leur adhésion, et appelé avec désespoir la communion des idées entre lui et ces êtres qui lui étaient si chers. Voilà pourquoi, enfermé seul dans la muraille d'airain de leur obstination catholique, de leurs préjugés sociaux et de leur haine pour la religion de l'égalité, il s'était brisé contre leur sein en gémissant; il s'était desséché comme une plante privée de rosée, en appelant la pluie du ciel qui lui eût donné une existence commune avec les objets de son affection. Lassé de souffrir seul, d'aimer seul, de croire et de prier seul, il avait cru retrouver la vie en vous, et lorsque vous aviez accepté et partagé ses idées, il avait recouvré le calme et la raison; mais vous ne partagiez pas ses sentiments, et votre séparation devait le replonger dans un isolement plus profond et plus insupportable.

Sa foi, niée et combattue sans cesse, devint une-

torture au-dessus des forces humaines. Le vertige s'empara de lui. Ne pouvant retremper l'essence la plus sublime de sa vie dans des âmes semblables à la sienne, il dut se laisser mourir.

« Dès qu'il eut trouvé ces cœurs faits pour le comprendre et le seconder, nous fûmes étonnés de sa douceur dans la discussion, de sa tolérance, de sa confiance et de sa modestie. Nous avions craint, d'après son passé, quelque chose de trop farouche, des opinions trop personnelles, une âpreté de paroles respectable dans un esprit convaincu et enthousiaste, mais dangereuse à ses progrès, et nuisible à une association du genre de la nôtre. Il nous étonna par la candeur de son caractère et le charme de son commerce. Lui qui nous rendait meilleurs et plus forts en nous parlant et en nous enseignant, il se persuadait recevoir de nous tout ce qu'il nous donnait. Il fut bientôt ici l'objet d'une vénération sans bornes, et vous ne devez pas vous étonner que tant de gens se soient occupés de vous ramener vers lui lorsque vous saurez que son bonheur devint le but des efforts communs, le besoin de tous ceux qui l'avaient approché, ne fût-ce qu'un instant. »

XXXVI.

« Mais le cruel destin de notre race n'était pas encore accompli. Albert devait souffrir encore, son cœur devait saigner éternellement pour cette famille, innocente de tous ses maux, mais condamnée par une bizarre fatalité à le briser en se brisant contre lui. Nous ne lui avions pas caché, aussitôt qu'il avait eu la force de supporter cette nouvelle, la mort de son respectable père, arrivée peu de temps après la sienne propre : car il faut bien que je me serve de cette étrange expression pour caractériser un événement si étrange. Albert avait pleuré son père avec un attendrissement enthousiaste, avec la certitude qu'il n'avait pas quitté cette vie pour entrer dans le néant du paradis ou de l'enfer des catholiques, avec l'espèce de joie solennelle que lui inspirait l'espoir d'une vie meilleure et plus large ici-bas pour cet homme pur et digne de récompense. Il s'affligeait donc beaucoup plus de l'abandon où restaient ses autres parents, le baron Frédéric et la chanoinesse Wenceslawa, que du départ de son père. Il se reprochait de goûter loin d'eux des consolations qu'ils ne partageaient pas, et il avait résolu d'aller les rejoindre pour quelque temps, de leur faire connaître le secret de sa guérison, de sa résurrection miraculeuse, et d'établir leur existence de la manière la plus heureuse possible. Il ignorait la disparition de sa cousine Amélie, arrivée durant sa maladie à Riesenburg, et qu'on lui avait cachée avec soin pour lui épargner un chagrin de plus. Nous n'avions pas jugé à propos de l'en instruire, nous n'avions pas pu soustraire ma malheureuse nièce à un égarement déplorable, et lorsque nous allions nous emparer de son séducteur, l'orgueil moins indulgent des Rudolstadt saxons nous avait devancés. Ils avaient fait arrêter secrètement Amélie sur les terres de Prusse, où elle se flattait de trouver un refuge; ils l'avaient livrée à la rigueur du roi Frédéric, et ce monarque leur avait donné cette gracieuse marque de protection, de faire enfermer une jeune fille infortunée dans la forteresse de Spandaw. Elle y a passé près d'un an dans une affreuse captivité, n'ayant de relations avec personne, et devant s'estimer heureuse de voir le secret de son déshonneur étroitement gardé par la généreuse protection du monarque geôlier.

— Oh! Madame, interrompit Consuelo avec émotion, est-elle donc encore à Spandaw?

— Nous venons de l'en faire sortir. Albert et Liverani n'ont pu l'enlever en même temps que vous, parce qu'elle était beaucoup plus étroitement surveillée; ses révoltes, ses imprudentes tentatives d'évasion, son impatience et ses emportements ayant aggravé les rigueurs de son esclavage. Mais nous avons d'autres moyens que ceux auxquels vous avez dû votre salut. Nos adeptes sont partout, et quelques-uns cultivent le crédit des cours afin de s'en servir pour la réussite de nos desseins. Nous avons fait obtenir pour Amélie la protection de la jeune margrave de Bareith, sœur du roi de Prusse, qui a demandé et obtenu sa mise en liberté, en promettant de se charger d'elle et de répondre de sa conduite à l'avenir. Dans peu de jours la jeune baronne sera auprès de la princesse Sophie Wilhelmine, qui a le cœur aussi bon que la langue mauvaise, et qui lui accordera la même indulgence et la même générosité qu'elle a eues envers la princesse de Culmbach, une autre infortunée, flétrie aux yeux du monde comme Amélie, et qui a été victime comme elle du régime pénitentiaire des forteresses royales.

« Albert ignorait donc les malheurs de sa cousine, lorsqu'il prit la résolution d'aller voir son oncle et sa tante au château des Géants. Il n'eût pu se rendre compte de l'inertie de ce baron Frédéric, qui avait la force animale de vivre, de chasser et de boire après tant de désastres, et l'impassibilité dévote de cette chanoinesse, qui craignait, en faisant des démarches pour retrouver sa parente, de donner plus d'éclat au scandale de son aventure. Nous avions combattu le projet d'Albert avec épouvante, mais il y avait persisté à notre insu. Il partit une nuit en nous laissant une lettre qui nous promettait un prompt retour. Son absence fut courte en effet; mais qu'il en rapporta de douleurs!

« Couvert d'un déguisement, il pénétra en Bohême, et alla surprendre le solitaire Zdenko dans la grotte du Schreckenstein. De là il voulait écrire à ses parents pour leur faire connaître la vérité, et pour les préparer à la commotion de son retour. Il connaissait Amélie pour la plus courageuse en même temps que la plus frivole, et c'était à elle qu'il comptait envoyer sa première missive par Zdenko. Au moment de le faire, et comme Zdenko était sorti sur la montagne, c'était à l'approche de l'aube, il entendit un coup de fusil et un cri déchirant. Il s'élance dehors, et le premier objet qui frappe ses yeux, c'est Zdenko rapportant dans ses bras Cynabre ensanglanté. Courir vers son pauvre vieux chien, sans songer à se cacher le visage, fut le premier mouvement d'Albert; mais comme il rapportait l'animal fidèle, blessé à mort, vers l'endroit appelé la *Cave du moine*, il vit accourir vers lui autant que le permettaient la vieillesse et l'obésité, un chasseur jaloux de ramasser sa proie. C'était le baron Frédéric qui, chassant à l'affût, aux premières clartés du matin, avait pris, dans le crépuscule, la robe fauve de Cynabre pour le poil d'une bête sauvage. Il l'avait visé à travers les branches. Hélas! il avait encore le coup d'œil juste et la main sûre, il l'avait touché, il lui avait mis deux balles dans le flanc. Tout à coup il aperçut Albert, et, croyant voir un spectre, il s'arrêta glacé de terreur. N'ayant plus conscience d'aucun danger réel, il recula jusqu'au bord du sentier escarpé qu'il côtoyait, et roula dans un précipice où il tomba brisé sur les rochers. Il expira sur le coup, à la place fatale où s'était élevé, pendant des siècles, l'arbre maudit, le fameux chêne du Schreckenstein, appelé *le Hussite*, témoin et complice jadis des plus horribles catastrophes.

« Albert vit tomber son parent et quitta Zdenko pour courir vers le bord de l'abîme. Il vit alors les gens du baron qui s'empressaient à le relever en remplissant l'air de leurs gémissements, car il ne donnait plus signe de vie. Albert entendit ces mots s'élever jusqu'à lui : « Il est mort, notre pauvre maître! Hélas! que va dire madame la chanoinesse! » Albert ne songeait plus à lui-même, il cria, il appela. Aussitôt qu'on l'eut aperçu, une terreur panique s'empara de ces crédules serviteurs. Ils abandonnaient déjà le corps de leur maître pour fuir, lorsque le vieux Hanz, le plus superstitieux et aussi le plus courageux de tous, les arrêta et leur dit en faisant le signe de la croix :

« — Mes enfants, ce n'est pas notre maître Albert qui nous apparaît. C'est l'esprit du Schreckenstein qui a pris sa figure pour nous faire tous périr ici, si nous sommes lâches. Je l'ai bien vu, c'est lui qui a fait tomber monsieur le baron. Il voudrait emporter son corps pour le dévorer, c'est un vampire! Allons! du cœur, mes enfants. On dit que le diable est poltron. Je vais le coucher en joue; pendant ce temps, dites la prière d'exorcisme de monsieur le chapelain. »

« — En parlant ainsi, Hanz, ayant fait encore plusieurs signes de croix, leva son fusil et tira sur Albert, tandis que les autres valets se serraient autour du cadavre du baron. Heureusement Hanz était trop ému et trop épouvanté pour viser juste : il agissait dans une sorte de délire. La balle siffla néanmoins sur la tête d'Albert, car Hanz était le meilleur tireur de toute la contrée, et, s'il eût été de sang-froid, il eût infailliblement tué mon fils. Albert s'arrêta irrésolu.

« — Courage, enfants, courage! cria Hanz en rechargeant son fusil. Tirez dessus, il a peur! Vous ne le tuerez pas, les balles ne peuvent pas l'atteindre, mais vous le ferez reculer, et nous aurons le temps d'emporter le corps de notre pauvre maître. »

« Albert, voyant tous les fusils dirigés sur lui, s'enfonça dans le taillis, et descendant sans être vu la pente de la montagne, s'assura bientôt par ses yeux de l'horrible vérité. Le corps brisé de son malheureux oncle gisait sur les pierres ensanglantées. Son crâne était ouvert, et le vieux Hanz criait d'une voix désolée ces paroles épouvantables :

« — Ramassez sa cervelle et n'en laissez pas sur les rochers; car le chien du vampire viendrait la lécher.

« — Oui, oui, il y avait un chien, répondait un autre serviteur, un chien que j'ai d'abord pris pour Cynabre.

« — Mais Cynabre a disparu depuis la mort du comte Albert, disait un troisième, on ne l'a plus revu nulle part; il sera mort dans quelque coin, et le Cynabre que nous avons vu là-haut est une ombre, comme ce vampire est une ombre aussi, ressemblant au comte Albert. Abominable vision, je l'aurai toujours devant les yeux. Seigneur Dieu! ayez pitié de nous et de l'âme de monsieur le baron mort sans sacrements, par la malice de l'esprit.

« — Hélas! je lui disais bien qu'il lui arriverait malheur, reprenait Hanz d'un ton lamentable, en rassemblant les lambeaux de vêtements du baron avec des mains teintes de son sang; il voulait toujours venir chasser dans cet endroit trois fois maudit! Il se persuadait que, parce que personne n'y venait, tout le gibier de la forêt s'y était remisé; et Dieu sait pourtant qu'il n'y a jamais eu d'autre gibier sur cette infernale montagne que celui qui pendait encore, dans ma jeunesse, aux branches du chêne. Maudit hussite! arbre de perdition! le feu du ciel l'a dévoré; mais tant qu'il en restera une racine dans la terre, les méchants hussites reviendront ici pour se venger des catholiques. Allons, allons, disposez vite ce brancard et partons! on n'est pas en sûreté ici. Ah! madame la chanoinesse, pauvre maîtresse, que va-t-elle devenir! Qui est-ce qui osera se présenter le premier devant elle, pour lui dire, comme les autres jours : « Voilà monsieur le baron qui revient de la chasse. » Elle dira : « Faites bien vite servir le déjeuner : « Ah! oui, le déjeuner! il se passera bien du temps avant que personne ait de l'appétit dans le château. Allons! allons! c'est trop de malheurs dans cette famille, et je sais bien d'où cela vient, moi! »

« Tandis qu'on plaçait le cadavre sur le brancard, Hanz, pressé de questions, répondit en secouant la tête:

« — Dans cette famille-là, tout le monde était pieux et mourait chrétiennement, jusqu'au jour où la comtesse Wanda, à qui Dieu fasse miséricorde, est morte sans confession. Depuis ce temps, il faut que tous finissent de même. Monsieur le comte Albert n'est point mort en état de grâce, quoi qu'on ait pu lui dire, et son digne père en a porté la peine : il a rendu l'âme sans savoir ce qu'il faisait; en voilà encore un qui s'en va sans sacrements, et je parie que la chanoinesse finira aussi sans avoir le temps d'y songer. Heureusement pour cette sainte femme qu'elle est toujours en état de grâce! »

« Albert ne perdit rien de ces déplorables discours, expression grossière d'une douleur vraie, et reflet terrible de l'horreur fanatique dont nous étions l'objet tous les deux à Riesenburg. Longtemps frappé de stupeur, il vit défiler au loin, à travers les sentiers du ravin, le lugubre cortége, et n'osa pas le suivre, bien qu'il sentît que, dans l'ordre naturel des choses, il eût dû être le premier à porter cette triste nouvelle à sa vieille tante, pour l'assister dans sa mortelle douleur. Mais il est bien certain que, s'il l'eût fait, son apparition l'eût frappée de mort ou de démence. Il le comprit et se retira désespéré dans sa caverne, où Zdenko, qui n'avait rien vu de l'accident le plus grave de cette funeste matinée, était occupé à laver la blessure de Cynabre; mais il était trop tard. Cynabre, en voyant rentrer son maître, fit entendre un gémissement de détresse, rampa jusqu'à lui malgré ses reins brisés, et vint expirer à ses pieds, en recevant ses dernières caresses. Quatre jours après, nous vîmes revenir Albert, pâle et accablé de ces nouveaux coups. Il demeura plusieurs jours sans parler et sans pleurer. Enfin ses larmes coulèrent dans mon sein.

« Je suis maudit parmi les hommes, me dit-il, et il semble que Dieu veuille me fermer l'accès de ce monde, où je n'aurais dû aimer personne. Je n'y peux plus reparaître sans y porter l'épouvante, la mort ou la folie. C'en est fait, je ne dois plus revoir ceux qui ont pris soin de mon enfance. Leurs idées sur la séparation éternelle de l'âme et du corps sont si absolues, si effrayantes, qu'ils aiment mieux me croire à jamais enchaîné dans le tombeau que d'être exposés à revoir mes traits sinistres. Étrange et affreuse notion de la vie! Les morts deviennent des objets de haine à ceux qui les ont le plus chéris, et si leur spectre apparaît, on les suppose vomis par l'enfer au lieu de les croire envoyés du ciel. O mon pauvre oncle! ô mon noble père! vous étiez des hérétiques à mes yeux comme je l'étais moi-même aux vôtres; et pourtant, si vous m'apparaissiez, si j'avais le bonheur de revoir votre image détruite par la mort, je la recevrais à genoux, je lui tendrais les bras, je la croirais détachée du sein de Dieu, où les âmes vont se retremper, et où les formes se recomposent. Je ne vous dirais pas vos abominables formules de renvoi et de malédiction, exorcismes impies de la peur et de l'abandon; je vous appellerais au contraire; je voudrais vous contempler avec amour et vous retenir autour de moi comme des influences secourables. O ma mère! c'en est fait; il faut que je sois mort pour eux! qu'ils meurent par moi ou sans moi! »

Albert n'avait quitté sa patrie qu'après s'être assuré que la chanoinesse avait résisté à ce dernier choc du malheur. Cette vieille femme, aussi malade et aussi fortement trempée que moi-même, sait vivre aussi par le sentiment du devoir. Respectable dans ses convictions et dans son infortune, elle compte avec résignation les jours amers que la volonté de Dieu lui impose encore. Mais dans sa douleur, elle conserve une certaine raideur orgueilleuse qui survit aux affections. Elle disait dernièrement à une personne qui nous l'a écrit : « Si on ne supportait pas la vie par devoir, il faudrait encore la supporter par respect pour les convenances. » Ce mot vous peint toute la chanoinesse.

« Dès lors Albert ne songea plus à nous quitter, et son courage sembla grandir dans les épreuves. Il sembla avoir vaincu même son amour, et se rejetant dans une vie toute philosophique, il ne parut plus occupé que de religion, de science morale et d'action révolutionnaire; il se livra aux travaux les plus sérieux, et sa vaste intelligence prit ainsi un développement aussi serein et aussi magnifique que son triste cœur en avait eu un excessif et fiévreux loin de nous. Cet homme bizarre, dont le délire avait consterné les âmes catholiques, devint un flambeau de sagesse pour des esprits d'un ordre supérieur. Il fut initié aux plus intimes confidences des

Invisibles, et prit rang parmi les chefs et les pères de cette église nouvelle. Il leur porta bien des lumières qu'ils reçurent avec amour et reconnaissance. Les réformes qu'il proposa furent consenties, et dans l'exercice d'une foi militante, il revint à l'espérance et à la sérénité d'âme qui fait les héros et les martyrs.

« Nous pensions qu'il avait triomphé de son amour pour vous, tant il avait pris de soin de nous cacher ses combats et ses souffrances. Mais un jour, la correspondance des adeptes, qu'il n'était plus possible de lui cacher, apporta dans notre sanctuaire un avis cruel, malgré l'incertitude dont il restait entouré. Vous passiez à Berlin dans l'esprit de quelques personnes pour la maîtresse du roi de Prusse, et les apparences ne démentaient pas cette supposition ; Albert ne dit rien et devint pâle.

« — Mon amie bien-aimée, me dit-il après quelques instants de silence, cette fois tu me laisseras partir sans rien craindre ; le devoir de mon amour m'appelle à Berlin, ma place est auprès de celle que j'aime et qui a accepté ma protection. Je ne m'arroge aucun droit sur elle ; si elle est enivrée du triste honneur qu'on lui attribue, je n'userai d'aucune autorité pour l'y faire renoncer ; mais si, comme j'en suis certain, elle est environnée de piéges et de dangers, je saurai l'y soustraire.

« — Arrêtez, Albert, lui dis-je, et craignez la puissance de cette fatale passion qui vous a déjà fait tant de mal ; le mal qui vous viendra de ce côté-là est le seul au-dessus de vos forces. Je vois bien que vous ne vivez plus que par la vertu et votre amour. Si cet amour périt en vous, la vertu vous suffira-t-elle?

« — Et pourquoi mon amour périrait-il? reprit Albert avec exaltation. Vous pensez donc qu'elle aurait déjà cessé d'en être digne?

« — Et si cela était, Albert, que ferais-tu ? »

« Il sourit avec ces lèvres pâles et ce regard brillant que lui donnent ses fortes et douloureuses pensées d'enthousiasme.

« — Si cela était, répondit-il, je continuerais à l'aimer ; car le passé n'est point un rêve qui s'efface en moi, et vous savez que je l'ai souvent confondu avec le présent au point de ne plus distinguer l'un de l'autre. Eh bien, je ferais encore ainsi ; j'aimerais dans le passé cette figure d'ange, cette âme de poëte, dont ma sombre vie a été éclairée et embrassée soudainement. Et je ne m'apercevrais pas que le passé est derrière moi, j'en garderais dans mon sein la trace brûlante ; l'être égaré, l'ange tombé m'inspirerait tant de sollicitude et de tendresse encore, que ma vie serait consacrée à le consoler de sa chute et à le soustraire au mépris des hommes cruels. »

« Albert partit pour Berlin avec plusieurs de nos amis, et eut pour prétexte auprès de la princesse Amélie, sa protectrice, de l'entretenir de Trenck, alors prisonnier à Glatz, et des opérations maçonniques auxquelles elle est initiée. Vous l'avez vu présidant une loge de rose-croix, et il n'a pas su à cette époque que Cagliostro, informé malgré nous de ses secrets, s'était servi de cette circonstance pour ébranler votre raison en vous le faisant voir à la dérobée comme un spectre. Pour ce seul fait d'avoir laissé jeter à une personne *profane* un coup d'œil sur les mystères maçonniques, l'intrigant Cagliostro eût mérité d'en être à jamais exclu. Mais on l'ignora assez longtemps, et vous devez vous rappeler la terreur qu'il éprouvait en vous conduisant auprès du *Temple*. Les peines applicables à ces sortes de trahisons sont sévèrement châtiées par les adeptes, et le magicien, en faisant servir les mystères de son ordre aux prétendus prodiges de son art merveilleux, risquait peut-être sa vie, tout au moins sa grande réputation de nécromancien, car on l'eût démasqué et chassé immédiatement.

« Dans le court et mystérieux séjour qu'il fit à Berlin à cette époque, Albert sut pénétrer assez avant dans vos démarches et dans vos pensées pour se rassurer sur votre situation. Il vous surveilla de près à votre insu, et revint, tranquille en apparence, mais plus ardemment épris de vous que jamais. Durant plusieurs mois, il voyagea à l'étranger, et servit notre cause avec activité. Mais ayant été averti que quelques intrigants, peut-être espions du roi de Prusse, tentaient d'ourdir à Berlin une conspiration particulière, dangereuse pour l'existence de la maçonnerie, et probablement funeste pour le prince Henri et pour sa sœur l'abbesse de Quedlimbourg, Albert courut à Berlin, afin d'avertir ces princes de l'absurdité d'une telle tentative, et de les mettre en garde contre le piége qu'elle lui semblait couvrir. Vous le vîtes alors; et, quoique épouvantée de son apparition, vous montrâtes tant de courage ensuite, et vous exprimâtes à ses amis tant de dévouement et de respect pour sa mémoire, qu'il retrouva l'espoir d'être aimé de vous. Il fut donc résolu qu'on vous apprendrait la vérité de son existence par une suite de révélations mystérieuses. Il a été bien souvent près de vous, et caché jusque dans votre appartement, durant vos entretiens orageux avec le roi, sans que vous en eussiez connaissance. Pendant ce temps, les conspirateurs s'irritaient des obstacles qu'Albert et ses amis apportaient à leurs desseins coupables ou insensés. Frédéric II eut des soupçons. L'apparition de la *balayeuse*, ce spectre que tous les conspirateurs promènent dans les galeries du palais, pour y fomenter le désordre et la peur, éveilla sa surveillance. La création d'une loge maçonnique, à la tête de laquelle se plaça le prince Henri, et qui se trouva, du premier coup, en dissidence de doctrines avec celle que préside le roi en personne, parut à ce dernier un acte significatif de révolte; et peut-être, en effet, cette création de la nouvelle loge était-elle un masque maladroit que prenaient certains conjurés, ou une tentative pour compromettre d'illustres personnages. Heureusement ils s'en garantirent; et le roi, furieux en apparence de ne trouver que d'obscurs coupables, mais satisfait en secret de n'avoir pas à sévir contre sa propre famille, voulut au moins faire un exemple. Mon fils, le plus innocent de tous, fut arrêté et transféré à Spandaw, presque en même temps que vous, dont l'innocence n'était pas moins avérée; mais vous aviez eu tous deux le tort de ne vouloir vous sauver aux dépens de personne, et vous payâtes pour tous les autres. Vous avez passé plusieurs mois en prison, non loin de la cellule d'Albert, et vous avez dû entendre les accents passionnés de son archet, comme il a entendu ceux de votre voix. Il avait à sa disposition des moyens d'évasion prompts et certains; mais il ne voulut point en user avant d'avoir assuré la vôtre. La clef d'or est plus forte que tous les verrous des prisons royales; et les geôliers prussiens, soldats mécontents ou officiers en disgrâce pour la plupart, sont éminemment corruptibles. Albert s'évada en même temps que vous, mais vous ne le vîtes pas; et, pour des raisons que vous saurez plus tard, Liverani fut chargé de vous amener ici. Maintenant vous savez le reste. Albert vous aime plus que jamais; mais il vous aime plus que lui-même, et il sera mille fois moins malheureux de votre bonheur avec un autre qu'il ne le serait du sien propre, si vous ne le partagiez pas entièrement. Les lois morales et philosophiques, l'autorité religieuse, sous lesquelles vous vous trouvez désormais placés l'un et l'autre permettent son sacrifice, et rendent votre choix libre et respectable. Choisissez donc, ma fille; mais souvenez-vous que la mère d'Albert vous demande à genoux de ne pas porter atteinte à la sublime candeur de son fils, en lui faisant un sacrifice dont l'amertume retomberait sur sa vie. Votre abandon le fera souffrir, mais votre pitié, sans votre amour, le tuera. L'heure est venue de vous prononcer. Je ne dois pas savoir votre décision. Passez dans votre chambre; vous y trouverez deux parures bien différentes : celle que vous choisirez décidera du sort de mon fils.

« — Et laquelle des deux doit signifier de mon divorce avec lui? demanda Consuelo toute tremblante.

« — J'étais chargée de vous l'apprendre; mais je ne le ferai point. Je veux savoir si vous le devinerez. »

La comtesse Wanda, ayant ainsi parlé, replaça son masque, pressa Consuelo contre son cœur et s'éloigna rapidement.

XXXVII.

Les deux habits que la néophyte trouva étalés dans sa chambre étaient une brillante parure de mariée, et un vêtement de deuil avec tous les signes distinctifs du veuvage. Elle hésita quelques instants. Sa résolution, quant au choix de l'époux, était prise, mais lequel de ces deux costumes témoignerait extérieurement de son intention? Après un peu de réflexion, elle revêtit l'habit blanc, le voile, les fleurs et les perles de la fiancée. Cet ajustement était d'un goût chaste et d'une élégance extrême. Consuelo fut bientôt prête; mais en se regardant au miroir encadré de sentences menaçantes, elle n'eut plus envie de sourire comme la première fois. Un pâleur mortelle était sur ses traits, et l'effroi dans son cœur. Quelque parti qu'elle eût résolu de prendre, elle sentait qu'il lui resterait un regret ou un remords, qu'une âme serait brisée par son abandon ; et la sienne éprouvait par avance un déchirement affreux. En voyant ses joues et ses lèvres, aussi blanches que son voile et son bouquet d'oranger, elle craignit également pour Albert et pour Liverani l'aspect d'une émotion si violente, et elle fut tentée de mettre du fard ; mais elle y renonça aussitôt : « Si mon visage ment, pensa-t-elle, mon cœur pourra-t-il donc mentir ? »

Elle s'agenouilla contre son lit, et cachant son visage dans les draperies, elle resta absorbée dans une méditation douloureuse jusqu'au moment où la pendule sonna minuit. Elle se leva aussitôt, et vit un *Invisible* à masque noir debout derrière elle. Je ne sais quel instinct lui fit présumer que c'était Marcus. Elle ne se trompait pas, et pourtant, il ne se fit point connaître à elle, et se contenta de lui dire d'une voix douce et triste :

« Madame, tout est prêt. Veuillez vous couvrir de ce manteau, et me suivre. »

Consuelo suivit l'*Invisible* jusqu'au fond du jardin, à l'endroit où le ruisseau se perdait sous l'arcade verdoyante du parc. Là, elle trouva une gondole découverte, toute noire, toute semblable aux gondoles de Venise, et dans le rameur gigantesque qui se tenait à la proue, elle reconnut Karl, qui fit un signe de croix en la voyant. C'était sa manière de témoigner la plus grande joie possible.

« M'est-il permis de lui parler ? demanda Consuelo à son guide.

— Vous pouvez, répondit celui-ci, lui dire quelques mots à haute voix.

— Eh bien, cher Karl, mon libérateur et mon ami, dit

Consuelo émue de revoir un visage connu apres une si longue réclusion parmi des êtres mystérieux, puis-je espérer que rien ne trouble le plaisir que tu as de me retrouver?

— Rien! signora, répondit Karl d'une voix assurée ; rien, si ce n'est le souvenir de *celle*... qui n'est plus de ce monde, et que je crois toujours voir à côté de vous. Courage et contentement, ma bonne maîtresse, ma bonne sœur! nous voici comme la nuit où nous nous évadions de Spandaw!

— C'est aussi un jour de délivrance, frère! dit Marcus. Allons, vogue avec l'adresse et la vigueur dont tu es doué, et qu'égalent maintenant la prudence de ta langue et la force de ton âme. Ceci ressemble en effet à une fuite, Madame, ajouta-t-il en s'adressant à Consuelo ; mais le principal libérateur n'est plus le même... »

En prononçant ces derniers mots, Marcus lui présentait la main pour l'aider à s'asseoir sur le banc garni de coussins. Il la sentit trembler légèrement au souvenir de Liverani, et la pria de se couvrir le visage pour quelques instants seulement. Consuelo obéit, et la gondole, emportée par le bras robuste du déserteur, glissa rapidement sur les eaux sombres et muettes.

Au bout d'un trajet dont la durée ne put guère être appréciée par la pensive Consuelo, elle entendit un bruit de voix et d'instruments à quelque distance; la barque se ralentit, et reçut sans s'arrêter tout à fait les légères secousses d'un atterrissement. Le capuchon tomba doucement, et la néophyte crut passer d'un rêve dans un autre, en contemplant le spectacle féerique offert à ses regards. La barque côtoyait, en l'effleurant, une rive aplanie, jonchée de fleurs et de frais herbages. L'eau du ruisseau, élargie et immobile dans un vaste bassin, était comme embrasée, et reflétait des colonnades de lumières qui se tordaient en serpenteaux de feu, ou se brisaient en pluie d'étincelles sous le sillage lent et mesuré de la gondole. Une musique admirable remplissait l'air sonore, et semblait planer sur les buissons de roses et de jasmins embaumés. Quand les yeux de Consuelo se furent habitués à cette clarté soudaine, elle put les fixer sur la façade illuminée du palais qui s'élevait à très-peu de distance, et qui se plongeait dans le miroir du bassin avec une splendeur magique. Cet édifice élégant qui se dessinait sur le ciel constellé, ces voix harmonieuses, ce concert d'instruments excellents, ces fenêtres ouvertes devant lesquelles, entre les rideaux de pourpre embrasés par la lumière, Consuelo voyait s'agiter mollement des hommes et des femmes richement parés, étincelants de broderies, de diamants, d'or et de perles, avec ces têtes poudrées, qui donnaient à l'aspect général des réunions de ce temps-là un reflet de blancheur, un je ne sais quoi d'efféminé et de fantastique ; toute cette fête princière, combinée avec la beauté d'une nuit tiède et sereine qui jetait des bouffées de parfums et de fraîcheur jusque dans les salles resplendissantes, remplit Consuelo d'une vive émotion, et lui causa une sorte d'enivrement. Elle, la fille du peuple, mais la reine des fêtes patriciennes, elle ne pouvait voir un spectacle de ce genre, après tant de jours de captivité, de solitude et de sombres rêveries, sans éprouver une sorte d'élan, un besoin de chanter, un tressaillement singulier à l'approche d'un public. Elle se leva donc debout dans la barque, qui se rapprochait du château de plus en plus, et soudainement exaltée par le chœur de Hændel :

> Chantons la gloire
> De Juda vainqueur !

elle oublia toutes choses pour mêler sa voix à ce chant d'enthousiasme grandiose.

Mais une nouvelle secousse de la barque, qui, en rasant les bords de l'eau, rencontrait quelquefois une branche, ou une touffe d'herbe, la fit trébucher. Forcée de se retenir à la première main qui s'offrit pour la soutenir, elle s'aperçut seulement alors qu'il y avait un quatrième personnage dans la barque, un Invisible masqué, qui n'y était certainement pas lorsqu'elle y était entrée.

Un vaste manteau gris sombre à longs plis, un chapeau à grands bords posé d'une certaine façon, je ne sais quoi dans les traits de ce masque, à travers lequel la physionomie humaine semblait parler ; mais, plus que tout le reste, la pression de la main tremblante qui ne voulait plus se détacher de la sienne, firent reconnaître à Consuelo l'homme qu'elle aimait, le chevalier Liverani, tel qu'il s'était montré à elle la première fois sur l'étang de Spandaw. Alors la musique, l'illumination, le palais enchanté, la fête enivrante, et jusqu'à l'approche du moment solennel qui devait fixer sa destinée, tout ce qui n'était pas l'émotion présente, s'effaça de la mémoire de Consuelo. Agitée et comme vaincue par une force surhumaine, elle retomba palpitante sur les coussins de la barque, auprès de Liverani. L'autre inconnu, Marcus, était debout à la proue, et leur tournait le dos. Le jeûne, le récit de la comtesse Wanda, l'attente d'un dénoûment terrible, l'inattendu de cette fête saisie au passage, avaient brisé toutes les forces de Consuelo. Elle ne sentait plus que la main de Liverani étreignant la sienne, son bras effleurant sa taille pour être prêt à l'empêcher de s'éloigner de lui, et ce trouble divin que la présence de l'objet aimé répand jusque dans l'air qu'on respire. Consuelo resta quelques minutes ainsi, ne voyant pas plus le palais étincelant que s'il fût rentré dans la nuit profonde, n'entendant plus rien que le souffle brûlant de so amant auprès d'elle, et les battements de son propre cœur.

« Madame, dit Marcus en se retournant tout à coup vers elle, ne connaissez-vous pas l'air qu'on chante maintenant, et ne vous plairait-il pas de vous arrêter pour entendre ce magnifique ténor ?

— Quels que soient l'air et la voix, répondit Consuelo préoccupée, arrêtons-nous ou continuons ; que votre volonté soit faite. »

La barque touchait presque au pied du château. On pouvait distinguer les figures placées dans l'embrasure des fenêtres, et même celles qui passaient dans la profondeur des appartements. Ce n'étaient plus des spectres flottants comme dans un rêve, mais des personnages réels, des seigneurs, de grandes dames, des savants, des artistes, dont plusieurs n'étaient pas inconnus à Consuelo. Mais elle ne fit aucun effort de mémoire pour retrouver leurs noms, ni les théâtres ou les palais où elle les avait déjà aperçus. Le monde était redevenu tout à coup pour elle une lanterne magique sans signification et sans intérêt. Le seul être qui lui parût vivant dans l'univers, c'était celui dont la main brûlait furtivement la sienne sous les plis des manteaux.

« Ne connaissez-vous pas cette belle voix qui chante un air vénitien ? » demanda de nouveau Marcus, surpris de l'immobilité et de l'apparente indifférence de Consuelo.

Et comme elle ne paraissait entendre ni la voix qui lui parlait ni celle qui chantait, il se rapprocha un peu et s'assit sur le banc vis-à-vis d'elle pour renouveler sa question.

« Mille pardons, Monsieur, répondit Consuelo après avoir fait un effort pour écouter ; je n'y faisais pas attention. Je connais cette voix en effet, et cet air, c'est moi qui l'ai composé, il y a bien longtemps. Il est fort mauvais et fort mal chanté.

— Comment donc, reprit Marcus, s'appelle ce chanteur pour lequel vous me semblez trop sévère? Je le trouve admirable, moi!

— Ah! vous ne l'avez pas perdue? dit à voix basse Consuelo à Liverani qui venait de lui faire sentir dans le creux de sa main la petite croix de filigrane dont elle s'était séparée pour la première fois de sa vie, en la lui confiant durant son voyage de Spandaw à ***.

— Vous ne vous rappelez pas le nom de ce chanteur? reprit Marcus avec obstination en observant attentivement les traits de Consuelo.

— Pardon, Monsieur! répondit-elle avec un peu d'impatience, il s'appelle Anzoleto. Ah! le mauvais *ré!* il a perdu cette note.

— Ne souhaitez-vous pas voir son visage? Vous vous trompez peut-être. D'ici vous pourriez le distinguer parfaitement, car je le vois très-bien. C'est un bien beau jeune homme.

— A quoi bon le regarder? reprit Consuelo avec un peu d'humeur; je suis bien sûre qu'il est toujours le même. »

Marcus prit doucement la main de Consuelo, et Liverani le seconda pour la faire lever et regarder par la fenêtre toute grande ouverte. Consuelo qui eût résisté peut-être à l'un céda à l'autre, jeta un coup d'œil sur le chanteur, sur ce beau Vénitien qui était en ce moment le point de mire de plus de cent regards féminins, regards protecteurs, ardents et lascifs.

« Il est fort engraissé! dit Consuelo en se rasseyant et en résistant un peu à la dérobée aux doigts de Liverani, qui voulait lui reprendre la petite croix, et qui la reprit en effet.

— Est-ce là tout le souvenir que vous accordez à un ancien ami? reprit Marcus qui attachait toujours sur elle un regard de lynx à travers son masque.

— Ce n'est qu'un camarade, répondit Consuelo, et entre camarades, nous autres, nous ne sommes pas toujours amis.

— Mais n'auriez-vous pas quelque plaisir à lui parler? Si nous entrions dans ce palais, et si l'on vous priait de chanter avec lui?

— Si c'est une *épreuve,* dit avec un peu de malice Consuelo qui commençait à remarquer l'insistance de Marcus, comme je dois vous obéir en tout, je m'y prêterai volontiers. Mais si c'est pour mon plaisir que vous me faites cette offre, j'aime autant m'en dispenser.

— Dois-je arrêter ici, mon frère? demanda Karl en faisant un signe militaire avec la rame.

— Passe, frère, et pousse au large! répondit Marcus. »

Karl obéit, et au bout de peu d'instants, la barque ayant traversé le bassin, s'enfonça sous des berceaux épais. L'obscurité devint profonde. Le petit fanal suspendu à la gondole jetait seul des lueurs bleuâtres sur le feuillage environnant. De temps en temps, à travers des échappées de sombre verdure, on voyait encore scintiller faiblement au loin les lumières du palais. Les sons de l'orchestre s'évanouissaient lentement. La barque, en rasant la rive, effeuillait les rameaux en fleurs, et le manteau noir de Consuelo était semé de leurs pétales embaumés. Elle commençait à rentrer en elle-même, et à combattre cette indéfinissable volupté de l'amour et de la nuit. Elle avait retiré sa main de celle de Liverani, et son cœur se brisait à mesure que le voile d'ivresse tombait devant des lueurs de raison et de volonté.

« Écoutez, Madame! dit Marcus. N'entendez-vous pas d'ici les applaudissements de l'auditoire? Oui, vraiment! ce sont des battements de mains et des acclamations.

On est ravi de ce qu'on vient d'entendre. Cet Anzoleto a un grand succès au palais.

— Ils ne s'y connaissent pas ! » dit busquement Consuelo en saisissant une fleur de magnoler que Liverani venait de cueillir au passage, et de jeter furtivement sur ses genoux.

Elle serra convulsivement cette fleur dans ses mains, et la cacha dans son sein, comme la dernière relique d'un amour indompté que l'épreuve fatale alait sanctifier ou rompre à jamais.

XXXVIII.

La barque prit terre définitivement à la sortie des jardins et des bois, dans un endroit pittoresque où le ruisseau s'enfonçait parmi des roches séculaires et cessait d'être navigable. Consuelo et peu de temps pour contempler le paysage sévère éclairé par la lune. C'était toujours dans la vaste enceinte de la résidence ; mais l'art ne s'était appliqué en ce lieu qu'à conserver à la nature sa beauté première : les vieux arbres semés au hasard dans de sombres gazons, les accidents heureux du terrain, les collines aux flancs âpres, les cascades inégales, les troupeaux de daims bondissants et craintifs.

Un personnage nouveau était venu fixer l'attention de Consuelo : c'était Gottlieb, assis négligemment sur le brancard d'une chaise à porteurs, dans l'attitude d'une attente calme et rêveuse. Il tressaillit en reconnaissant son amie de la prison ; mais, sur un signe de Marcus, il s'abstint de lui parler.

« Vous défendez donc à ce pauvre enfant de me serrer la main ? dit tout bas Consuelo à son guide.

— Après votre initiation, vous serez libre ici dans toutes vos actions, répondit-il de même. Contentez-vous maintenant de voir comme la santé de Gottlieb est améliorée et comme la force physique lui est revenue.

— Ne puis-je savoir, du moins, reprit la néophyte, s'il n'a souffert aucune persécution pour moi, après ma fuite de Spandaw? Pardonnez à mon impatience. Cette pensée n'a cessé de me tourmenter jusqu'au jour où je l'ai aperçu, passant auprès de l'enclos du pavillon.

— Il a souffert, en effet, répondit Marcus, mais peu de temps. Dès qu'il vous sut délivrée, il se vanta avec un enthousiasme naïf d'y avoir contribué, et ses révélations involontaires durant son sommeil faillirent devenir funestes à quelques-uns d'entre nous. On voulut l'enfermer dans une maison de fous, autant pour le punir que pour l'empêcher de secourir d'autres prisonniers. Il s'enfuit alors, et comme nous avions l'œil sur lui, nous le fîmes amener ici, où nous lui avons prodigué les soins du corps et de l'âme. Nous le rendrons à sa famille et à sa patrie lorsque nous lui aurons donné la force et la prudence nécessaires pour travailler utilement à notre œuvre qui est devenue la sienne, car c'est un de nos adeptes les plus purs et les plus fervents. Mais la chaise est prête, Madame; veuillez y monter. Je ne vous quitte pas, quoique je vous confie aux bras fidèles et sûrs de Karl et de Gottlieb. »

Consuelo s'assit docilement dans une chaise à porteurs, fermée de tous côtés, et ne recevant l'air que par quelques fentes pratiquées dans la partie qui regardait le ciel. Elle ne vit donc plus rien de ce qui se passait autour d'elle. Parfois elle vit briller les étoiles, et jugea ainsi qu'elle était encore en plein air; d'autres fois elle vit cette transparence interceptée sans savoir si c'était par des bâtiments ou par l'ombrage épais des arbres. Les porteurs marchaient rapidement et dans le plus profond silence; elle s'appliqua, durant quelque temps, à distinguer dans les pas qui criaient de temps à autre sur le sable, si quatre personnes ou seulement trois l'accompagnaient. Plusieurs fois elle crut saisir le pas de Liverani à droite de la chaise ; mais ce pouvait être une illusion, et, d'ailleurs, elle devait s'efforcer de n'y pas songer.

Lorsque la chaise s'arrêta et s'ouvrit, Consuelo ne put se défendre d'un sentiment d'effroi, en se voyant sous la herse, encore debout et sombre, d'un vieux manoir féodal. La lune donnait en pleine lumière sur le préau entouré de constructions en ruines, et rempli de personnages vêtus de blanc qui allaient et venaient, les uns isolés, les autres par groupes, comme des spectres capricieux. Cette arcade noire et massive de l'entrée faisait paraître le fond du tableau plus bleu, plus transparent et plus fantastique. Ces ombres errantes et silencieuses, ou se parlant à voix basse, leur mouvement sans bruit sur ces longues herbes de la cour, l'aspect de ces ruines que Consuelo reconnaissait pour celles où elle avait pénétré une fois, et où elle avait revu Albert, l'impressionnèrent tellement, qu'elle eut comme un mouvement de frayeur superstitieuse. Elle chercha instinctivement Liverani auprès d'elle. Il y était effectivement avec Marcus, mais l'obscurité de la voûte ne lui permit pas de distinguer lequel des deux lui offrait la main ; et cette fois, son cœur glacé par une tristesse subite et par une crainte indéfinissable, ne l'avertit pas.

On arrangea son manteau sur ses vêtements et le capuchon sur sa tête de manière à ce qu'elle pût tout voir sans être reconnue de personne. Quelqu'un lui dit à voix basse de ne pas laisser échapper un seul mot, une seule exclamation, quelque chose qu'elle pût voir ; et elle fut conduite ainsi au fond de la cour, où un étrange spectacle s'offrit en effet à ses regards.

Une cloche au son faible et lugubre rassemblait les ombres en cet instant vers la chapelle ruinée où Consuelo avait naguère cherché, à la lueur des éclairs un refuge contre l'orage. Cette chapelle était maintenant illuminée de cierges disposés dans un ordre systématique. L'autel semblait avoir été relevé récemment; il était couvert d'un drap mortuaire et paré d'insignes bizarres, où les emblèmes du christianisme se trouvaient mêlés à ceux du judaïsme, à des hiéroglyphes égyptiens, et à divers signes cabalistiques. Au milieu du chœur, dont on avait rétabli l'enceinte avec des balustrades et des colonnes symboliques, on voyait un cercueil entouré de cierges, couvert d'ossements en croix, et surmonté d'une tête de mort dans laquelle brillait une flamme couleur de sang. On amena auprès de ce cénotaphe un jeune homme dont Consuelo ne put voir les traits; un large bandeau couvrait la moitié de son visage; c'était un récipiendaire qui paraissait brisé de fatigue ou d'émotion. Il avait un bras et une jambe nus, ses mains étaient attachées derrière son dos, et sa rose blanche était tachée de sang. Une ligature au bras semblait indiquer qu'il venait d'être saigné en effet. Deux ombres agitaient autour de lui des torches de résine enflammée et répandaient sur son visage et sur sa poitrine des nuages de fumée et des tourbillons d'étincelles. Alors commença entre lui et ceux qui présidaient la cérémonie, et qui portaient des signes distinctifs de leurs dignités diverses, un dialogue bizarre qui rappela à Consuelo celui que Cagliostro lui avait fait entendre à Berlin, entre Albert et des personnages inconnus. Puis, des spectres armés de glaives, et qu'elle entendit appeler les *Frères terribles*, couchèrent le récipiendaire sur les dalles, et appuyèrent sur son cœur la pointe de leurs armes, tandis que plusieurs autres commencèrent, à grand cliquetis d'épées, un combat acharné, les uns prétendant empêcher l'admission du nouvau frère, le traitant de pervers, d'indigne et de traître, tandis que les autres disaient combattre pour lui au nom de la vérité et d'un droit acquis. Cette scène étrange émut Consuelo comme un rêve pénible. Cette lutte, ces menaces, ce culte magique, ces sanglots que de jeunes adolescents faisaient entendre autour du cercueil, étaient si bien simulés, qu'un spectateur non initié d'avance en eût été réellement épouvanté. Lorsque les *parrains* du récipiendaire l'eurent emporté dans la dispute et dans le combat contre les opposants, on le releva; on lui mit un poignard dans la main, et on lui ordonna de marcher devant lui, et de frapper quiconque s'opposerait à son entrée dans le temple.

Consuelo n'en vit pas davantage. Au moment où le nouvel initié se dirigeait, le bras levé, et dans une sorte de délire, vers une porte basse où on le poussait, les deux guides, qui n'avaient pas abandonné les bras de Consuelo, l'emmenèrent rapidement comme pour lui dérober la vue d'un spectacle affreux ; et, lui rabattant le capuchon sur le visage, ils la conduisirent par de nombreux détours, et parmi des décombres où elle trébucha plus d'une fois, dans un lieu où régnait le plus profond silence. Là, on lui rendit la lumière, et elle se vit dans la grande salle octogone où elle avait surpris précédemment l'entretien d'Albert et de Trenck. Toutes les ouvertures étaient, cette fois, fermées et voilées avec soin; les murs et le plafond étaient tendus de noir; des cierges brûlaient aussi en ce lieu, dans un ordre particulier, différent de celui de la chapelle. Un autel en forme de calvaire, et surmonté de trois croix, masquait la grande cheminée. Un tombeau sur lequel étaient déposés un marteau, des clous, une

lance et une couronne d'épines se dressait au milieu de
la salle. Des personnages vêtus de noir et masqués
étaient agenouillés ou assis à l'entour sur des tapis
semés de larmes d'argent; ils ne pleuraient ni ne gémissaient; leur attitude était celle d'une méditation austère,
ou d'une douleur muette et profonde.

Les guides de Consuelo la firent approcher jusque auprès du cercueil, et les hommes qui le gardaient s'étant
levés et rangés à l'autre extrémité, l'un d'eux lui parla
ainsi :

« Consuelo, tu viens de voir la cérémonie d'une réception maçonnique. Tu as vu, là comme ici, un culte
inconnu, des signes mystérieux, des images funèbres,
des pontifes initiateurs, un cercueil. Qu'as-tu compris à
cette scène simulée, à ces épreuves effrayantes pour le
récipiendaire, aux paroles qui lui ont été adressées, et à
ces manifestations de respect, d'amour et de douleur
autour d'une tombe illustre?

— J'ignore si j'ai bien compris, répondit Consuelo.
Cette scène me troublait; cette cérémonie me semblait
barbare. Je plaignais ce récipiendaire, dont le courage
et la vertu étaient soumis à des épreuves toutes matérielles, comme s'il suffisait du courage physique pour
être initié à l'œuvre du courage moral. Je blâme ce que
j'ai vu, et déplore ces jeux cruels d'un sombre fanatisme,
ou ces expériences puériles d'une foi tout extérieure et
idolâtrique. J'ai entendu proposer des énigmes obscures,
et l'explication qu'en a donnée le récipiendaire m'a paru
dictée par un catéchisme méfiant ou grossier. Cependant
cette tombe sanglante, cette victime immolée, cet antique
mythe d'Hiram, architecte divin assassiné par les travailleurs jaloux et cupides, ce mot sacré perdu pendant
des siècles, et promis à l'initié comme la clef magique
qui doit lui ouvrir le temple, tout cela ne me paraît pas

un symbole sans grandeur et sans intérêt; mais pourquoi la fable est-elle si mal tissue ou d'une interprétation si captieuse?

— Qu'entends-tu par là? As-tu bien écouté ce récit que tu traites de fable?

— Voici ce que j'ai entendu et ce qu'auparavant j'avais appris dans les livres qu'on m'a ordonné de méditer durant ma retraite : Hiram, conducteur des travaux du temple de Salomon, avait divisé les ouvriers par catégories. Ils avaient un salaire différent, des droits inégaux. Trois ambitieux de la plus basse catégorie résolurent de participer au salaire réservé à la classe rivale, et d'arracher à Hiram le mot d'ordre, la formule secrète qui lui servait à distinguer les compagnons des maîtres, à l'heure solennelle de la répartition. Ils le guettèrent dans le temple où il était resté seul après cette cérémonie, et se postant à chacune des trois issues du saint lieu, ils l'empêchèrent de sortir, le menacèrent, le frappèrent cruellement et l'assassinèrent sans avoir pu lui arracher son secret, le mot fatal qui devait les rendre égaux à lui et à ses privilégiés. Puis ils emportèrent son cadavre et l'ensevelirent sous des décombres; et depuis ce jour, les fidèles adeptes du temple, les amis d'Hiram pleurent son destin funeste, cherchant sa parole sacrée, et rendant des honneurs presque divins à sa mémoire.

— Et maintenant, comment expliques-tu ce mythe?

— Je l'ai médité avant de venir ici, et voici comment je le comprends. Hiram, c'est l'intelligence froide et l'habileté gouvernementale des antiques sociétés; elles reposent sur l'inégalité des conditions, sur le régime des castes. Cette fable égyptienne convenait au despotisme mystérieux des hiérophantes. Les trois ambitieux, c'est l'indignation, la révolte et la vengeance; ce sont peut-être les trois castes inférieures à la caste sacerdotale qui essaient de prendre leurs droits par la violence. Hiram assassiné, c'est le despotisme qui a perdu son prestige et sa force, et qui est descendu au tombeau emportant avec lui le secret de dominer les hommes par l'aveuglement et la superstition.

— Est-ce ainsi, véritablement, que tu interpréterais ce mythe ?

— J'ai lu dans vos livres qu'il avait été apporté d'Orient par les templiers, et qu'ils l'avaient fait servir à leurs initiations. Ils devaient donc l'interpréter à peu près ainsi; mais en baptisant *Hiram*, la théocratie, et les *assassins*, l'impiété, l'anarchie et la férocité, les templiers, qui voulaient asservir la société à une sorte de despotisme monacal, pleuraient sur leur impuissance personnifiée par l'anéantissement d'Hiram. Le mot perdu et retrouvé de leur empire, c'était celui d'association ou de ruse, quelque chose comme la cité antique, ou le temple d'Osiris. Voilà pourquoi je m'étonne de voir cette fable servir encore pour vos initiations à l'œuvre de la délivrance universelle. Je voudrais croire qu'elle n'est proposée à vos adeptes que comme une épreuve de leur intelligence et de leur courage.

— Eh bien, nous qui n'avons point inventé ces formes de la maçonnerie, et qui ne nous en servons effectivement que comme d'épreuves morales, nous qui sommes plus que compagnons et maîtres dans cette science symbolique, puisque, après avoir traversé tous les grades maçonniques, nous sommes arrivés à n'être plus maçons comme on l'entend dans les rangs vulgaires de cet ordre; nous t'adjurons de nous expliquer le mythe d'Hiram comme tu l'entends, afin que nous portions sur ton zèle, ton intelligence et ta foi le jugement qui t'arrêtera ici à la porte du véritable temple, ou qui te livrera l'entrée du sanctuaire.

— Vous me demandez le mot d'Hiram, *la parole perdue*. Ce n'est point celle qui m'ouvrira les portes du temple; car ce mot, c'est tyrannie ou mensonge. Mais je sais les mots véritables, les noms des trois portes de l'édifice divin par lesquels les destructeurs d'Hiram entrèrent pour forcer ce chef à s'ensevelir sous les débris de son œuvre; c'est liberté, fraternité, égalité.

— Consuelo, ton interprétation, exacte ou non, nous révèle le fond de ton cœur. Sois donc dispensée de t'agenouiller jamais sur la tombe d'Hiram. Tu ne passeras pas non plus par le grade où le néophyte se prosterne sur le simulacre des cendres de Jacques Molay, le grand maître et la grande victime du temple, des moines-soldats et des prélats-chevaliers du moyen âge. Tu sortirais victorieuse de cette seconde épreuve comme de la première. Tu discernerais les traces mensongères d'une barbarie fanatique, nécessaires encore aujourd'hui comme formules de garantie à des esprits imbus du principe d'inégalité. Rappelle-toi donc bien que les francs-maçons des premiers grades n'aspirent, pour la plupart, qu'à construire un temple profane, un abri mystérieux pour une association élevée à l'état de caste. Tu comprends autrement, et tu vas marcher droit au temple universel qui doit recevoir tous les hommes confondus dans un même culte, dans un même amour. Cependant tu dois faire ici une dernière station, et te prosterner devant ce tombeau. Tu dois adorer le Christ et reconnaître en lui le seul vrai Dieu.

— Vous dites cela pour m'éprouver encore, répondit Consuelo avec fermeté : mais vous avez daigné m'ouvrir les yeux à de hautes vérités, en m'apprenant à lire dans vos livres secrets. Le Christ est un homme divin que nous révérons comme le plus grand philosophe et le plus grand saint des temps antiques. Nous l'adorons autant qu'il est permis d'adorer le meilleur et le plus grand des maîtres et des martyrs. Nous pouvons bien l'appeler le sauveur des hommes, en ce sens qu'il a enseigné à ceux de son temps des vérités qu'ils n'avaient fait qu'entrevoir, et qui devaient faire entrer l'humanité dans une phase nouvelle de lumière et de sainteté. Nous pouvons bien nous agenouiller auprès de sa cendre, pour remercier Dieu de nous avoir suscité un tel prophète, un tel exemple, un tel ami ; mais nous adorons Dieu en lui, et nous ne commettons pas le crime d'idolâtrie. Nous distinguons la divinité de la révélation de celle du révélateur. Je consens donc à rendre à ces emblèmes d'un supplice à jamais illustre et sublime, l'hommage d'une pieuse reconnaissance et d'un enthousiasme filial ; mais je ne crois pas que le dernier mot de la révélation ait été compris et proclamé par les hommes au temps de Jésus, car il ne l'a pas encore été officiellement sur la terre. J'attends de la sagesse et de la foi de ses disciples, de la continuation de son œuvre durant dix-sept siècles, une vérité plus pratique, une application plus complète de la parole sainte et de la doctrine fraternelle. J'attends le développement de l'Évangile, j'attends quelque chose de plus que l'égalité devant Dieu, je l'attends et je l'invoque parmi les hommes.

— Tes paroles sont audacieuses et tes doctrines sont grosses de périls. Y as-tu bien songé dans la solitude? As-tu prévu les malheurs que ta foi nouvelle amassait d'avance sur ta tête ? Connais-tu le monde et tes propres forces? Sais-tu que nous sommes un contre cent mille dans les pays les plus civilisés du globe? Sais-tu qu'au temps où nous vivons, entre ceux qui rendent au sublime révélateur Jésus un culte injurieux et grossier, et ceux, presque aussi nombreux désormais, qui nient sa mission et jusqu'à son existence, entre les idolâtres et les athées, il n'y a place pour nous au soleil qu'au milieu des persécutions, des railleries, de la haine et des mépris de l'espèce humaine? Sais-tu qu'en France, à l'heure qu'il est, on proscrit presque également Rousseau et Voltaire, le philosophe religieux et le philosophe incrédule? Sais-tu, chose plus effrayante et plus inouïe! que, du fond de leur exil, ils se proscrivent l'un l'autre? Sais-tu que tu vas retourner dans un monde où tout conspirera pour ébranler ta foi et pour corrompre tes pensées? Sais-tu enfin qu'il faudra exercer ton apostolat à travers les périls, les doutes, les déceptions et les souffrances?

— J'y suis résolue, répondit Consuelo en baissant les yeux et en posant la main sur son cœur : Dieu me soit en aide!

— Eh bien, ma fille, dit Marcus, qui tenait toujours Consuelo par la main, tu vas être soumise par nous à quelques souffrances morales, non pour éprouver ta foi, dont nous ne saurions douter maintenant, mais pour la fortifier. Ce n'est pas dans le calme du repos, ni dans les plaisirs de ce monde, c'est dans la douleur et les larmes que la foi grandit et s'exalte. Te sens-tu le courage d'affronter de pénibles émotions et peut-être de violentes terreurs?

— S'il le faut, et si mon âme doit en profiter, je me soumets à votre volonté, » répondit Consuelo légèrement oppressée.

Aussitôt les Invisibles se mirent à enlever les tapis et les flambeaux qui entouraient le cercueil. Le cercueil fut roulé dans une des profondes embrasures de croisées, et plusieurs adeptes s'étant armés de barres de fer, se hâtèrent de lever une dalle ronde qui occupait le milieu de la salle. Consuelo vit alors une ouverture circulaire assez large pour le passage d'une personne, et dont la margelle de granit, noircie et usée par le temps, était incontestablement aussi ancienne que les autres détails de l'architecture de la tour. On apporta une longue échelle, et on la plongea dans le vide ténébreux de l'ouverture. Puis Marcus, amenant Consuelo à l'entrée, lui demanda par trois fois, d'un ton solennel, si elle se sentait la force de descendre seule dans les souterrains de la grande tour féodale.

« Écoutez, mes pères ou mes frères, car j'ignore comment je dois vous appeler..., répondit Consuelo...

— Appelle-les tes frères, reprit Marcus, tu es ici parmi les Invisibles, tes égaux en grade, si tu persévères encore une heure. Tu vas leur dire adieu ici pour les retrouver dans une heure en présence du conseil des chefs suprêmes, de ceux dont on n'entend jamais la voix, dont on ne voit jamais le visage. Ceux-là, tu les appelleras tes pères. Ils sont les pontifes souverains, les chefs spirituels et temporels de notre temple. Nous paraîtrons devant eux et devant toi à visage découvert, si tu es bien décidée à venir nous rejoindre à la porte du sanctuaire, par ce chemin sombre et semé d'épouvante, qui s'ouvre ici sous tes pieds, où tu dois marcher seule et sans autre égide que celle de ton courage et de ta persévérance.

— J'y marcherai s'il le faut, répondit la néophyte tremblante ; mais cette épreuve, que vous m'annoncez si austère, est-elle donc inévitable? O mes frères, vous ne voulez pas, sans doute, jouer avec la raison déjà bien assez éprouvée d'une femme sans affectation et sans fausse vanité? Vous m'avez condamnée aujourd'hui à un long jeûne, et, bien que l'émotion fasse taire la faim depuis plusieurs heures, je me sens affaiblie physiquement ; j'ignore si je ne succomberai pas aux travaux que vous m'imposez. Peu m'importe, je vous le jure, que mon corps souffre et faiblisse, mais ne prendrez-vous pas pour une lâcheté morale ce qui ne sera qu'une défaillance de la matière ? Dites-moi que vous me pardonnerez si j'ai les nerfs d'une femme, pourvu que, revenue à moi-même, j'aie encore le cœur d'un homme.

— Pauvre enfant, répondit Marcus, j'aime mieux t'entendre avouer ta faiblesse que si tu cherchais à nous éblouir par une folle audace. Nous consentirons, si tu le veux, à te donner un guide, un seul, pour t'assister et te secourir au besoin dans ton pèlerinage. Mon frère, ajouta-t-il en s'adressant au chevalier Liverani, qui s'était tenu pendant tout ce dialogue auprès de la porte, les yeux fixés sur Consuelo, prends la main de ta sœur, et conduis-la par les souterrains au lieu du rendez-vous général.

— Et vous, mon frère, dit Consuelo éperdue, ne voulez-vous pas m'accompagner aussi ?

— Cela m'est impossible. Tu ne peux avoir qu'un guide, et celui que je te désigne est le seul qu'il me soit permis de te donner.

— J'aurai du courage, répondit Consuelo, en s'enveloppant de son manteau ; j'irai seule.

— Tu refuses le bras d'un frère et d'un ami ?

— Je ne refuse ni sa sympathie ni son intérêt ; mais j'irai seule.

— Va donc, noble fille, et ne crains rien. Celle qui est descendue seule dans la citerne *des pleurs*, à Riesenburg, celle qui a bravé tant de périls pour trouver la grotte cachée du Schreckenstein, saura facilement traverser les entrailles de notre pyramide. Va donc, comme les jeunes héros de l'antiquité, chercher l'initiation à travers les épreuves des mystères sacrés. Frères, présentez-lui la coupe, cette relique précieuse qu'un descendant de Ziska a apportée parmi nous, et dans laquelle nous consacrons l'auguste sacrement de la communion fraternelle. »

Liverani alla prendre sur l'autel un calice de bois grossièrement travaillé, et, l'ayant rempli, il le présenta à Consuelo avec un pain.

« Ma sœur, reprit Marcus, ce n'est pas seulement un vin doux et généreux et un pain de pur froment que nous t'offrons pour réparer tes forces physiques, c'est le corps et le sang de l'homme divin, tel qu'il l'entendait lui-même, c'est-à-dire le signe à la fois céleste et matériel de l'égalité fraternelle. Nos pères les martyrs de l'église taborite, pensaient que l'intervention des prêtres impies et sacrilèges ne valait pas, pour la consécration du sacrement auguste, les mains pures d'une femme ou d'un enfant. Communie donc avec nous ici, en attendant que tu t'asseyes au banquet du temple, où le grand mystère de la cène te sera révélé plus explicitement. Prends cette coupe, et bois la première. Si tu portes de la foi dans cet acte, quelques gouttes de ce breuvage seront pour ton corps un fortifiant souverain; et ton âme fervente emportera tout ton être sur des ailes de flamme. »

Consuelo ayant bu la première, tendit la coupe à Liverani qui la lui avait présentée; et quand celui-ci eut bu à son tour, il la fit passer à tous les frères. Marcus en ayant épuisé les dernières gouttes, bénit Consuelo et engagea l'assemblée à se recueillir et à prier pour elle; puis il présenta à la néophyte une petite lampe d'argent, et l'aida à mettre les pieds sur les premiers barreaux de l'échelle.

« Je n'ai pas besoin de vous dire, ajouta-t-il, qu'aucun danger ne menace vos jours; mais craignez pour votre âme; craignez de ne jamais arriver à la porte du temple, si vous avez le malheur de regarder une seule fois derrière vous en marchant. Vous aurez plusieurs stations à faire en divers endroits; vous devrez alors examiner tout ce qui s'offrira à vos regards; mais dès qu'une porte s'ouvrira devant vous, franchissez-la, et ne vous retournez pas. C'est, vous le savez, la prescription rigide des antiques initiations. Vous devez aussi, d'après les rites anciens, conserver soigneusement la flamme de votre lampe, emblème de votre foi et de votre zèle. Allez, ma fille, et que cette pensée vous donne un courage surhumain ; ce que vous êtes condamnée à souffrir maintenant est nécessaire au développement de votre esprit et de votre cœur dans la vertu et dans la foi véritable. »

Consuelo descendit les échelons avec précaution, et dès qu'elle eut atteint le dernier, on retira l'échelle, et elle entendit la lourde dalle retomber avec bruit et fermer l'entrée du souterrain au-dessus de sa tête.

XXXIX.

Dans les premiers instants, Consuelo, passant d'une salle où brillait l'éclat de cent flambeaux, dans un lieu qu'éclairait seule la lueur de sa petite lampe, ne distingua rien qu'un brouillard lumineux répandu autour d'elle, et que son regard ne pouvait percer. Mais peu à peu ses yeux s'accoutumèrent aux ténèbres, et comme elle ne vit rien d'effrayant entre elle et les parois d'une salle en tout semblable, pour l'étendue et la forme octogone, à celle dont elle sortait, elle se rassura au point d'aller examiner de près les étranges caractères qu'elle apercevait sur les murailles. C'était une seule et longue inscription disposée sur plusieurs lignes circulaires qui faisaient le tour de la salle, et que n'interrompait aucune ouverture. En faisant cette observation, Consuelo ne se demanda pas comment elle sortirait de ce cachot, mais quel pouvait avoir été l'usage d'une pareille construction. Des idées sinistres qu'elle repoussa d'abord lui vinrent à l'esprit; mais bientôt ces idées furent confirmées par la lecture de l'inscription qu'elle lut en marchant lentement et en promenant sa lampe à la hauteur des caractères.

« Contemple la beauté de ces murailles assises sur le roc, épaisses de vingt-quatre pieds, et debout depuis mille ans, sans que ni les assauts de la guerre, ni l'action du temps, ni les efforts de l'ouvrier aient pu les entamer! Ce chef-d'œuvre de maçonnerie architecturale a été élevé par les mains des esclaves, sans doute pour enfouir les trésors d'un maître magnifique. Oui! pour enfouir dans les entrailles du rocher, dans les profondeurs de la terre, des trésors de haine et de vengeance. Ici ont péri, ici ont souffert, ici ont pleuré, rugi et blasphémé vingt générations d'hommes, innocents pour la plupart, quelques-uns héroïques; tous victimés ou martyrs: des prisonniers de guerre, des serfs révoltés ou trop écrasés de taxes pour en payer de nouvelles, des novateurs religieux, des hérétiques sublimes, des infortunés, des vaincus, des fanatiques, des saints, des scélérats aussi, hommes dressés à la férocité des camps, à la loi de meurtre et de pillage, soumis à leur tour à d'horribles représailles. Voilà les catacombes de la féodalité, du despotisme militaire ou religieux. Voilà les demeures que les hommes puissants ont fait construire par des hommes asservis, pour étouffer les cris et cacher les cadavres de leurs frères vaincus et enchaînés. Ici, point d'air pour respirer, pas un rayon de jour, pas une pierre pour reposer sa tête; seulement des anneaux de fer scellés au mur pour passer le bout de la chaîne des prisonniers, et les empêcher de choisir une place pour reposer sur le sol humide et glacé. Ici, de l'air, du jour et de la nourriture quand il plaisait aux gardes postés dans la salle supérieure d'entr'ouvrir un instant le caveau, et de jeter un morceau de pain à des centaines de malheureux entassés les uns sur les autres, le lendemain d'une bataille, blessés ou meurtris pour la plupart; et, chose plus affreuse encore! quelquefois, un seul resté le dernier, et s'éteignant dans la souffrance et le désespoir au milieu des cadavres putréfiés de ses compagnons, quelquefois mangé des mêmes vers avant d'être mort tout à fait, et tombant en putréfaction lui-même avant que le sentiment de la vie et l'horreur de la réflexion fussent anéantis dans son cerveau. Voilà, ô néophyte, la source des grandeurs humaines, que tu as peut-être contemplées avec admiration et jalousie dans le monde des puissants! des crânes décharnés, des os humains brisés et desséchés, des larmes, des taches de sang, voilà ce que signifient les emblèmes de tes armoiries, si tes pères t'ont légué la tache du patriciat; voilà ce qu'il faudrait représenter sur les écussons des princes que tu as servis, ou que tu aspires à servir si tu es sorti de la plèbe. Oui, voilà le fondement des titres de noblesse, voilà la source des gloires et des richesses héréditaires de ce monde; voilà comment s'est élevée et conservée une caste que les autres castes redoutent, flattent et caressent encore. Voilà, voilà ce que les hommes ont inventé pour s'élever de père en fils au-dessus des autres hommes! »

Après avoir lu cette inscription en faisant trois fois le tour de la geôle, Consuelo, navrée de douleur et d'effroi, posa sa lampe à terre et se plia sur ses genoux pour se reposer. Un profond silence régnait dans ce lieu lugubre, et des réflexions épouvantables s'y éveillaient en foule. La vive imagination de Consuelo évoquait autour d'elle de sombres visions. Elle croyait voir des ombres livides et couvertes de plaies hideuses s'agiter autour des murailles, ou ramper sur la terre à ses côtés. Elle croyait entendre leurs gémissements lamentables, leur râle d'agonie, leurs faibles soupirs, le grincement de leurs chaînes. Elle ressuscitait dans sa pensée la vie du passé telle qu'elle devait être au moyen âge, telle qu'elle avait été encore naguère durant les guerres de religion. Elle croyait entendre au-dessus d'elle, dans la salle des gardes, le pas lourd et sinistre de ces hommes chaussés de fer ; le retentissement de leurs piques sur le pavé, leurs rires grossiers, leurs chants d'orgie ; leurs menaces et leurs jurons quand la plainte des victimes montait jusqu'à eux, et venait interrompre leur affreux sommeil : car ils avaient dormi, ces geôliers, ils avaient dû, ils avaient pu dormir sur cette geôle, sur cet abîme infect, d'où s'exhalaient les miasmes du tombeau et les rugissements de l'enfer. Pâle, les yeux fixes, et les cheveux dressés par l'épouvante, Consuelo ne voyait et n'entendait plus rien. Lorsqu'elle se rappela sa propre existence, et qu'elle se releva pour échapper au froid qui la gagnait, elle s'aperçut qu'une dalle du sol avait été déracinée et jetée en bas durant sa pénible extase, et qu'un chemin nouveau s'ouvrait devant elle. Elle en approcha, et vit un escalier étroit et rapide qu'elle descendit avec peine, et qui la conduisit dans une nouvelle cave, plus étroite et plus écrasée que la première. En touchant le sol, qui était doux et comme moelleux sous le pied, Consuelo baissa sa lampe pour regarder si elle ne s'enfonçait pas dans la vase. Elle ne vit qu'une poussière grise, plus fine que le sable le plus fin, et présentant çà et là pour accidents, en guise de cailloux, une côte rompue, une tête de fémur, un débris de crâne, une mâchoire encore garnie de dents blanches et solides, témoignage de la jeunesse et de la force brusquement brisées par une mort violente. Quelques squelettes presque entiers avaient été retirés de cette poussière, et dressés contre les murs. Il y en avait un parfaitement conservé, debout et enchaîné par le milieu du corps, comme s'il eût été condamné à périr là sans pouvoir se coucher. Son corps, au lieu de se courber et de tomber en avant, plié et disloqué, s'était roidi, ankylosé, et rejeté en arrière dans une attitude de fierté superbe et d'implacable dédain. Les ligaments de sa charpente et de ses membres s'étaient ossifiés. Sa tête, renversée, semblait regarder la voûte, et ses dents, serrées par une dernière contraction des mâchoires, paraissaient rire d'un rire terrible, ou d'un élan de fanatisme sublime. Au-dessus de lui, son nom et son histoire étaient écrits en gros caractères rouges sur la muraille. C'était un obscur martyr de la persécution religieuse, et la dernière des victimes immolées dans ce lieu. A ses pieds était agenouillé un squelette dont la tête, détachée des vertèbres, gisait sur le pavé, mais dont les bras roidis tenaient encore embrassés les genoux du martyr : c'était sa femme. L'inscription portait, entre autres détails :

« N*** a péri ici avec sa femme, ses trois frères et ses deux enfants, pour n'avoir pas voulu abjurer la foi de Luther, et pour avoir persisté, jusque dans les tortures, à nier l'infaillibilité du pape. Il est mort debout et desséché, pétrifié en quelque sorte, et sans pouvoir regarder à ses pieds sa famille agonisante sur la cendre de ses amis et de ses pères. »

En face de cette inscription, on lisait celle-ci :

« Néophyte, le sol friable que tu foules est épais de vingt pieds. Ce n'est ni du sable, ni de la terre, c'est de la poussière humaine. Ce lieu était l'ossuaire du château. C'est ici qu'on jetait ceux qui avaient expiré dans la geôle placée au-dessus, quand il n'y avait plus de place pour les nouveaux venus. C'est la cendre de vingt générations de victimes. Heureux et rares, les patriciens qui peuvent compter parmi leurs ancêtres vingt générations d'assassins et de bourreaux! »

Consuelo fut moins épouvantée de l'aspect de ces objets funèbres qu'elle ne l'avait été dans la geôle par les suggestions de son propre esprit. Il y a quelque chose de trop grave et de trop solennel dans l'aspect de la mort même, pour que les faiblesses de la peur et les déchirements de la pitié puissent obscurcir l'enthousiasme ou la sérénité des âmes fortes et croyantes. En présence de ces reliques la noble adepte de la religion d'Albert sentit plus de respect et de charité que d'effroi ou de consternation. Elle se mit à genoux devant la dépouille du martyr, et, sentant revenir ses forces morales, elle s'écria en baisant cette main décharnée :

« Oh! ce n'est pas l'auguste spectacle d'une glorieuse destruction qui peut faire horreur ou pitié! c'est plutôt l'idée de la vie en lutte avec les tourments de l'agonie. C'est la pensée de ce qui a dû se passer dans ces âmes désolées, qui remplit d'amertume et de terreur la pensée des vivants! Mais toi, malheureuse victime, morte debout, et la tête tournée vers le ciel, tu n'es point à plaindre, car tu n'as point faibli, et ton âme s'est exhalée dans un transport de ferveur qui me remplit de vénération. »

Consuelo se leva lentement et détacha avec une sorte de calme son voile de mariée qui s'était accroché aux ossements de la femme agenouillée à ses côtés. Une porte étroite et basse venait de s'ouvrir devant elle. Elle reprit sa lampe, et, soigneuse de ne pas se retourner, elle entra dans un couloir étroit et sombre qui descendait en pente rapide. A sa droite et à sa gauche elle vit l'entrée de geôles étouffées sous la masse d'une architecture vraiment sépulcrale. Ces cachots étaient trop bas pour qu'on pût s'y tenir debout, et à peine assez longs pour que l'on pût s'y tenir couché. Ils semblaient l'œuvre des cyclopes, tant ils étaient fortement construits et ménagés avec art dans les massifs de la maçonnerie, comme pour servir de loges à quelques animaux farouches et dangereux. Mais Consuelo ne pouvait s'y tromper : elle avait vu les arènes de Vérone ; elle savait que les tigres et les ours réservés jadis aux amusements du cirque, aux combats de gladiateurs, étaient mieux logés mille fois. D'ailleurs, elle lisait sur les portes de fer, que ces cachots inexpugnables avaient été réservés aux princes vaincus, aux vaillants capitaines, aux prisonniers les plus importants et les plus redoutables par leur rang, leur intelligence ou leur énergie. Des précautions si formidables contre leur évasion témoignaient de l'amour ou du respect qu'ils avaient inspiré à leurs partisans. Voilà où était venu s'éteindre le rugissement de ces lions qui avaient fait tressaillir le monde à leur appel. Leur puissance et leur volonté s'étaient brisées contre un angle de mur; leur poitrine herculéenne s'était desséchée à chercher l'aspiration d'un peu d'air, auprès d'une fente imperceptible, taillée en biseau dans vingt pieds de moellons. Leur regard d'aigle s'était usé à guetter une faible lueur dans d'éternelles ténèbres. C'est là qu'on enterrait vivants les hommes qu'on n'osait pas tuer au jour. Des têtes illustres, des cœurs magnanimes avaient expié là l'exercice, et sans doute aussi l'abus des droits de la force.

Après avoir erré quelque temps dans ces galeries obscures et humides qui s'enfonçaient sous le roc, Consuelo entendit un bruit d'eau courante qui lui rap-

pela le redoutable torrent souterrain de Riesenburg;
mais elle était trop préoccupée des malheurs et des
crimes de l'humanité, pour songer longtemps à elle-
même. Elle fut forcée de s'arrêter un peu pour faire le
tour d'un puisard à fleur de terre qu'une torche éclairait. Au-dessous de la torche elle lut sur un poteau ce
peu de mots, qui n'avaient pas besoin de commentaires:
« C'est là qu'on les noyait! »

Consuelo se pencha pour regarder l'intérieur du puits.
L'eau du ruisseau sur lequel elle avait navigué si paisi-
blement il n'y avait qu'une heure, s'engouffrait là dans
une profondeur effrayante, et tournoyait en rugissant,
comme avide de saisir et d'entraîner une victime. La
lueur rouge de la torche de résine donnait à cette onde
sinistre la couleur du sang.

Enfin Consuelo arriva devant une porte massive
qu'elle essaya vainement d'ébranler. Elle se demanda
si, comme dans les initiations des pyramides d'Égypte,
elle allait être enlevée dans les airs par des chaînes invisibles, tandis qu'un gouffre s'ouvrirait sous ses pieds
et qu'un vent subit et violent éteindrait sa lampe. Une
autre frayeur l'agitait plus sérieusement; depuis qu'elle
marchait dans la galerie, elle s'était aperçue qu'elle
n'était pas seule; quelqu'un marchait sur ses pas avec
tant de légèreté qu'elle n'entendait pas le moindre
bruit; mais elle croyait avoir senti le frôlement d'un
vêtement auprès du sien, et lorsqu'elle avait dépassé
le puits, la lueur de la torche, en se trouvant derrière
elle, avait envoyé aux parois du mur qu'elle suivait,
deux ombres vacillantes au lieu d'une seule. Quel était
donc ce redoutable compagnon qu'il lui était défendu de
regarder, sous peine de perdre le fruit de tous ses travaux, et de ne jamais franchir le seuil du temple?
Était-ce quelque spectre effrayant dont la laideur eût

glacé son courage et troublé sa raison? Elle ne voyait plus son ombre, mais elle s'imaginait entendre le bruit de sa respiration tout près d'elle; et cette porte fatale qui ne voulait pas s'ouvrir! Les deux ou trois minutes qui s'écoulèrent dans cette attente lui parurent un siècle. Ce muet acolyte lui faisait peur; elle craignait qu'il ne voulût l'éprouver en lui parlant, en la forçant par quelque ruse à le regarder. Son cœur battait avec violence; enfin elle vit qu'il lui restait une inscription à lire au-dessus de la porte.

« C'est ici que t'attend la dernière épreuve, et c'est la plus cruelle. Si ton courage est épuisé, frappe deux coups au battant gauche de cette porte; sinon, frappes-en trois au battant de droite. Songe que la gloire de ton initiation sera proportionnée à tes efforts. »

Consuelo n'hésita pas et frappa les trois coups à droite. Le battant de la porte s'ouvrit comme de lui-même, et elle pénétra dans une vaste salle éclairée de nombreux flambeaux. Il n'y avait personne, et d'abord elle ne comprit rien aux objets bizarres rangés et alignés symétriquement autour d'elle. C'étaient des machines de bois, de fer et de bronze dont l'usage lui était inconnu; des armes étranges, étalées sur des tables ou pendues à la muraille. Un instant elle se crut dans un musée d'artillerie; car il y avait en effet des mousquets, des canons, des couleuvrines, et tout un attirail de machines de guerre servant de premier plan aux autres instruments. On s'était plu à réunir là tous les moyens de destruction inventés par les hommes pour s'immoler entre eux. Mais lorsque la néophyte eut fait quelques pas en avant à travers cet arsenal, elle vit d'autres objets d'une barbarie plus raffinée, des chevalets, des roues, des scies, des cuves de fonte, des poulies, des crocs, tout un musée d'instruments de torture; et sur un grand écriteau dressé au milieu et surmontant un trophée formé de masses, de tenailles, de ciseaux, de limes, de haches dentelées, et de tous les abominables outils du tourmenteur, on lisait : « Ils sont tous fort précieux, tous authentiques ; *ils ont tous servi.* »

Alors Consuelo sentit défaillir tout son être. Une sueur froide détrempait les tresses de ses cheveux. Son cœur ne battait plus. Incapable de se soustraire à l'horreur de ce spectacle et des visions sanglantes qui l'assaillaient en foule, elle examinait ce qui était devant elle avec cette curiosité stupide et funeste qui s'empare de nous dans l'excès de l'épouvante. Au lieu de fermer les yeux, elle contemplait une sorte de cloche de bronze qui avait une tête monstrueuse et un casque rond posés sur un gros corps informe, sans jambes et tronqué à la hauteur des genoux. Cela ressemblait à une statue colossale, d'un travail grossier, destiné à orner un tombeau. Peu à peu Consuelo, sortant de sa torpeur, comprit, par une intuition involontaire, qu'on mettait le patient accroupi sous cette cloche. Le poids en était si terrible, qu'il ne pouvait, par aucun effort humain, la soulever. La dimension intérieure était si juste, qu'il ne pouvait y faire un mouvement. Cependant ce n'était pas avec le dessein de l'étouffer qu'on le mettait là, car la visière du casque rabattue à l'endroit du visage, et tout le pourtour de la tête étaient percés de petits trous dans quelques-uns desquels étaient encore plantés des stylets effilés. A l'aide de ces cruelles piqûres on tourmentait la victime pour lui arracher l'aveu de son crime réel ou imaginaire, la délation contre ses parents ou ses amis, la confession de sa foi politique ou religieuse [1]. Sur le sommet du

1. Tout le monde peut voir un instrument de ce genre avec cent autres non moins ingénieux dans l'arsenal de Venise. Consuelo ne l'y avait pas vu : ces horribles instruments de torture, ainsi que l'intérieur des ca-

casque, on lisait, en caractères incisés dans le métal, ces mots en langue espagnole :

Vive la sainte inquisition !

Et au-dessous, une prière qui semblait dictee par une compassion féroce, mais qui était peut-être sortie du cœur et de la main du pauvre ouvrier condamné à fabriquer cette infâme machine :

Sainte mère de Dieu, priez pour le pauvre pécheur !

Une touffe de cheveux, arrachée dans les tourments, et sans doute collée par le sang, était restée au-dessous de cette prière, comme des stigmates effrayants et indélébiles. Ils sortaient par un des trous, qu'avait élargi le stylet. C'étaient des cheveux blancs !

Tout à coup, Consuelo ne vit plus rien et cessa de souffrir. Sans être avertie par aucun sentiment de douleur physique, car son âme et son corps n'existaient plus que dans le corps et l'âme de l'humanité violentée et mutilée, elle tomba droite et raide sur le pavé comme une statue qui se détacherait de son piédestal ; mais au moment où sa tête allait frapper le bronze de l'infernale machine, elle fut reçue dans les bras d'un homme qu'elle ne vit pas. C'était Liverani.

XL.

En reprenant connaissance, Consuelo se vit assise sur des tapis de pourpre, qui recouvraient les degrés de marbre blanc d'un élégant péristyle corinthien. Deux

---

chots du saint office et des plombs du palais ducal, n'ont été livrés à l'examen du public, à l'intérieur, qu'à l'entrée des Français à Venise, lors des guerres de la république.

hommes masqués en qui elle reconnut, à la couleur de leurs manteaux, Liverani et celui qu'avec raison elle pensait devoir être Marcus, la soutenaient dans leurs bras, et la ranimaient de leurs soins. Une quarantaine d'autres personnages, enveloppés et masqués, les mêmes qu'elle avait vus autour du simulacre du cercueil de Jésus, étaient rangés sur deux files, le long des degrés, et chantaient en chœur un hymne solennel, dans une langue inconnue, en agitant des couronnes de roses, des palmes et des rameaux de fleurs. Les colonnes étaient ornées de guirlandes, qui s'entre-croisaient en festons, comme un arc de triomphe, au-devant de la porte fermée du temple et au-dessus de Consuelo. La lune, brillant au zénith, de tout son éclat, éclairait seule cette façade blanche ; et au dehors, tout autour de ce sanctuaire, de vieux ifs, des cyprès et des pins, formaient un impénétrable bosquet, semblable à un bois sacré, sous lequel murmurait une onde mystérieuse, aux reflets argentés.

« Ma sœur, dit Marcus, en aidant Consuelo à se lever, vous êtes sortie victorieuse de vos épreuves. Ne rougissez pas d'avoir souffert et faibli physiquement sous le poids de la douleur. Votre généreux cœur s'est brisé d'indignation et de pitié devant les témoignages palpables des crimes et des maux de l'humanité. Si vous fussiez arrivée ici debout et sans aide, nous aurions moins de respect pour vous qu'en vous y apportant mourante et navrée. Vous avez vu les cryptes d'un château seigneurial, non pas d'un lieu particulier, célèbre entre tous par les crimes dont il a été le théâtre, mais semblable à tous ceux dont les ruines couvrent une grande partie de l'Europe, débris effrayants du vaste réseau à l'aide duquel la puissance féodale enveloppa, durant tant de siècles, le monde civilisé, et fit peser sur les hommes le crime de sa domination farouche et l'horreur des guerres civiles. Ces hideuses demeures, ces sauvages forteresses ont nécessairement servi de repaire à tous les forfaits que l'humanité a dû voir s'accomplir, avant d'arriver, par les guerres de religion, par le travail des sectes émancipatrices, et par le martyre de l'élite des hommes, à la notion de la vérité. Parcourez l'Allemagne, la France, l'Italie, l'Angleterre, l'Espagne, les pays slaves : vous ne trouverez pas une vallée, vous ne gravirez pas une montagne sans apercevoir au-dessus de vous les ruines imposantes de quelque terrible manoir, ou tout au moins sans découvrir à vos pieds, dans l'herbe, quelque vestige de fortification. Ce sont là les traces ensanglantées du droit de conquête, exercé par la caste patricienne sur les castes asservies. Et si vous explorez toutes ces ruines, si vous fouillez le sol qui les a dévorées, et qui travaille sans cesse à les faire disparaître, vous trouverez, dans toutes, les vestiges de ce que vous venez de voir ici : une geôle, un caveau pour le trop-plein des morts, des loges étroites et fétides pour les prisonniers d'importance, un coin pour assassiner sans bruit ; et, au sommet de quelque vieille tour, ou dans les profondeurs de quelque souterrain, un chevalet pour les serfs récalcitrants et les soldats réfractaires, une potence pour les déserteurs, des chaudières pour les hérétiques. Combien ont péri dans la poix bouillante, combien ont disparu sous les flots, combien ont été enterrés vivants dans les mines! Ah! si les murs des châteaux, si les flots des lacs et des fleuves, si les antres des rochers pouvaient parler et raconter tout ce qu'ils ont vu et enfoui d'iniquités! Le nombre en est trop considérable pour que l'histoire ait pu en enregistrer le détail!

« Mais ce ne sont pas les seigneurs seuls, ce n'est pas la race patricienne exclusivement qui a rougi la terre de tant de sang innocent. Les rois et les prêtres, les trônes et l'Église, voilà les grandes sources d'iniquités, voilà les forces vives de la destruction. Un soin austère, une sombre mais forte pensée a rassemblé dans une des salles de notre antique manoir une partie des instruments de torture inventés par la haine du fort contre le faible. La description n'en serait pas croyable, la vue peut à peine les comprendre, la pensée se refuse à les admettre. Et cependant ils ont fonctionné durant des siècles, ces hideux appareils, dans les châteaux royaux, comme dans les citadelles des petits princes, mais surtout dans les cachots du saint office; que dis-je? ils y fonctionnent encore, quoique plus rarement. L'inquisition subsiste encore, torture encore; et, en France, le plus civilisé de tous les pays, il y a encore des parlements de province qui brûlent de prétendus sorciers.

« D'ailleurs la tyrannie est-elle donc renversée? Les rois et les princes ne ravagent-ils plus la terre? La guerre ne porte-t-elle pas la désolation dans les opulentes cités, comme dans la chaumière du pauvre, au moindre caprice du moindre souverain? La servitude n'est-elle pas encore en vigueur dans une moitié de l'Europe? Les troupes ne sont-elles pas soumises encore presque partout au régime du fouet et du bâton? Les plus beaux et les plus braves soldats du monde, les soldats prussiens, ne sont-ils pas dressés comme des animaux à coups de verge et de canne? Le knout ne mène-t-il pas les serfs russes? Les nègres ne sont-ils pas plus maltraités en Amérique que les chiens et les chevaux? Si les forteresses des vieux barons sont démantelées et converties en demeures inoffensives, celles des rois ne sont-elles pas encore debout? Ne servent-elles pas de prisons aux innocents plus souvent qu'aux coupables? Et toi, ma sœur, toi la plus douce et la plus noble des femmes, n'as-tu pas été captive à Spandaw?

12.

« Nous te savions généreuse, nous comptions sur ton esprit de justice et de charité ; mais te voyant destinée, comme une partie de ceux qui sont ici, à retourner dans le monde, à fréquenter les cours, à approcher de la personne des souverains, à être, toi particulièrement, l'objet de leurs séductions, nous avons dû te mettre en garde contre l'enivrement de cette vie d'éclat et de dangers ; nous avons dû ne pas t'épargner les enseignements, même les plus terribles. Nous avons parlé à ton esprit par la solitude à laquelle nous t'avons condamnée et par les livres que nous avons mis entre tes mains ; nous avons parlé à ton cœur par des paroles paternelles et des exhortations tour à tour sévères et tendres ; nous avons parlé à tes yeux par des épreuves plus douloureuses et d'un sens plus profond que celles des antiques mystères. Maintenant, si tu persistes à recevoir l'initiation, tu peux te présenter sans crainte devant ces juges incorruptibles, mais paternels, que tu connais déjà, et qui t'attendent ici pour te couronner ou pour te rendre la liberté de nous quitter à jamais. »

En parlant ainsi, Marcus, élevant le bras, désignait à Consuelo la porte du temple, au-dessus de laquelle les trois mots sacramentels, *liberté, égalité, fraternité*, venaient de s'allumer en lettres de feu.

Consuelo, affaiblie et brisée physiquement, ne vivait plus que par l'esprit. Elle n'avait pu écouter debout le discours de Marcus. Forcée de se rasseoir sur le fût d'une colonne, elle s'appuyait sur Liverani, mais sans le voir, sans songer à lui. Elle n'avait pourtant pas perdu une seule parole de l'initiateur. Pâle comme un spectre, l'œil fixe et la voix éteinte, elle n'avait pas l'air égaré qui succède aux crises nerveuses. Une exaltation concentrée remplissait sa poitrine, dont la faible respiration n'était plus appréciable pour Liverani. Ses yeux noirs, que la fatigue et la souffrance enfonçaient un peu sous les orbites, brillaient d'un feu sombre. Un léger pli à son front trahissait une résolution inébranlable, la première de sa vie. Sa beauté en cet instant fit peur à ceux des assistants qui l'avaient vue ailleurs invariablement douce et bienveillante. Liverani devint tremblant comme la feuille de jasmin que la brise de la nuit agitait au front de son amante. Elle se leva avec plus de force qu'il ne s'y serait attendu ; mais aussitôt ses genoux faiblirent, et pour monter les degrés, elle se laissa presque porter par lui, sans que l'étreinte de ses bras, qui l'avait tant émue, sans que le voisinage de ce cœur qui avait embrasé le sien, vinssent la distraire un instant de sa méditation intérieure. Il mit entre sa main et celle de Consuelo la croix d'argent, ce talisman qui lui donnait des droits sur elle, et qui lui servait à se faire reconnaître. Consuelo ne parut reconnaître ni le gage ni la main qui le présentait. La sienne était contractée par la souffrance. C'était une pression mécanique, comme lorsqu'on saisit une branche pour se retenir au bord d'un abîme : mais le sang du cœur n'arrivait pas jusqu'à cette main glacée.

« Marcus ! dit Liverani à voix basse, au moment où celui-ci passa près de lui pour aller frapper à la porte du temple, ne nous quittez pas. L'épreuve a été trop forte. J'ai peur !

— Elle t'aime ! répondit Marcus.

— Oui, mais elle va peut-être mourir ! » reprit Liverani en frissonnant.

Marcus frappa trois coups à la porte, qui s'ouvrit et se referma aussitôt qu'il fut entré avec Consuelo et Liverani. Les autres frères restèrent sous le péristyle, en attendant qu'on les introduisît pour la cérémonie de l'initiation ; car, entre cette initiation et les dernières épreuves, il y avait toujours un entretien secret entre les chefs Invisibles et le récipiendaire.

L'intérieur du kiosque en forme de temple, qui servait à ces initiations au château de ***, était magnifiquement orné, et décoré, entre chaque colonne, des statues des plus grands amis de l'humanité. Celle de Jésus-Christ y était placée au milieu de l'amphithéâtre, entre celles de Pythagore et de Platon. Apollonius de Thyane était à côté de saint Jean, Abailard auprès de saint Bernard, Jean Huss et Jérôme de Prague à côté de sainte Catherine et de Jeanne d'Arc. Mais Consuelo ne s'arrêta pas à considérer les objets extérieurs. Toute renfermée en elle-même, elle revit sans surprise et sans émotion ces mêmes juges qui avaient sondé son cœur si profondément. Elle ne sentait plus aucun trouble en la présence de ces hommes, quels qu'ils fussent, et elle attendait leur sentence avec un grand calme apparent.

« Frère introducteur, dit à Marcus le huitième personnage, qui, assis au-dessous des sept juges, portait toujours la parole pour eux, quelle personne nous amenez-vous ici? Quel est son nom?

— Consuelo Porporina, répondit Marcus.

— Ce n'est pas là ce qu'on vous demande, mon frère, répondit Consuelo; ne voyez-vous pas que je me présente ici en habit de mariée, et non en costume de veuve? Annoncez la comtesse Albert de Rudolstadt.

— Ma fille, dit le frère orateur, je vous parle au nom du conseil. Vous ne portez plus le nom que vous invoquez; votre mariage avec le comte de Rudolstadt est rompu.

— De quel droit? et en vertu de quelle autorité? demanda Consuelo d'une voix brève et forte comme dans la fièvre. Je ne reconnais aucun pouvoir théocratique. Vous m'avez appris vous-mêmes à ne vous reconnaître sur moi d'autres droits que ceux que je vous aurai librement donnés, et à ne me soumettre qu'à une autorité paternelle. La vôtre ne le serait pas si elle brisait mon mariage sans l'assentiment de mon époux et sans le mien. Ce droit, ni lui ni moi ne vous l'avons donné.

— Tu te trompes, ma fille: Albert nous a donné le droit de disposer de son sort et du tien ; et toi-même tu nous l'as donné aussi en nous ouvrant ton cœur, et en nous confessant ton amour pour un autre.

— Je ne vous ai rien confessé, répondit Consuelo, et je renie l'aveu que vous voulez m'arracher.

— Introduisez la sibylle, » dit l'orateur à Marcus.

Une femme de haute taille, toute drapée de blanc, et la figure cachée sous son voile, entra et s'assit au milieu du demi-cercle formé par les juges. A son tremblement nerveux, Consuelo reconnut facilement Wanda.

« Parle, prêtresse de la vérité, dit l'orateur; parle, interprète et révélatrice des plus intimes secrets, des plus délicats mouvements du cœur. Cette femme est-elle l'épouse d'Albert de Rudolstadt?

— Elle est son épouse fidèle et respectable, répondit Wanda; mais, dans ce moment, vous devez prononcer son divorce. Vous voyez bien, par qui elle est amenée ici ; vous voyez bien que celui de nos enfants dont elle tient la main, est l'homme qu'elle aime et à qui elle doit appartenir, en vertu du droit imprescriptible de l'amour dans le mariage. »

Consuelo se retourna avec surprise vers Liverani, et regarda sa propre main, qui était engourdie et comme morte dans la sienne. Elle semblait être sous la puissance d'un rêve et faire des efforts pour se réveiller. Elle se détacha enfin avec énergie de cette étreinte, et regardant le creux de sa main, elle y vit l'empreinte de la croix de sa mère.

« C'est donc là l'homme que j'ai aimé! dit-elle, avec le sourire mélancolique d'une sainte ingénuité. Eh bien, oui! je l'ai aimé tendrement, éperdument; mais c'était un rêve! J'ai cru qu'Albert n'était plus, et vous me disiez que celui-ci était digne de mon estime et de ma confiance. Puis j'ai revu Albert; j'ai cru comprendre, à son langage, qu'il ne voulait plus être mon époux, et je ne me suis pas défendue d'aimer cet inconnu dont les lettres et les soins m'enivraient d'un fol attrait. Mais on m'a dit qu'Albert m'aimait toujours, et qu'il renonçait à moi par vertu et par générosité. Et pourquoi donc Albert s'est-il persuadé que je resterais au-dessous de lui dans le dévouement? Qu'ai-je fait de criminel jusqu'ici, pour que l'on me croie capable de briser son âme en acceptant un bonheur égoïste? Non, je ne me souillerai jamais d'un pareil crime. Si Albert me croit indigne de lui pour avoir eu un autre amour que le sien dans le cœur; s'il se fait un scrupule de briser cet amour, et qu'il ne désire pas m'en inspirer un plus grand, je me soumettrai à son arrêt; j'accepterai la sentence de ce divorce contre lequel pourtant mon cœur et ma conscience se révoltent; mais je ne serai ni l'épouse ni l'amante d'un autre. Adieu, Liverani, ou qui que vous soyez, à qui j'ai confié la croix de ma mère dans un jour d'abandon qui ne me laisse ni honte ni remords. Rendez-moi ce gage, afin qu'il n'y ait plus rien entre nous qu'un souvenir d'estime réciproque et le sentiment d'un devoir accompli sans amertume et sans effort.

— Nous ne reconnaissons pas une pareille morale, tu le sais, reprit la sibylle; nous n'acceptons pas de tels sacrifices; nous voulons inaugurer et sanctifier l'amour, perdu et profané dans le monde, le libre choix du cœur, l'union sainte et volontaire de deux êtres également épris. Nous avons sur nos enfants le droit de redresser la conscience, de remettre les fautes, d'assortir les sympathies, de briser les entraves de l'ancienne société. Tu n'as donc pas celui de disposer de ton être pour le sacrifice, tu ne peux pas étouffer l'amour dans ton sein et renier la vérité de ta confession, sans que nous t'y ayons autorisée.

— Que me parlez-vous de liberté, que me parlez-vous d'amour et de bonheur? s'écria Consuelo en faisant un pas vers les juges avec une explosion d'enthousiasme et un rayonnement de physionomie sublime. Ne venez-vous pas de me faire traverser des épreuves qui doivent laisser sur le front une éternelle pâleur, et dans l'âme une invincible austérité? Quel être insensible et lâche me croyez-vous, si vous me jugez encore capable de rêver et de chercher des satisfactions personnelles après ce que j'ai vu, après ce que j'ai compris, après ce que je sais désormais de la vie des hommes, et de mes devoirs en ce monde? Non, non! plus d'amour, plus d'hyménée, plus de liberté, plus de bonheur, plus de gloire, plus d'art, plus rien pour moi, si je dois faire souffrir le dernier d'entre mes semblables! Et n'est-il pas prouvé que toute joie s'achète dans ce monde d'aujourd'hui au prix de la joie de quelque autre? N'y a-t-il pas quelque chose de mieux à faire que de se contenter soi-même? Albert ne pense-t-il pas ainsi, et n'ai-je pas le droit de penser comme lui? N'espère-t-il pas trouver, dans son sacrifice même, la force de travailler pour l'humanité avec plus d'ardeur et d'intelligence que jamais? Laissez-moi être aussi grande qu'Albert. Laissez-moi fuir la menteuse et criminelle illusion du bonheur. Donnez-moi du travail, de la fatigue, de la douleur et de l'enthousiasme! Je ne comprends plus la joie que dans la souffrance; j'ai soif du martyre depuis que vous m'avez fait voir imprudemment les trophées du supplice. Oh! honte à ceux qui ont compris le devoir, et qui se soucient encore d'avoir en partage le bonheur ou le repos sur la terre! Il s'agit bien de nous, il s'agit bien de moi! Oh! Liverani! si vous m'aimez d'amour après avoir subi les épreuves qui m'amènent ici, vous êtes insensé, vous n'êtes qu'un enfant indigne du nom d'homme, indigne à coup sûr que je vous sacrifie l'affection héroïque d'Albert. Et toi, Albert, si tu es ici, si tu m'entends, tu ne devrais pas refuser du moins de m'appeler ta sœur, de me tendre la main et de m'aider à marcher dans le rude sentier qui te mène à Dieu. »

L'enthousiasme de Consuelo était porté au comble ; les paroles ne lui suffisaient plus pour l'exprimer. Une sorte de vertige s'empara d'elle, et, ainsi qu'il arrivait aux pythonisses, dans le paroxysme de leurs crises divines, de se livrer à des cris et à d'étranges fureurs, elle fut entraînée à manifester l'émotion qui la débordait par l'expression qui lui était la plus naturelle. Elle se mit à chanter d'une voix éclatante et dans un transport au moins égal à celui qu'elle avait éprouvé en chantant ce même air à Venise, en public pour la première fois de sa vie, et en présence de Marcello et de Porpora :

> I cieli immensi narrano
> Del grande Iddio la gloria!

Ce chant lui vint sur les lèvres parce qu'il est peut-être l'expression la plus naïve et la plus saisissante que la musique ait jamais donnée à l'enthousiasme religieux. Mais Consuelo n'avait pas le calme nécessaire pour contenir et diriger sa voix ; après ces deux vers, l'intonation devint un sanglot dans sa poitrine, elle fondit en pleurs et tomba sur ses genoux.

Les Invisibles, électrisés par sa ferveur, s'étaient levés simultanément, comme pour entendre debout, dans l'attitude du respect, ce chant de l'inspirée. Mais en la voyant succomber sous l'émotion, ils descendirent tous de l'enceinte et s'approchèrent d'elle, tandis que Wanda la saisissant dans ses bras et la jetant dans ceux de Liverani, lui cria :

« Eh bien ! regarde-le donc, et sache que Dieu t'accorde de pouvoir concilier l'amour et la vertu, le bonheur et le devoir. »

Consuelo, sourde pendant un instant, et comme ravie dans un autre monde, regarda enfin Liverani, dont Marcus venait d'arracher le masque. Elle fit un cri perçant et faillit expirer sur son sein en reconnaissant Albert. Albert et Liverani étaient le même homme.

XLI.

En ce moment les portes du temple s'ouvrirent en rendant un son métallique, et les Invisibles entrèrent deux à deux. La voix magique de l'harmonica, cet instrument récemment inventé[1], dont la vibration pénétrante était une merveille inconnue aux organes de Consuelo, se fit entendre dans les airs, et sembla descendre de la coupole entr'ouverte aux rayons de la lune et aux brises vivifiantes de la nuit. Une pluie de fleurs tombait lentement sur l'heureux couple placé au centre de cette marche solennelle. Wanda, debout auprès d'un

1. Tout le monde sait que l'harmonica fit une telle sensation en Allemagne à son apparition, que les imaginations poétiques voulurent y voir l'audition des voix surnaturelles, évoquées par les consécrateurs de certains mystères. Cet instrument, réputé magique avant de se populariser, fut élevé pendant quelque temps, par les adeptes de la théosophie allemande, aux mêmes honneurs divins que la lyre chez les anciens, et que beaucoup d'autres instruments de musique chez les peuples primitifs de l'Himalaya. Ils en firent une des figures hiéroglyphiques de leur iconogra-

trépied d'or, d'où sa main droite faisait jaillir des flammes éclatantes et des nuages de parfums, tenait de la main gauche les deux bouts d'une chaîne de fleurs et de feuillages symboliques qu'elle avait jetée autour des deux amants. Les chefs Invisibles, la face couverte de leurs longues draperies rouges, et la tête ceinte des mêmes feuillages de chêne et d'acacia consacrés par leurs rites, étaient debout, les bras étendus comme pour accueillir les frères, qui s'inclinaient en passant devant eux. Ces chefs avaient la majesté des druides antiques ; mais leurs mains pures de sang n'étaient ouvertes que pour bénir, et un religieux respect remplaçait dans le cœur des adeptes la terreur fanatique des religions du passé. A mesure que les initiés se présentaient devant le vénérable tribunal, ils ôtaient leurs masques pour saluer à visage découvert ces augustes inconnus, qui ne s'étaient jamais manifestés à eux que par des actes de clémente justice, d'amour paternel et de haute sagesse. Fidèles, sans regret et sans méfiance, à la religion du serment, ils ne cherchaient pas à lire d'un regard curieux sous ces voiles impénétrables. Sans doute leurs adeptes les connaissaient sans le savoir, ces mages d'une religion nouvelle, qui, mêlés à eux dans la société et dans le sein même de leurs assemblées, étaient les meilleurs amis, les plus intimes confidents de la plupart d'entre eux, de chacun d'eux peut-être en particulier.

---

phie mystérieuse. Ils le représentaient sous la forme d'une chimère fantastique. Les néophytes des sociétés secrètes, qui l'entendaient pour la première fois, après les terreurs et les émotions de leurs rudes épreuves, en étaient si fortement impressionnés, que plusieurs tombaient en extase. Ils croyaient entendre le chant des puissances invisibles, car on leur cachait l'exécutant et l'instrument avec le plus grand soin. Il y a des détails extrêmement curieux sur le rôle extraordinaire de l'harmonica dans les cérémonies de réception de l'illuminisme.

Mais, dans l'exercice de leur culte commun, la personne du prêtre était à jamais voilée, comme l'oracle des temps antiques.

Heureuse enfance des croyances naïves, aurore quasi fabuleuse des conspirations sacrées, que la nuit du mystère enveloppe, dans tous les temps, de poétiques incertitudes! Bien qu'un siècle à peine nous sépare de l'existence de ces Invisibles, elle est problématique pour l'historien; mais trente ans plus tard l'illuminisme reprit ces formes ignorées du vulgaire, et, puisant à la fois dans le génie inventif de ses chefs et dans la tradition des sociétés secrètes de la mystique Allemagne, il épouvanta le monde par la plus formidable et la plus savante des conjurations politiques et religieuses. Il ébranla un instant toutes les dynasties sur leurs trônes, et succomba à son tour, en léguant à la Révolution française comme un courant électrique d'enthousiasme sublime, de foi ardente et de fanatisme terrible. Un demi-siècle avant ces jours marqués par le destin, et tandis que la monarchie galante de Louis XV, le despotisme philosophique de Frédéric II, la royauté sceptique et railleuse de Voltaire, la diplomatie ambitieuse de Marie-Thérèse, et l'hérétique tolérance de Ganganelli, semblaient n'annoncer pour longtemps au monde que décrépitude, antagonisme, chaos et dissolution, la Révolution française fermentait à l'ombre et germait sous terre. Elle couvait dans des esprits croyants jusqu'au fanatisme, sous la forme d'un rêve de révolution universelle; et pendant que la débauche, l'hypocrisie ou l'incrédulité régnaient officiellement sur le monde, une foi sublime, une magnifique révélation de l'avenir, des plans d'organisation aussi profonds et plus savants peut-être que notre Fouriérisme et notre Saint-Simonisme d'aujourd'hui, réalisaient déjà dans quelques groupes d'hommes exceptionnels la conception idéale d'une société future, diamétralement opposée à celle qui couvre et cache encore leur action dans l'histoire.

Un tel contraste est un des traits les plus saisissants de ce dix-huitième siècle, trop rempli d'idées et de travail intellectuel de tous les genres, pour que la synthèse ait pu en être déjà faite avec clarté et profit par les historiens philosophiques de nos jours. C'est qu'il y a là un amas de documents contradictoires et de faits incompris, insaisissables au premier abord, sources troublées par le tumulte du siècle, et qu'il faudrait épurer patiemment pour en retrouver le fond solide. Beaucoup de travailleurs énergiques sont restés obscurs, emportant dans la tombe le secret de leur mission : tant de gloires éclatantes absorbaient alors l'attention des contemporains ! tant de brillants travaux accaparent encore aujourd'hui l'examen rétrospectif des critiques ! Mais peu à peu la lumière sortira de ce chaos ; et si notre siècle arrive à se résumer lui-même, il résumera aussi la vie de son père le dix-huitième siècle, ce logogriphe immense, cette brillante nébuleuse, où tant de lâcheté s'oppose à tant de grandeur, tant de savoir à tant d'ignorance, tant de barbarie à tant de civilisation, tant de lumière à tant d'erreur, tant de sérieux à tant d'ivresse, tant d'incrédulité à tant de foi, tant de pédantisme savant à tant de moquerie frivole, tant de superstition à tant de raison orgueilleuse : cette période de cent ans, qui vit les règnes de madame de Maintenon et de madame de Pompadour : Pierre le Grand, Catherine II, Marie-Thérèse et la Dubarry; Voltaire et Swédenborg, Kant et Mesmer, Jean-Jacques Rousseau et le cardinal Dubois, Shrœpfer et Diderot, Fénelon et Law, Zinzendorf et Leibnitz, Frédéric II et Robespierre, Louis XIV et Philippe-Égalité, Marie-Antoinette et Charlotte-Corday,

Weishaupt, Babeuf et Napoléon... laboratoire effrayant, où tant de formes hétérogènes ont été jetées dans le creuset, qu'elles ont vomi, dans leur monstrueuse ébullition, un torrent de fumée où nous marchons encore enveloppés de ténèbres et d'images confuses.

Consuelo pas plus qu'Albert, et les chefs Invisibles pas plus que leurs adeptes, ne portaient un regard bien lucide sur ce siècle, au sein duquel ils brûlaient de s'élancer avec l'espoir enthousiaste de le régénérer d'assaut. Ils se croyaient à la veille d'une république évangélique, comme les disciples de Jésus s'étaient crus à la veille du royaume de Dieu sur la terre, comme les Taborites de la Bohême s'étaient crus à la veille de l'état paradisiaque, comme plus tard la Convention française se crut à la veille d'une propagande victorieuse sur toute la face du globe. Mais, sans cette confiance insensée, où seraient les grands dévouements, et sans les grandes folies où seraient les grands résultats? Sans l'utopie du divin rêveur Jésus, où en serait la notion de la fraternité humaine? Sans les visions contagieuses de l'extatique Jeanne d'Arc, serions-nous encore Français? Sans les nobles chimères du dix-huitième siècle, aurions-nous conquis les premiers éléments de l'égalité? Cette mystérieuse révolution, que les sectes du passé avaient rêvée chacune pour son temps, et que les conspirateurs mystiques du siècle dernier avaient vaguement prédite cinquante ans d'avance, comme une ère de rénovation politique et religieuse, Voltaire et les calmes cerveaux philosophiques de son temps, et Frédéric II lui-même, le grand réalisateur de la force logique et froide, n'en prévoyaient ni les brusques orages, ni le soudain avortement. Les plus ardents, comme les plus sages, étaient loin de lire clairement dans l'avenir. Jean-Jacques Rousseau eût renié son œuvre, si la Montagne lui était apparue en rêve, surmontée de la guillotine; Albert de Rudolstadt serait redevenu subitement le fou léthargique du Schreckenstein, si ces gloires ensanglantées, suivies du despotisme de Napoléon, et la restauration de l'ancien régime, suivie du règne des plus vils intérêts matériels, lui eussent été révélées; lui qui croyait travailler à renverser, immédiatement et pour toujours, les échafauds et les prisons, les casernes et les couvents, les maisons d'agio et les citadelles!

Ils rêvaient donc, ces nobles enfants, et ils agissaient sur leur rêve de toute la puissance de leur âme. Ils n'étaient ni plus ni moins de leur siècle que les habiles politiques et les sages philosophes leurs contemporains. Ils ne voyaient ni plus ni moins qu'eux la vérité absolue de l'avenir, cette grande inconnue que nous revêtons chacun des attributs de notre propre puissance, et qui nous trompe tous, en même temps qu'elle nous confirme, lorsqu'elle apparaît à nos fils, vêtue des mille couleurs dont chacun de nous a préparé un lambeau pour sa toge impériale. Heureusement, chaque siècle la voit plus majestueuse, parce que chaque siècle produit plus de travailleurs pour son triomphe. Quant aux hommes qui voudraient déchirer sa pourpre et la couvrir d'un deuil éternel, ils ne peuvent rien contre elle, ils ne la comprennent pas. Esclaves de la réalité présente, ils ne savent pas que l'immortelle n'a point d'âge, et que qui ne la rêve pas telle qu'elle peut être demain ne la voit nullement telle qu'elle doit être aujourd'hui.

Albert, dans cet instant de joie suprême où les yeux de Consuelo s'attachaient enfin sur les siens avec ravissement; Albert, rajeuni de tout le bienfait de la santé, et embelli de toute l'ivresse du bonheur, se sentait investi de cette foi toute-puissante qui transporterait les montagnes, s'il y avait d'autres montagnes à porter dans ces moments-là que le fardeau de notre propre raison ébranlée par l'ivresse. Consuelo était enfin devant lui comme la Galatée de l'artiste chéri des dieux, s'éveillant en même temps à l'amour et à la vie. Muette et recueillie, la physionomie éclairée d'une auréole céleste, elle était complétement, incontestablement belle pour la première fois de sa vie, parce qu'elle existait en effet complétement et réellement pour la première fois. Une sérénité sublime brillait sur son front, et ses grands yeux s'humectaient de cette volupté de l'âme dont l'ivresse des sens n'est qu'un reflet affaibli. Elle n'était si belle que parce qu'elle ignorait ce qui se passait dans son cœur et sur son visage. Albert seul existait pour elle, ou plutôt elle n'existait plus qu'en lui, et lui seul lui semblait digne d'un immense respect et d'une admiration sans bornes. C'est qu'Albert aussi était transformé et comme enveloppé d'un rayonnement surnaturel en la contemplant. Elle retrouvait bien dans la profondeur de son regard toute la grandeur solennelle des nobles douleurs qu'il avait subies; mais ces amertumes du passé n'avaient laissé sur ses traits aucune trace de souffrance physique. Il avait sur le front la placidité du martyr ressuscité, qui voit la terre rougie de son sang fuir sous ses pieds, et le ciel des récompenses infinies s'ouvrir sur sa tête. Jamais artiste inspiré ne créa une plus noble figure de héros ou de saint, aux plus beaux jours de l'art antique ou de l'art chrétien.

Tous les Invisibles, frappés d'admiration à leur tour, s'arrêtèrent, après s'être formés en cercle autour d'eux, et restèrent quelques instants livrés au noble plaisir de contempler ce beau couple, si pur devant Dieu, si chastement heureux devant les hommes. Puis vingt voix mâles et généreuses chantèrent en chœur, sur un rhythme d'une largeur et d'une simplicité antiques : *O hymen! O hyménée!* La musique était du Porpora, à qui on avait envoyé les paroles, en lui demandant un chant d'épithalame pour un mariage illustre; et on l'avait dignement récompensé, sans qu'il sût de quelles mains venait le bienfait. Comme Mozart, à la veille d'expirer, devait trouver un jour sa plus sublime inspiration pour un *Requiem* mystérieusement commandé, le vieux Porpora avait retrouvé tout le génie de sa jeunesse pour écrire un chant d'hyménée, dont le mystère poétique avait réveillé son imagination. Dès les premières mesures, Consuelo reconnut le style de son maître chéri; et, se détachant avec effort des regards de son amant, elle se tourna vers les coryphées pour y chercher son père adoptif; mais son esprit seul était là. Parmi ceux qui s'en étaient faits les dignes interprètes, Consuelo reconnut plusieurs amis, Frédéric de Trenck, le Porporino, le jeune Benda, le comte Golowkin, Schubart, le chevalier d'Éon, qu'elle avait connu à Berlin, et dont, ainsi que toute l'Europe, elle ignorait le sexe véritable; le comte de Saint-Germain, le chancelier Coccei, époux de la Barberini, le libraire Nicolaï, Gottlieb, dont la belle voix dominait toutes les autres, enfin Marcus, qu'un mouvement de Wanda lui désigna énergiquement, et qu'un instinct sympathique lui avait fait reconnaître d'avance pour le guide qui l'avait présentée, et qui remplissait auprès d'elle les fonctions de parrain ou de père putatif. Tous les Invisibles avaient ouvert et rejeté sur leurs épaules les longues robes noires, à l'aspect lugubre. Un costume pourpre et blanc, élégant, simple, et rehaussé d'une chaîne d'or, qui portait les insignes de l'ordre, donnait à leur groupe un aspect de fête. Leur masque était passé autour de leur poignet, tout prêt à être remis sur le visage, au moindre signal du *veilleur* placé en sentinelle sur le dôme de l'édifice.

L'*orateur*, qui remplissait les fonctions d'intermédiaire entre les chefs Invisibles et les adeptes, se démasqua aussi, et vint féliciter les heureux époux. C'était le duc de***, ce riche prince qui avait voué sa fortune, son intelligence et zon zèle enthousiaste à l'œuvre des Invisibles. Il était l'hôte de leur réunion, et sa résidence était, depuis longtemps, l'asile de Wanda et d'Albert, cachés d'ailleurs à tous les yeux profanes. Cette résidence était aussi le chef-lieu principal des opérations du tribunal de l'ordre, quoiqu'il en existât plusieurs autres, et que les réunions un peu nombreuses n'y fussent qu'annuelles, durant quelques jours de l'été, à moins de cas extraordinaires. Initié à tous les secrets des chefs, le duc agissait pour eux et avec eux; mais il ne trahissait point leur incognito, et, assumant sur lui seul tous les dangers de l'entreprise, il était leur interprète et leur moyen visible de contact avec les membres de l'association.

Quand les nouveaux époux eurent échangé de douces démonstrations de joie et d'affection avec leurs frères, chacun reprit sa place, et le duc, redevenu le frère orateur, parla ainsi au couple couronné de fleurs et agenouillé devant l'autel :

« Enfants très-chers et très-aimés, au nom du vrai Dieu, toute puissance, tout amour et tout intelligence; et, après lui, au nom des trois vertus qui sont un reflet de la Divinité dans l'âme humaine : activité, charité et justice, qui se traduisent, dans l'application, par notre formule : *liberté, fraternité, égalité;* enfin, au nom du tribunal des Invisibles qui s'est voué au triple devoir du zèle, de la foi et de l'étude, c'est-à-dire à la triple recherche des vérités politiques, morales et divines : Albert Podiebrad, Consuelo Porporina, je prononce la ratification et la confirmation du mariage que vous avez déjà contracté devant Dieu et devant vos parents, et même devant un prêtre de la religion chrétienne, au château des Géants, le *** de l'année 175*. Ce mariage, valide devant les hommes, n'était pas valide devant Dieu. Il y manquait trois choses : 1° le dévouement absolu de l'épouse à vivre avec un époux qui paraissait toucher à son heure dernière ; 2° la sanction d'une autorité morale et religieuse reconnue et acceptée par l'époux ; 3° le consentement d'une personne ici présente, dont il ne m'est pas permis de prononcer le nom, mais qui tient de près à l'un des époux par les liens du sang. Si maintenant ces trois conditions sont remplies, et qu'aucun de vous n'ait rien à réclamer et à objecter..., unissez vos mains et levez-vous pour prendre le ciel à témoin de la liberté de votre acte et de la sainteté de votre amour. »

Wanda qui continuait à demeurer inconnue aux frères de l'ordre, prit les mains de ses deux enfants. Un même élan de tendresse et d'enthousiasme les fit lever tous les trois, comme s'ils n'eussent fait qu'un.

Les formules du mariage furent prononcées, et les rites simples et touchants du nouveau culte s'accomplirent dans le recueillement et la ferveur. Cet engagement d'un mutuel amour ne fut pas un acte isolé au milieu de spectateurs indifférents, étrangers au lien moral qui se contractait. Ils furent tous appelés à sanctionner cette consécration religieuse de deux êtres liés à eux par une foi commune. Ils étendirent les bras sur les époux pour les bénir, puis ils se prirent tous ensemble par les mains et formèrent une enceinte vivante, une chaîne d'amour fraternel et d'association religieuse autour d'eux, en prononçant le serment de les assister, de les protéger, de défendre leur honneur et leurs jours, de soutenir leur existence au besoin, de les ramener au bien par tous leurs efforts s'ils venaient à faiblir dans la rude carrière de la vertu, de les préserver autant que possible de la persécution et des séductions du dehors, dans toutes les occasions, dans toutes les rencontres; enfin, de les aimer aussi saintement, aussi cordialement, aussi sérieusement que s'ils étaient unis à eux par le nom et par le sang. Le beau Trenck prononça cette formule pour tous les autres dans des termes éloquents et simples; puis il ajouta en s'adressant à l'époux :

« Albert, l'usage profane et criminel de la vieille société, dont nous nous séparons en secret pour l'amener à nous un jour, veut que le mari impose la fidélité à sa femme au nom d'une autorité humiliante et despotique. Si elle succombe, il faut qu'il tue son rival; il a même le droit de tuer son épouse : cela s'appelle laver dans le sang la tache faite à l'honneur. Aussi, dans ce vieux monde aveugle et corrompu, tout homme est l'ennemi naturel de ce bonheur et de cet honneur si sauvagement gardés. L'ami, le frère même, s'arroge le droit de ravir à l'ami et au frère l'amour de sa compagne; ou tout au moins on se donne le cruel et lâche plaisir d'exciter sa jalousie, de rendre sa surveillance ridicule, et de semer la méfiance et le trouble entre lui et l'objet de son amour. Ici, tu le sais, nous entendons mieux l'amitié, l'honneur et l'orgueil de la famille. Nous sommes frères devant Dieu, et celui de nous qui porterait sur la femme de son frère un regard audacieux et déloyal aurait déjà commis, à nos yeux, le crime d'inceste dans son cœur. »

Tous les frères, émus et entraînés, tirèrent leurs épées, et jurèrent de tourner cette arme contre eux-mêmes plutôt que de manquer au serment qu'ils venaient de prononcer par la bouche de Trenck.

Mais la sibylle, agitée d'un de ces transports enthousiastes qui lui donnaient tant d'ascendant sur leurs imaginations, et qui modifiaient souvent l'opinion et les décisions des chefs eux-mêmes, rompit le cercle en s'élançant au milieu. Son langage, toujours énergique et brûlant, subjuguait leurs assemblées ; sa grande taille, ses draperies flottantes sur son corps amaigri, son port majestueux, quoique chancelant, le tremblement convulsif de cette tête toujours voilée, et avec cela pourtant une sorte de grâce qui révélait l'existence passée de la beauté, ce charme si puissant chez la femme, qu'il subsiste encore après qu'il a disparu, et qu'il émeut encore l'âme alors qu'il ne peut plus émouvoir les sens ; enfin, jusqu'à sa voix éteinte qui prenait tout à coup, sous l'empire de l'exaltation, un éclat strident et bizarre, tout contribuait à en faire un être mystérieux, presque effrayant au premier abord, et bientôt investi d'une puissance persuasive et d'un irrésistible prestige.

Tous firent silence pour écouter la voix de l'inspirée. Consuelo fut émue de son attitude autant qu'eux, et plus qu'eux peut-être, parce qu'elle connaissait le secret de sa vie étrange. Elle se demanda, en frissonnant d'une terreur involontaire, si ce spectre échappé de la tombe appartenait réellement au monde et, si, après avoir exhalé son oracle, il n'allait pas s'évanouir dans les airs avec cette flamme du trépied qui le faisait paraître transparent et bleuâtre.

« Cachez-moi l'éclat de ces armes! s'écria la frémissante Wanda. Ce sont des serments impies, ceux qui prennent pour objet de leurs invocations des instruments de haine et de meurtre. Je sais bien que l'usage du vieux monde a attaché ce fer au flanc de tout homme réputé libre, comme une marque d'indépendance et de fierté ; je sais bien que, dans les idées que vous avez conservées malgré vous de cet ancien monde, l'épée est le symbole de l'honneur, et que vous croyez prendre des engagements sacrés quand vous avez juré par le fer comme les citoyens de la Rome primitive. Mais ici, c'est profaner un serment auguste. Jurez plutôt par la flamme de ce trépied : la flamme est le symbole de la vie, de la lumière et de l'amour divin. Mais vous faut-il donc encore des emblèmes et des signes visibles? Êtes-vous encore idolâtres, et les figures qui ornent ce temple représentent-elles pour vous autre chose que des idées? Ah! jurez plutôt par vos propres sentiments, par vos meilleurs instincts, par votre propre cœur; et si vous n'osez pas jurer par le Dieu vivant, par la vraie religion éternelle et sacrée, jurez par la sainte Humanité, par les glorieux élans de votre courage, par la chasteté de cette jeune femme et par l'amour de son époux. Jurez par le génie et par la beauté de Consuelo, que votre désir et même votre pensée ne profaneront jamais cette arche sainte de l'hyménée, cet autel invisible et mystique sur lequel la main des anges grave et enregistre le serment de l'amour...

« Savez-vous bien ce que c'est que l'amour? ajouta la sibylle après s'être recueillie un instant, et d'une voix qui devenait à chaque instant plus claire et plus pénétrante; si vous le saviez, ô vous! chefs vénérables de notre ordre et ministres de notre culte, vous ne feriez jamais prononcer devant vous cette formule d'un engagement éternel que Dieu seul peut ratifier, et qui, consacré par des hommes, est une sorte de profanation du plus divin de tous les mystères. Quelle force pouvez-vous donner à un engagement qui, par lui-même, est un miracle? Oui, l'abandon de deux volontés qui se confondent en une seule est un miracle; car toute âme est éternellement libre en vertu d'un droit divin. Et pourtant, lorsque deux âmes se donnent et s'enchaînent l'une à l'autre par l'amour, leur mutuelle possession devient aussi sacrée, aussi de droit divin que la liberté individuelle. Vous voyez bien qu'il y a là un miracle, et que Dieu s'en réserve à jamais le mystère, comme celui de la vie et de la mort. Vous allez demander à cet homme et à cette femme s'ils veulent s'appartenir exclusivement l'un à l'autre dans cette vie; et leur ferveur est telle qu'ils vous répondront : « Non pas seulement dans cette vie, mais dans l'éternité. » Dieu leur inspire donc, par le miracle de l'amour, bien plus de foi, bien plus de force, bien plus de vertu que vous ne sauriez et que vous n'oseriez leur en demander. Arrière donc les serments sacriléges et les lois grossières! Laissez-leur l'idéal, et ne les attachez pas à la réalité par les chaînes de la loi. Laissez à Dieu le soin de continuer le miracle. Préparez les âmes à ce que ce miracle s'accomplisse en elles, formez-les à l'idéal de l'amour; exhortez, instruisez, vantez et démontrez la gloire de la fidélité, sans laquelle il n'est point de force morale ni d'amour sublime. Mais n'intervenez pas, comme des prêtres catholiques, comme des magistrats du vieux monde, dans l'exécution du serment. Car, je vous le dis encore une fois, les hommes ne peuvent pas se porter garants ni se constituer gardiens de la perpétuité d'un miracle. Que savez-vous des secrets de l'Éternel! Sommes-nous déjà entrés dans ce temple de l'avenir, dans ce monde céleste où l'homme doit, nous dit-on, converser avec Dieu sous les ombrages sacrés, comme un ami avec son ami! La loi du mariage indissoluble est-elle donc émanée de la bouche du Seigneur? Ses desseins, à cet égard, sont-ils proclamés sur la terre? Et vous-mêmes, ô enfants des hommes, l'avez-vous promulguée, cette loi, d'un accord unanime? Les pontifes de Rome n'ont-ils jamais brisé l'union conjugale, eux qui se prétendent infaillibles? Sous prétexte de nullité dans de certains engagements, ces pontifes ont consacré de véritables divorces, dont l'histoire a consigné le scandale dans ses fastes. Et des sociétés chrétiennes, des sectes réformées, l'Église grecque, ont, à l'exemple du Mosaïsme et de toutes les anciennes religions, inauguré franchement dans notre monde moderne la loi du divorce. Que devient donc la sainteté et l'efficacité d'un serment fait à Dieu, quand il est avéré que les hommes pourront nous en délier un jour? Ah! ne touchez pas à l'amour par la profanation du mariage : vous ne réussiriez qu'à l'éteindre dans les cœurs purs! Consacrez l'union conjugale par des exhortations, par des prières, par une publicité qui la rende respectable, par de touchantes cérémonies; vous le devez, si vous êtes nos prêtres, c'est-à-dire nos amis, nos guides, nos conseils, nos consolateurs, nos lumières. Préparez les âmes à la sainteté d'un sacrement; et comme le père de famille cherche à établir ses enfants dans des conditions de bien-être, de dignité et de sécurité, occupez-vous assidûment, vous, nos pères spirituels, d'établir vos fils et vos filles dans des conditions favorables au développement de l'amour vrai, de la vertu, de la fidélité sublime. Et quand vous leur aurez fait subir des épreuves religieuses, au moyen desquelles vous pourrez reconnaître qu'il n'y a dans leur mutuelle recherche ni cupidité, ni vanité, ni enivrement frivole, ni aveuglement des sens dépourvu d'idéal; quand vous aurez pu vous convaincre qu'ils comprennent la grandeur de leur sentiment, la sainteté de leurs devoirs et la liberté de leur choix, alors permettez-leur de se donner l'un à l'autre, et de s'aliéner mutuellement leur inaliénable liberté. Que leur famille, et leurs amis, et la grande famille des fidèles, interviennent pour ratifier avec vous cette union que la solennité du sacrement doit rendre respectable. Mais faites bien attention à mes paroles : que le sacrement soit une permission religieuse, une autorisation paternelle et sociale, un encouragement et une exhortation à la perpétuité de l'engagement ; que ce ne soit jamais un commandement, une obligation, une loi avec des menaces et des châtiments, un esclavage imposé, avec du scandale, des prisons, et des chaînes en cas d'infraction. Autrement vous ne verrez jamais s'accomplir sur la terre le miracle dans son entier et dans sa durée. La Providence éternellement féconde, Dieu, dispensateur infatigable de la grâce, amènera toujours devant vous de jeunes couples fervents et naïfs, prêts à s'engager de bonne foi pour le temps et pour l'éternité. Mais votre loi anti-religieuse, et votre sacrement anti-humain, détruiront toujours en eux l'effet de la grâce. L'inégalité des droits conjugaux selon le sexe, impiété consacrée par les lois sociales, la différence des devoirs devant l'opinion, les fausses distinctions de l'honneur conjugal, et toutes les notions absurdes que le préjugé crée à la suite des mauvaises institutions, viendront toujours éteindre la foi et glacer l'enthousiasme des époux ; et les plus sincères, les mieux disposés à la fidélité seront les plus prompts à se contrister, à s'effrayer de la durée de l'engagement, et à se désenchanter l'un de l'autre. L'abjuration de la liberté individuelle est en effet contraire au vœu de la nature et au cri de la conscience quand les hommes s'en mêlent, parce qu'ils y apportent le joug de l'ignorance et de la brutalité : elle est conforme au vœu des nobles cœurs, et nécessaire aux instincts religieux des fortes volontés, quand c'est Dieu qui nous donne les moyens de lutter contre toutes les embûches que les hommes ont tendues autour du mariage pour en faire le tombeau de l'amour, du bonheur et de la vertu, pour en faire *une prostitution jurée,* comme disaient nos pères, les Lolhards, que vous connaissez bien et que vous invoquez souvent! Rendez donc à Dieu ce qui est de Dieu, et ôtez à César ce qui n'est point à César.

« Et vous, mes fils, dit-elle en revenant vers le centre du groupe, vous qui venez de jurer de ne point porter atteinte au lien conjugal, vous avez fait là un serment dont vous n'avez peut-être pas compris l'importance. Vous avez obéi à un élan généreux, et vous avez répondu d'enthousiasme à l'appel de l'honneur ; cela est digne de vous, disciples d'une foi victorieuse. Mais maintenant, sachez bien que vous avez fait là plus qu'un acte de vertu particulière. Vous avez consacré un principe sans lequel il n'y aura jamais de chasteté ni de fidélité conjugales possibles. Entrez donc dans l'esprit d'un tel serment, et reconnaissez qu'il n'y aura point de véritable vertu individuelle, tant que les membres de la société ne seront pas tous solidaires les uns des autres en fait de vertu.

« O amour, ô flamme sublime! si puissante et si fragile, si soudaine et si fugitive! éclair du ciel qui sembles devoir traverser notre vie et t'éteindre en nous avant sa fin, dans la crainte de nous consumer et de nous anéantir ! nous sentons bien tous que tu es le feu vivifiant émané de Dieu même, et que celui de nous qui pourrait te fixer dans son sein et t'y entretenir jusqu'à sa dernière heure toujours aussi ardent et aussi complet, celui-là serait le plus heureux et le plus grand parmi les hommes. Aussi les disciples de l'idéal chercheront-ils toujours à te préparer dans leurs âmes des sanctuaires où tu te plaises, afin que tu ne te hâtes pas de les abandonner pour remonter au ciel. Mais, hélas ! toi dont nous avons fait une vertu, une des bases de nos sociétés humaines pour t'honorer comme nous le désirions, tu n'as pourtant pas voulu te laisser enchaîner au gré de nos institutions, et tu es resté libre comme l'oiseau dans les airs, capricieux comme la flamme sur l'autel. Tu sembles te rire de nos serments, de nos contrats et de notre volonté même. Tu nous fuis, en dépit de tout ce que nous avons inventé pour t'immobiliser dans nos mœurs. Tu n'habites pas plus le harem gardé par de vigilantes sentinelles, que la famille chrétienne placée entre la menace du prêtre, la sentence du magistrat, et le joug de l'opinion. D'où vient donc ton inconstance et ton ingratitude, ô mystérieux prestige, ô amour cruellement symbolisé sous les traits d'un dieu enfant et aveugle? Quelle tendresse et quel mépris t'inspirent donc tour à tour ces âmes humaines que tu viens toutes embraser de tes feux, et que tu délaisses presque toutes, pour les laisser périr dans les angoisses du regret, du repentir, ou du dégoût plus affreux encore? D'où vient qu'on t'invoque à genoux sur toute la face de notre globe, qu'on t'exalte et qu'on te déifie, que les poëtes divins te chantent comme l'âme du monde, que les peuples barbares te sacrifient des victimes humaines en précipitant les veuves dans le bûcher des funérailles de l'époux, que les jeunes cœurs t'appellent dans leurs plus doux songes, et que les vieillards maudissent la vie quand tu les abandonnes à l'horreur de la solitude? D'où vient ce culte tantôt sublime, tantôt fanatique, que l'on te décerne depuis l'enfance dorée de l'Humanité jusqu'à notre âge de fer, si tu n'es qu'une chimère, le rêve d'un moment d'ivresse, l'erreur de l'imagination exaltée par le délire des sens? — Oh! c'est que tu n'es pas un instinct vulgaire, un simple besoin de l'animalité! Non, tu n'es pas l'aveugle enfant du paganisme; tu es le fils du vrai Dieu et l'élément même de la Divinité! Mais tu ne t'es encore révélé à nous qu'à travers les nuages de nos erreurs, et tu n'as pas voulu établir ta demeure parmi nous, parce que tu n'as pas voulu être profané. Tu reviendras, comme au temps fabuleux d'Astrée, comme dans les visions des poëtes, te fixer dans notre paradis terrestre, quand nous aurons mérité par des vertus sublimes la présence d'un hôte tel que toi. Oh! qu'alors le séjour de cette terre sera doux aux hommes, et qu'il fera bon d'y être né! quand nous serons tous frères et sœurs, quand les unions seront librement consenties et librement maintenues par la seule force qu'on puise en toi ; quand, au lieu de cette lutte effroyable, impossible, que la fidélité conjugale est obligée de soutenir contre les tentatives impies de la débauche, de la séduction hypocrite, de la violence effrénée, de la perfide amitié et de la dépravation savante, chaque époux ne trouvera autour de lui que de chastes sœurs, jalouses et délicates gardiennes de la félicité d'une sœur qu'elles lui auront donnée pour compagne, tandis que chaque épouse trouvera dans les autres hommes autant de frères de son époux, heureux et fiers de son bonheur, protecteurs-nés de son repos et de sa dignité! Alors la femme fidèle ne sera plus la fleur solitaire qui se cache pour garder le fragile trésor de son honneur, la victime souvent délaissée qui se consume dans la retraite et dans les larmes, impuissante à faire revivre dans le cœur de son bien-aimé la flamme qu'elle a conservée pure dans le sien. Alors le frère ne sera plus forcé de venger sa sœur, et de tuer celui qu'elle aime et qu'elle regrette, pour lui rendre un semblant de faux honneur ; alors la mère ne tremblera plus pour sa fille, alors la fille ne rougira plus de sa mère ; alors surtout l'époux ne sera plus ni soupçonneux ni despote ; l'épouse abjurera, de son côté, l'amertume de la victime ou la rancune de l'esclave. D'atroces souffrances, d'abominables injustices ne flétriront plus le riant et calme sanctuaire de la famille. L'amour pourra durer ; et qui sait alors ! peut-être un jour le prêtre et le magistrat, comptant avec raison sur le miracle permanent de l'amour, pourra-t-il consacrer au nom de Dieu même des unions indissolubles, avec autant de sagesse et de justice qu'il y porte aujourd'hui, à son insu, d'impiété et de folie.

« Mais ces jours de récompense ne sont pas encore venus. Ici, dans ce mystérieux temple où nous voici réunis, suivant le mot de l'Évangile, trois ou quatre au nom du Seigneur, nous ne pouvons que rêver et essayer la vertu entre nous. Ce monde extérieur qui nous condamnerait à l'exil, à la captivité ou à la mort, s'il pénétrait nos secrets, nous ne pouvons pas l'invoquer comme sanction de nos promesses et comme garant de nos institutions. N'imitons donc pas son ignorance et sa tyrannie. Consacrons l'amour conjugal de ces deux enfants, qui viennent nous demander la bénédiction de l'amour paternel et de l'amour fraternel, au nom du Dieu vivant, dispensateur de tous les amours. Autorisez-les à se promettre une éternelle fidélité ; mais n'inscrivez pas leurs serments sur un livre de mort, pour le leur rappeler ensuite par la terreur et la contrainte. Laissez Dieu en être le gardien ; c'est à eux de l'invoquer tous les jours de leur vie, pour qu'il entretienne en eux le feu sacré qu'il y a fait descendre. »

— C'est là où je t'attendais, ô sibylle inspirée ! s'écria Albert en recevant dans ses bras sa mère, épuisée d'avoir parlé si longtemps avec l'énergie de la conviction. J'attendais l'aveu de ce droit que tu m'accordes de tout promettre à celle que j'aime. Tu reconnais que c'est mon droit le plus cher et le plus sacré. Je lui promets donc, je lui jure de l'aimer uniquement et fidèlement toute ma vie, et j'en prends Dieu à témoin. Dis-moi, ô prophétesse de l'amour, que ce n'est pas là un blasphème.

— Tu es sous la puissance du miracle, répondit Wanda. Dieu bénit ton serment, puisque c'est lui qui t'inspire la foi de le prononcer. *Toujours* est le mot le plus passionné qui vienne aux lèvres des amants, dans l'extase de leurs plus divines joies. C'est un oracle qui s'échappe alors de leur sein. L'éternité est l'idéal de l'amour, comme c'est l'idéal de la foi. Jamais l'âme humaine n'arrive mieux au comble de sa puissance et de sa lucidité que dans l'enthousiasme d'un grand amour. Le *toujours* des amants est donc une révélation intérieure, une manifestation divine, qui doit jeter sa clarté souveraine et sa chaleur bienfaisante sur tous les instants de leur union. Malheur à quiconque profane cette formule sacrée! Il tombe de l'état de grâce dans l'état du péché : il éteint la foi, la lumière, la force et la vie dans son cœur.

— Et moi, dit Consuelo, je reçois ton serment, ô Albert! et je t'adjure d'accepter le mien. Je me sens, moi aussi, sous la puissance du miracle, et ce *toujours* de notre courte vie ne me semble rien au prix de l'éternité, pour laquelle je veux me promettre à toi.

— Sublime téméraire! dit Wanda avec un sourire d'enthousiasme qui sembla rayonner à travers son voile, demande à Dieu l'éternité avec celui que tu aimes, en récompense de ta fidélité envers lui dans cette courte vie.

— Oh! oui! s'écria Albert en élevant vers le ciel la main de sa femme enlacée dans la sienne; c'est là le but, l'espoir et la récompense! S'aimer grandement et ardemment dans cette phase de l'existence, pour obtenir de se retrouver et de s'unir encore dans les autres! Oh! je sens bien, moi, que ceci n'est pas le premier jour de notre union, que nous nous sommes déjà aimés, déjà possédés dans la vie antérieure. Tant de bonheur n'est pas un accident du hasard. C'est la main de Dieu qui nous rapproche et nous réunit comme les deux moitiés d'un seul être inséparable dans l'éternité. »

Après la célébration du mariage, et bien que la nuit fût fort avancée, on procéda aux cérémonies de l'initiation définitive de Consuelo à l'ordre des Invisibles ; et, ensuite, les membres du tribunal ayant disparu, on se répandit sous les ombrages du bois sacré, pour revenir bientôt s'asseoir autour du banquet de communion fraternelle. Le prince (*frère orateur*) le présida, et se chargea d'en expliquer à Consuelo les symboles profonds et touchants. Ce repas fut servi par de fidèles domestiques affiliés à un certain grade de l'ordre. Karl présenta Matteus à Consuelo, et elle vit enfin à découvert son honnête et douce figure ; mais elle remarqua avec admiration que ces estimables valets n'étaient point traités en inférieurs par leurs frères des autres grades. Aucune distinction ne régnait entre eux et les personnages éminents de l'ordre, quel que fût leur rang dans le monde. Les *frères servants*, comme on les appelait, remplissaient de bon gré et avec plaisir les fonctions d'échansons et de maîtres d'hôtel ; ils vaquaient à l'ordonnance de service, comme aides compétents dans l'art de préparer un festin, qu'ils considéraient d'ailleurs comme une cérémonie religieuse, comme une pâque eucharistique. Ils n'étaient donc pas plus abaissés par cette fonction que les lévites d'un temple présidant aux détails des sacrifices. Chaque fois qu'ils avaient garni la table, ils venaient s'y asseoir eux-mêmes, non à des places marquées à part et isolées des autres, mais dans des intervalles réservés pour eux parmi les convives. C'était à qui les appellerait, et se ferait un plaisir et un devoir de remplir leur coupe et leur assiette. Comme dans les banquets maçonniques, on ne portait jamais la coupe aux lèvres sans invoquer quelque noble idée, quelque généreux sentiment ou quelque auguste patronage. Mais les bruits cadencés, les gestes puérils des francs-maçons, le maillet, l'argot des toasts, et le vocabulaire des ustensiles, étaient exclus de ce festin à la fois expansif et grave. Les frères servants y gardaient un maintien respectueux sans bassesse et modeste sans contrainte. Karl fut assis pendant un service entre Albert et Consuelo. Cette dernière remarqua avec attendrissement, outre sa sobriété et sa bonne tenue, un progrès extraordinaire dans l'intelligence de ce brave paysan, éducable par le cœur, et initié à de saines notions religieuses et morales par une rapide et admirable éducation de sentiment.

« O mon ami! dit-elle à son époux, lorsque le déserteur eut changé de place et qu'Albert se rapprocha d'elle, voilà donc l'esclave battu de la milice prussienne, le bûcheron sauvage du Bœhmerwald, l'assassin de Frédéric le Grand! Des leçons éclairées et charitables ont su, en si peu de jours, en faire un homme sensé, pieux et juste, au lieu d'un bandit que la justice féroce des nations eût poussé au meurtre, et corrigé à l'aide du fouet et de la potence.

— Noble sœur, dit le prince placé en cet instant à la droite de Consuelo, vous aviez donné à Roswald de grandes leçons de religion et de clémence à ce cœur égaré par le désespoir, mais doué des plus nobles instincts. Son éducation a été ensuite rapide et facile; et quand nous avions quelque chose de bon à lui enseigner, il s'y confiait d'emblée en s'écriant : « C'est ce que me disait la *signora!* » Soyez certaine qu'il serait plus aisé qu'on ne le pense d'éclairer et de moraliser les hommes les plus rudes, si on le voulait bien. Relever leur condition, et leur inoculer l'estime d'eux-mêmes, en commençant par les estimer et les aimer, ne demande qu'une charité sincère et le respect de la dignité humaine. Vous voyez cependant que ces braves gens ne sont encore initiés qu'à des grades inférieurs : c'est que nous consultons la portée de leur intelligence et leurs progrès dans la vertu pour les admettre plus ou moins dans nos mystères. Le vieux Matteus a deux grades de plus que Karl ; et s'il ne dépasse pas celui qu'il occupe maintenant, ce sera parce que son esprit et son cœur n'auront pas pu aller plus loin. Aucune bassesse d'extraction, aucune humilité de condition sociale ne nous arrêteront jamais ; et vous voyez ici Gottlieb le cordonnier, le fils du geôlier de Spandaw, admis à un grade égal au vôtre, bien que dans ma maison il remplisse, par goût et par habitude, des fonctions subalternes. Sa vive imagination, son ardeur pour l'étude, son enthousiasme pour la vertu, en un mot la beauté incomparable de l'âme qui habite ce vilain corps, l'ont rendu bien vite digne d'être traité comme un égal et comme un frère dans l'intérieur du temple. Il n'y avait presque rien à donner en fait d'idées et de vertus à ce noble enfant. Il avait trop au contraire ; il fallait calmer en lui un excès d'exaltation, et le traiter des maladies morales et physiques qui l'eussent conduit à la folie. L'immoralité de son entourage et la perversité du monde officiel l'eussent irrité sans le corrompre ; mais nous seuls, armés de l'esprit de Jacques Bœhm et de la véritable explication de ses profonds symboles, nous pouvions le convaincre sans le désenchanter, et redresser les écarts de sa poésie mystique sans refroidir son zèle et sa foi. Vous devez remarquer que la cure de cette âme a réagi sur le corps, que sa santé est revenue comme par enchantement, et que sa bizarre figure est déjà transformée. »

Après le repas, on reprit les manteaux, et on se promena sur le revers adouci de la colline qu'ombrageait le bois sacré. Les ruines du vieux château réservé aux épreuves dominaient ce beau site, dont Consuelo reconnut peu à peu les sentiers, parcourus à la hâte durant une nuit d'orage peu de temps auparavant. La source abondante qui s'échappait d'une grotte rustiquement taillée dans le roc, et consacrée jadis à une dévotion superstitieuse, courait, en murmurant, parmi les bruyères, vers le fond du vallon, où elle formait le beau ruisseau que la captive du pavillon connaissait si bien. Des allées, naturellement couvertes d'un sable fin, argenté par la lune, se croisaient sous ces beaux ombrages, où les goupes errants se rencontraient, se mêlaient, et échangeaient de doux entretiens. De hautes barrières à claire-voie fermaient cet enclos, dont le kiosque vaste et riche passait pour un cabinet d'étude, retraite favorite du prince, et interdite aux oisifs et aux indiscrets. Les frères servants se promenaient aussi, par groupes, mais en suivant les barrières, et en faisant le guet pour avertir les *frères*, en cas d'approche d'un profane. Ce danger n'était pas très à redouter. Le duc paraissait s'occuper seulement des mystères maçonniques, comme en effet, il s'en occupait secondairement ; mais la franc-maçonnerie était tolérée dès lors par les lois et protégée par les princes qui y étaient ou qui s'y croyaient initiés. Personne ne soupçonnait l'importance des grades supérieurs, qui, de degré en degré, aboutissaient au tribunal des Invisibles.

D'ailleurs, en ce moment, la fête ostensible qui illuminait au loin la façade du palais ducal absorbait trop les nombreux hôtes du prince, pour qu'on songeât à quitter les brillantes salles et les nouveaux jardins pour les rochers et les ruines du vieux parc. La jeune margrave de Bareith, amie intime du duc, faisait pour lui les honneurs de la fête. Il avait feint une indisposition pour disparaître; et aussitôt après le banquet des Invisibles, il alla présider le souper de ses illustres hôtes du palais. En voyant briller bien loin ces lumières, Consuelo, appuyée sur le bras d'Albert, se ressouvint d'Anzoleto, et s'accusa naïvement, devant son époux qui le lui reprochait, d'un instant de cruauté et d'ironie envers le compagnon chéri de son enfance.

« Oui, c'était un mouvement coupable, lui dit-elle; mais j'étais bien malheureuse dans ce moment-là. J'étais résolue à me sacrifier au comte Albert; et les malicieux et cruels Invisibles me jetaient encore une fois dans les bras du dangereux Liverani. J'avais la mort dans l'âme. Je retrouvais avec délices celui dont il fallait se séparer avec désespoir, et Marcus voulait me distraire de ma souffrance en me faisant admirer le bel Anzoleto! Ah! je n'aurais jamais cru le revoir avec tant d'indifférence! Mais je m'imaginais être condamnée à l'épreuve de chanter avec lui, et j'étais prête à le haïr de m'enlever ainsi mon dernier instant, mon dernier rêve de bonheur. A présent, ô mon ami, je pourrai le revoir sans amertume, et le traiter avec indulgence. Le bonheur rend si bon et si clément! Puissé-je lui être utile un jour, et lui inspirer l'amour sérieux de l'art, sinon le goût de la vertu!

— Pourquoi en désespérer? dit Albert. Attendons-le dans un jour de malheur et d'abandon. Maintenant au milieu de ses triomphes, il serait sourd aux conseils de la sagesse. Mais qu'il perde sa voix et sa beauté, nous nous emparerons peut-être de son âme.

— Chargez-vous de cette conversion, Albert.

— Non pas sans vous, ma Consuelo.

— Vous ne craignez donc pas les souvenirs du passé?

— Non; je suis présomptueux au point de ne rien craindre. Je suis sous la puissance du miracle.

— Et moi aussi, Albert, je ne saurais douter de moi-même! Oh! vous avez bien raison d'être tranquille! »

Le jour commençait à poindre, et l'air pur du matin faisait monter mille senteurs exquises. On était dans les plus beaux jours de l'été. Les rossignols chantaient sous la feuillée, et se répondaient d'une colline à l'autre. Les groupes qui se formaient à chaque instant autour des deux époux, loin de leur être importuns, ajoutaient à leur pure ivresse les douceurs d'une amitié fraternelle, ou tout au moins des plus exquises sympathies. Tous les Invisibles présents à cette fête furent présentés à Consuelo, comme les membres de sa nouvelle famille. C'était l'élite des talents, des intelligences et des vertus de l'ordre : les uns illustres dans le monde du dehors, d'autres obscurs dans ce monde-là, mais illustres dans le temple par leurs travaux et leurs lumières. Plébéiens et patriciens étaient mêlés dans une tendre intimité. Consuelo dut apprendre leurs véritables noms et ceux plus poétiques qu'ils portaient dans le secret de leurs relations fraternelles : c'étaient Vesper, Ellops, Péon, Hylas, Euryale, Bellérophon, etc. Jamais elle ne s'était vue entourée d'un choix aussi nombreux d'âmes nobles et de caractères intéressants. Les récits qu'ils lui faisaient de leurs travaux de prosélytisme, des dangers qu'ils avaient affrontés et des résultats obtenus, la charmaient comme autant de poëmes dont elle n'aurait pas cru la réalité conciliable avec le train du monde insolent et corrompu qu'elle avait traversé. Ces témoignages d'amitié et d'estime qui allaient jusqu'à l'attendrissement et à l'effusion, et qui n'étaient pas entachés de la moindre banalité de galanterie, ni de la moindre insinuation de familiarité dangereuse, ce langage élevé, ce charme de relations où l'égalité et la fraternité étaient réalisées dans ce qu'elles peuvent avoir de plus sublime;

cette belle aube dorée qui se levait sur la vie en même temps que dans le ciel, tout cela fut comme un rêve divin dans l'existence de Consuelo et d'Albert. Enlacés au bras l'un de l'autre, ils ne songeaient pas à s'éloigner de leurs frères chéris. Une ivresse morale, douce et suave comme l'air du matin, remplissait leur poitrine et leur âme. L'amour dilatait trop leur sein pour le faire tressaillir. Trenck racontait les souffrances de sa captivité à Glatz, et les dangers de sa fuite. Comme Consuelo et Haydn dans le Bœhmerwald, il avait voyagé à travers la Pologne, mais par un froid rigoureux, couvert de haillons, avec un compagnon blessé, l'*aimable Shelles*, que ses mémoires nous ont peint depuis comme le plus gracieux des amis. Il avait joué du violon pour avoir du pain, et servi de ménétrier aux paysans, comme Consuelo sur les rives du Danube. Puis il lui parlait tout bas de la princesse Amélie, de son amour et de ses espérances. Pauvre jeune Trenck! l'épouvantable orage qui s'amassait sur sa tête, il ne le prévoyait pas plus que l'heureux couple, destiné à passer de ce beau songe d'une nuit d'été à une vie de combats, de déceptions et de souffrances!

Le Porporino chanta sous les cyprès un hymne admirable composé par Albert, à la mémoire des martyrs de leur cause; le jeune Benda l'accompagna sur son violon; Albert lui-même prit l'instrument, et ravit les auditeurs avec quelques notes. Consuelo ne put chanter, elle pleurait de joie et d'enthousiasme. Le comte de Saint-Germain raconta les entretiens de Jean Huss et de Jérôme de Prague avec tant de chaleur, d'éloquence et de vraisemblance, qu'en l'écoutant il était impossible de ne pas croire qu'il y eût assisté. Dans de telles heures d'émotion et de ravissement, la triste raison ne se défend pas des prestiges de la poésie. Le chevalier d'Éon peignit, en traits d'une finesse acérée et d'un goût enchanteur, les misères et les ridicules des plus illustres tyrans de l'Europe, et les vices des cours, et la faiblesse de cet échafaudage social qu'il semblait à l'enthousiasme si facile de faire plier sous son vol brûlant. Le comte Golowkin peignit délicieusement la grande âme et les naïfs travers de son ami Jean-Jacques Rousseau. Ce seigneur philosophe (on dirait aujourd'hui excentrique) avait une fille fort belle, qu'il élevait selon ses idées, et qui était à la fois Émile et Sophie, tantôt le plus beau des garçons, tantôt la plus charmante des filles. Il devait la présenter à l'initiation, et charger Consuelo de l'instruire. L'illustre Zinzendorf exposa l'organisation et les mœurs évangéliques de sa colonie de Moraves hernhuters. Il consultait Albert avec déférence sur plusieurs difficultés, et la sagesse semblait parler par la bouche d'Albert. C'est qu'il était inspiré par la présence et le doux regard de son amie. Il semblait un dieu à Consuelo. Il réunissait pour elle tous les prestiges : philosophe et artiste, martyr éprouvé, héros triomphant, grave comme un sage du Portique, beau comme un ange, enjoué parfois et naïf comme un enfant, comme un amant heureux, parfait enfin comme l'homme qu'on aime ! Consuelo avait cru mourir de fatigue et d'émotion en frappant à la porte du temple. Maintenant elle se sentait forte et animée comme au temps où elle jouait sur la grève de l'Adriatique dans toute la vigueur de l'adolescence, sous un soleil brûlant tempéré par la brise de mer. Il semblait que la vie dans toute sa puissance, le bonheur dans toute son intensité, se fussent emparés d'elle par toutes ses fibres, et qu'elle les aspirât par tous ses pores. Elle ne comptait pas les heures : elle eût voulu que cette nuit enchantée ne finît jamais. Pourquoi ne peut-on arrêter le soleil sous l'horizon, dans de certaines veillées où l'on se sent dans toute la plénitude de l'être, et où tous les rêves de l'enthousiasme semblent réalisés ou réalisables !

Enfin le ciel se teignit de pourpre et d'or ; une cloche argentine avertit les Invisibles que la nuit leur retirait ses voiles protecteurs. Ils chantèrent un dernier hymne au soleil levant, emblème du jour nouveau qu'ils rêvaient et préparaient pour le monde. Puis ils se firent de tendres adieux, se donnèrent rendez-vous, les uns à Paris, les autres à Londres, d'autres à Madrid, à Vienne, à Pétersbourg, à Varsovie, à Dresde, à Berlin. Tous s'engagèrent à se retrouver dans un an, à pareil jour, à la porte de ce temple béni, avec de nouveaux néophytes ou d'anciens frères maintenant absents. Puis ils croisèrent leurs manteaux pour cacher leurs élégants costumes, et se dispersèrent sans bruit sous les sentiers ombragés du parc.

Albert et Consuelo, guidés par Marcus, descendirent le ravin jusqu'au ruisseau ; Karl les reçut dans sa gondole fermée, et les conduisit au pavillon, sur le seuil duquel ils s'arrêtèrent un instant pour contempler la majesté de l'astre qui montait dans le ciel. Jusque-là Consuelo, en répondant aux discours passionnés d'Albert, lui avait toujours donné son nom véritable ; mais lorsqu'il l'arracha à la contemplation où elle semblait s'oublier, elle ne put que lui dire en appuyant son front brûlant sur son épaule :

« *O Liverani !* »

ÉPILOGUE.

Si nous avions pu nous procurer sur l'existence d'Albert et de Consuelo, après leur mariage, les documents fidèles et détaillés qui nous ont guidé jusqu'ici, nul doute que nous ne pussions fournir encore une longue carrière, en vous racontant leurs voyages et leurs aventures. Mais, ô lecteur persévérant, nous ne pouvons vous satisfaire; et vous, lecteur fatigué, nous ne vous demandons plus qu'un instant de patience. Ne nous en faites, l'un et l'autre, ni un reproche ni un mérite. La vérité est que les matériaux à l'aide desquels nous eussions pu, ainsi que nous l'avons fait jusqu'à présent, coordonner les événements de cette histoire, disparaissent, en grande partie, pour nous, à partir de la nuit romanesque qui vit bénir et consacrer l'union de nos deux héros, chez les Invisibles. Soit que les engagements contractés par eux, dans le Temple, les aient empêchés de se confier à l'amitié dans leurs lettres, soit que leurs amis, affiliés eux-mêmes aux mystères, aient, dans des temps de persécution, jugé prudent d'anéantir leur correspondance, nous ne les apercevons plus qu'à travers un nuage, sous le voile du Temple ou sous le masque des adeptes. Si nous nous en rapportions, sans examen, aux rares traces de leur existence qui nous apparaissent dans notre provision de manuscrits, nous nous égarerions souvent à les poursuivre; car des preuves contradictoires nous les montrent tous deux sur plusieurs points géographiques à la fois, ou suivant certaines directions diverses dans le même temps. Mais nous devinons aisément qu'ils donnèrent volontairement lieu à ces méprises, étant, tantôt voués à quelque entreprise secrète dirigée par les Invisibles, et tantôt forcés de se soustraire, à travers mille périls, à la police inquisitoriale des gouvernements. Ce que nous pouvons affirmer sur l'existence de cette âme en deux personnes qui s'appela Consuelo et Albert, c'est que leur amour tint ses promesses, mais que la destinée démentit cruellement celles qu'elle avait semblé leur faire durant ces heures d'ivresse qu'ils appelaient leur *songe d'une nuit d'été*. Cependant ils ne furent point ingrats envers la Providence, qui leur avait donné ce rapide bonheur dans toute sa plénitude, et qui, au milieu de leurs revers, continua en eux le miracle de l'amour annoncé par Wanda. Au sein de la misère, de la souffrance et de la persécution, ils se reportèrent toujours à ce doux souvenir qui marqua dans leur vie comme une vision céleste, comme un bail fait avec la divinité pour la jouissance d'une vie meilleure, après une phase de travaux, d'épreuves et de sacrifices.

Tout devient, d'ailleurs, tellement mystérieux pour nous dans cette histoire, que nous n'avons pas seulement pu découvrir dans quelle partie de l'Allemagne était située cette résidence enchantée, où, protégé par le tumulte des chasses et des fêtes, un prince, anonyme dans nos documents, servit de point de ralliement et de moteur principal à la conspiration sociale et philosophique des Invisibles. Ce prince avait reçu d'eux un nom symbolique, qu'après mille peines pour deviner le chiffre dont se servaient les adeptes, nous présumons être celui de Christophore, *porte-Christ*, ou peut-être bien Chrysostôme, *bouche d'or*. Le temple où Consuelo fut mariée et initiée, ils l'appelaient poétiquement le *saint Graal*, et les chefs du tribunal, les *templistes*;

emblèmes romanesques, renouvelés des antiques légendes de l'âge d'or de la chevalerie. Tout le monde sait que, d'après ces riantes fictions, le saint Graal était caché dans un sanctuaire mystérieux, au fond d'une grotte inconnue aux mortels. C'était là que les templistes, illustres saints du Christianisme primitif, voués, dès ce monde, à l'immortalité, gardaient la coupe précieuse dont Jésus s'était servi pour consacrer le miracle de l'Eucharistie, en faisant la pâque avec ses disciples. Cette coupe contenait, sans doute, la grâce céleste, figurée tantôt par le sang, tantôt par les larmes du Christ, une liqueur divine, enfin une substance eucharistique, sur la nature mystique de laquelle on ne s'expliquait pas, mais qu'il suffisait de voir pour être transformé au moral et au physique, pour être à jamais à l'abri de la mort et du péché. Les pieux paladins qui, après des vœux formidables, des macérations terribles et des exploits à faire trembler la terre, se vouaient à la vie ascétique du *chevalier errant*, avaient pour idéal de trouver le saint Graal au bout de leurs pérégrinations. Ils le cherchaient sous les glaces du Nord, sur les grèves de l'Armorique, au fond des forêts de la Germanie. Il fallait, pour réaliser cette sublime conquête, affronter des périls analogues à ceux du jardin des Hespérides, vaincre les monstres, les éléments, les peuples barbares, la faim, la soif, la mort même. Quelques-uns de ces Argonautes chrétiens découvrirent, dit-on, le sanctuaire, et furent régénérés par la divine coupe; mais ils ne trahirent jamais ce secret terrible. On connut leur triomphe à la force de leur bras, à la sainteté de leur vie, à leurs armes invincibles, à la transfiguration de tout leur être; mais ils survécurent peu, parmi nous, à une si glorieuse initiation : ils disparurent d'entre les hommes, comme Jésus après sa résurrection, et passèrent de la terre au ciel, sans subir l'amère transition de la mort.

Tel était le magique symbole qui s'adaptait en réalité fort bien à l'œuvre des Invisibles. Durant plusieurs années, les nouveaux templistes conservèrent l'espoir de rendre le saint Graal accessible à tous les hommes. Albert travailla efficacement, sans aucun doute, à répandre les idées mères de la doctrine. Il parvint aux grades les plus avancés de l'ordre ; car nous trouvons quelque part la liste de ses titres, ce qui prouverait qu'il eut le temps de les conquérir. Or chacun sait qu'il fallait quatre-vingt et un mois pour s'élever seulement aux trente-trois degrés de la maçonnerie, et nous croyons être certain qu'il en fallait ensuite beaucoup davantage pour franchir le nombre illimité des degrés mystérieux du saint Graal. Les noms des grades maçonniques ne sont plus un mystère pour personne ; mais on ne nous saura peut-être pas mauvais gré d'en rappeler ici quelques-uns, car ils peignent assez bien le génie enthousiaste et la riante imagination qui présidèrent à leur création successive :

« Apprenti, compagnon et maître maçon, maître secret et maître parfait, secrétaire, prévôt et juge, maître anglais et maître irlandais, maître en Israël, maître élu des neuf et des quinze, élu de l'inconnu, sublime chevalier élu, grand maître architecte, royal-arche, grand Écossais de la loge sacrée ou sublime maçon, chevalier de l'épée, chevalier d'Orient, prince de Jérusalem, chevalier d'Orient et d'Occident, rose-croix de France, d'Hérédom et de Kilwinning, grand pontife ou sublime Écossais, architecte de la voûte sacrée, pontife de la Jérusalem céleste, souverain prince de la maçonnerie ou maître *ad vitam*, noachite, prince du Liban, chef du tabernacle, chevalier du serpent d'airain, Écossais trinitaire ou prince de merci, grand commandeur du temple, chevalier du soleil, patriarche des croisades, grand maître de la lumière, chevalier Kadosh, chevalier de l'aigle blanc et de l'aigle noir, chevalier du phénix, chevalier de l'iris, chevalier des Argonautes, chevalier de la toison d'or, grand inspecteur-inquisiteur-commandeur, sublime prince du royal secret, sublime maître de l'anneau lumineux, etc., etc.[1] »

À ces titres, ou du moins à la plupart d'entre eux, nous trouvons des titres moins connus accolés au nom d'Albert Podiebrad, dans un chiffre moins lisible que celui des francs-maçons, tels que chevalier de Saint-Jean, sublime Joannite, maître du nouvel Apocalypse, docteur de l'Évangile éternel, élu de l'Esprit-Saint, templiste, aréopagite, mage, homme-peuple, homme-pontife, homme-roi, homme nouveau, etc. Nous avons été surpris de voir ici quelques titres qui sembleraient empruntés par anticipation à l'Illuminisme de Weishaupt; mais cette particularité nous a été expliquée plus tard, et n'aura pas besoin de commentaire pour nos lecteurs à la fin de cette histoire.

A travers le labyrinthe de faits obscurs, mais profonds, qui se rattachent aux travaux, aux succès, à la dispersion et à l'extinction apparente des Invisibles, nous avons bien de la peine à suivre de loin l'étoile aventureuse de notre jeune couple. Cependant, en suppléant par un commentaire prudent à ce qu' nous manque, voici à peu près l'historique abrégé des principaux événements de leur vie. L'imagination du lecteur aidera à la lettre; et pour notre compte, nous ne doutons pas que les meilleurs dénoûments ne soient ceux

---

1. Plusieurs de ces grades sont de diverses créations et de divers rites. Quelques-uns sont peut-être postérieurs à l'époque dont nous parlons.

dont le lecteur veut bien se charger pour son compte, à la place du narrateur¹.

Il est probable que ce fut en quittant le *saint Graal* que Consuelo se rendit à la petite cour de Bareith, où la margrave, sœur de Frédéric, avait des palais, des jardins, des kiosques et des cascades, dans le goût de ceux du comte Hoditz à Roswald, quoique moins somptueux et moins dispendieux ; car cette spirituelle princesse avait été mariée sans dot à un très-pauvre prince, et il n'y avait pas longtemps qu'elle avait des robes dont la queue fût raisonnable, et des pages dont le pourpoint ne montrât pas la corde. Ses jardins, ou plutôt son jardin, pour parler sans métaphore, était situé dans un paysage admirable, et elle s'y donnait le plaisir d'un opéra italien, dans un temple antique, d'un goût un peu Pompadour. La margrave était très-philosophe, c'est-à-dire voltairienne. Le jeune margrave héréditaire, son époux, était chef zélé d'une loge maçonnique. J'ignore si Albert fut en relations avec lui et si son incognito fut protégé par le secret des *frères*, ou bien s'il se tint éloigné de cette cour pour rejoindre sa femme un peu plus tard. Sans doute Consuelo avait là quelque mission secrète. Peut-être aussi, pour éviter d'attirer sur son époux l'attention qui se fixait en tous lieux sur elle, elle ne vécut pas publiquement auprès de lui dans les premiers temps. Leurs amours eurent sans doute alors tout l'at-

---

nous renvoyons la rectification aux *thuileurs* érudits. Il y a eu, je crois, plus de cent grades dans certains rites.

1. A telles enseignes que l'histoire de Jean Kreyssler nous paraît être le roman le plus merveilleux d'Hoffmann. La mort ayant surpris l'auteur avant la fin de son œuvre, le poëme se termine dans les imaginations sous mille formes différentes plus fantastiques les unes que les autres. C'est ainsi qu'un beau fleuve se ramifie vers son embouchure et se perd en mille filets capricieux dans les sables dorés de la grève.

trait du mystère; et si la publicité de leur union, consacrée par la sanction fraternelle des templistes, leur avait paru douce et vivifiante, le secret dont ils s'entourèrent dans un monde hypocrite et licencieux fut pour eux, dans les commencements, une égide nécessaire, et une sorte de muette protestation, où ils puisèrent leur enthousiasme et leur force.

Plusieurs chanteuses et chanteurs italiens firent à cette époque les délices de la petite cour de Bareith. La Corilla et Anzoleto y parurent, et l'inconséquente prima donna s'enflamma de nouveaux feux pour le traître qu'elle avait voué naguère à toutes les furies de l'enfer. Mais Anzoleto, en cajolant la tigresse, s'efforça prudemment, et avec une mystérieuse réserve, de trouver grâce auprès de Consuelo, dont le talent grandi par tant de secrètes et profondes révélations, éclipsait toutes les rivalités. L'ambition était devenue la passion dominante du jeune ténor; l'amour avait été étouffé sous le dépit, la volupté même sous la satiété. Il n'aimait donc ni la chaste Consuelo, ni la fougueuse Corilla; mais il ménageait l'une et l'autre, tout prêt à se rattacher en apparence à celle des deux qui le prendrait à sa suite et l'aiderait à se faire avantageusement connaître. Consuelo lui témoigna une paisible amitié, et ne lui épargna pas les bons conseils et les consciencieuses leçons qui pouvaient donner l'essor à son talent. Mais elle ne sentit plus auprès de lui aucun trouble, et la mansuétude de son pardon lui révéla à elle-même l'absolue consommation de son détachement. Anzoleto ne s'y méprit pas. Après avoir écouté avec fruit les enseignements de l'artiste, et feint d'entendre avec émotion les conseils de l'amie, il perdit la patience en perdant l'espoir, et sa profonde rancune, son amer dépit, percèrent malgré lui dans son maintien et dans ses paroles.

Sur ces entrefaites, il paraît que la jeune baronne Amélie de Rudolstadt arriva à la cour de Bareith avec la princesse de Culmbach, fille de la comtesse Hoditz. S'il faut en croire quelques témoins indiscrets ou exagérateurs, de petits drames assez bizarres se passèrent alors entre ces quatre personnes, Consuelo, Amélie, Corilla et Anzoleto. En voyant paraître à l'improviste le beau ténor sur les planches de l'opéra de Bareith, la jeune baronne s'évanouit. Personne ne s'avisa de remarquer la coïncidence; mais le regard de lynx de la Corilla avait saisi sur le front du ténor un rayonnement particulier de vanité satisfaite. Il avait manqué son passage d'*effet;* la cour, distraite par la pâmoison de la jeune baronne, n'avait pas encouragé le chanteur; et, au lieu de maugréer entre ses dents, comme il faisait toujours en pareil cas, il avait sur les lèvres un sourire de triomphe non équivoque.

« Tiens! dit la Corilla d'une voix étouffée à Consuelo en rentrant dans la coulisse, ce n'est ni toi ni moi qu'il aime, c'est cette petite sotte qui vient de faire une scène pour lui. La connais-tu? qui est-elle?

— Je ne sais, répondit Consuelo qui n'avait rien remarqué; mais je puis t'assurer que ce n'est ni elle, ni toi, ni moi qui l'occupons.

— Qui donc, en ce cas?

— Lui-même. *al solito!* » reprit Consuelo en souriant.

La chronique ajoute que le lendemain matin Consuelo fut mandée dans un bosquet retiré de la résidence pour s'entretenir avec la baronne Amélie à peu près ainsi qu'il suit:

« Je sais tout! aurait dit cette dernière d'un air irrité avant de permettre à Consuelo d'ouvrir la bouche; c'est vous qu'il aime! c'est vous, malheureuse, fléau de ma vie, qui m'avez enlevé le cœur d'Albert et le *sien*.

— Le sien, Madame? J'ignore...

— Ne feignez pas, Anzoleto vous aime, vous êtes sa maîtresse, vous l'avez été à Venise, vous l'êtes encore...

— C'est une infâme calomnie, ou une supposition indigne de vous, Madame.

— C'est la vérité, vous dis-je. Il me l'a avoué cette nuit.

— Cette nuit! oh! Madame, que m'apprenez-vous? » s'écria Consuelo en rougissant de honte et de chagrin...

Amélie fondit en larmes, et quand la bonne Consuelo eut réussi à calmer sa jalousie, elle obtint malgré elle la confidence de cette malheureuse passion. Amélie avait vu Anzoleto chanter sur le théâtre de Prague; elle avait été enivrée de sa beauté et de ses succès. Ne comprenant rien à la musique, elle l'avait pris sans hésitation pour le premier chanteur du monde, d'autant plus qu'à Prague il avait eu un succès de vogue. Elle l'avait mandé auprès d'elle comme maître de chant, et pendant que son pauvre père, le vieux baron Frédéric, paralysé par l'inaction, dormait dans son fauteuil tout en rêvant de meutes en fureur et de sangliers aux abois, elle avait succombé à la séduction. L'ennui et la vanité l'avaient poussée à sa perte. Anzoleto, flatté de cette illustre conquête, et voulant se mettre à la mode par un scandale, lui avait persuadé qu'elle avait de l'étoffe pour devenir la plus grande cantatrice de son siècle, que la vie d'artiste était un paradis sur la terre, et qu'elle n'avait rien de mieux à faire que de s'enfuir avec lui pour aller débuter au théâtre de Hay-Market dans les opéras de Hændel. Amélie avait d'abord rejeté avec horreur l'idée d'abandonner son vieux père; mais, au moment où Anzoleto quittait Prague, feignant un désespoir qu'il n'éprouvait pas, elle avait cédé à une sorte de vertige, elle avait fui avec lui.

Son enivrement n'avait pas été de longue durée; l'insolence d'Anzoleto et la grossièreté de ses mœurs, quand il ne jouait plus le personnage de séducteur, l'avaient fait rentrer en elle-même. C'était donc avec une sorte de joie que, trois mois après son évasion, elle avait été arrêtée à Hambourg et ramenée en Prusse, où, sur la demande des Rudolstadt de Saxe, elle avait été incarcérée mystérieusement à Spandaw; mais la pénitence avait été trop longue et trop sévère. Amélie s'était dégoûtée du repentir aussi vite que de la passion; elle avait soupiré après la liberté, les aises de la vie, et la considération de son rang, dont elle avait été si brusquement et si cruellement privée. Au milieu de ses souffrances personnelles, elle avait à peine senti la douleur de perdre son père. En apprenant qu'elle était libre, elle avait enfin compris tous les malheurs qui avaient frappé sa famille; mais n'osant retourner auprès de la chanoinesse, et craignant l'ennui amer d'une vie de réprimandes et de sermons, elle avait imploré la protection de la margrave de Bareith; et la princesse de Culmbach, alors à Dresde, s'était chargée de la conduire auprès de sa parente. Dans cette cour philosophique et frivole, elle trouvait l'aimable *tolérance* dont les vices à la mode faisaient alors l'unique vertu de l'avenir. Mais en revoyant Anzoleto, elle subissait déjà le diabolique ascendant qu'il savait exercer sur les femmes, et contre lequel la chaste Consuelo elle-même avait eu tant de luttes à soutenir. L'effroi et le chagrin l'avaient d'abord frappée au cœur; mais après son évanouissement, étant sortie seule la nuit dans les jardins pour prendre l'air, elle l'avait rencontré, enhardi par son émotion, et l'imagination irritée par les obstacles survenus entre eux. Maintenant elle l'aimait encore, elle en rougissait, elle en était effrayée, et elle confessait ses fautes à son ancienne maîtresse de chant avec un mélange de pudeur féminine et de cynisme philosophique.

Il paraît certain que Consuelo sut trouver le chemin de son cœur par de chaleureuses exhortations, et qu'elle la décida à retourner au château des Géants, pour y éteindre dans la retraite sa dangereuse passion, et soigner les vieux jours de sa tante.

Après cette aventure, le séjour de Bareith ne fut plus supportable pour Consuelo. L'orageuse jalousie de la Corilla, qui, toujours folle et toujours bonne au fond, l'accusait avec grossièreté et se jetait à ses pieds l'instant d'après, la fatigua singulièrement. De son côté Anzoleto, qui s'était imaginé pouvoir se venger de ses dédains, en jouant à la passion avec Amélie, ne lui pardonna pas d'avoir soustrait la jeune baronne au danger. Il lui fit mille mauvais tours, comme de lui faire manquer toutes ses entrées sur la scène, de prendre sa partie au milieu d'un duo, pour la dérouter, et, par son propre aplomb, donner à croire au public ignorant que c'était elle qui se trompait. Si elle avait un jeu de scène avec lui, il allait à droite au lieu d'aller à gauche, essayait de la faire tomber, ou la forçait de s'embrouiller parmi les comparses. Ces méchantes espiègleries échouèrent devant le calme et la présence d'esprit de Consuelo; mais elle fut moins stoïque lorsqu'elle s'aperçut qu'il répandait les plus indignes calomnies contre elle, et qu'il était écouté par ces grands seigneurs désœuvrés aux yeux desquels une actrice vertueuse était un phénomène impossible à admettre, ou tout au moins fatigant à respecter. Elle vit des libertins de tout âge et de tout rang s'enhardir auprès d'elle, et, refusant de croire à la sincérité de sa résistance, se joindre à Anzoleto pour la diffamer et la déshonorer, dans un sentiment de vengeance lâche et de dépit féroce.

Ces cruelles et misérables persécutions furent le commencement d'un long martyre que subit héroïquement l'infortunée prima donna durant toute sa carrière théâtrale. Toutes les fois qu'elle rencontra Anzoleto, il lui suscita mille chagrins, et il est triste de dire qu'elle rencontra plus d'un Anzoleto dans sa vie. D'autres Coprilla la tourmentèrent de leur envie et de leur malveillance, plus ou moins perfide ou brutale; et de toutes ces rivales, la première fut encore la moins méchante et la plus capable d'un bon mouvement de cœur. Mais quoi qu'on puisse dire de la méchanceté et de la jalouse vanité des femmes de théâtre, Consuelo éprouva que quand leurs vices entraient dans le cœur d'un homme, ils le dégradaient encore davantage et le rendaient plus indigne de son rôle dans l'humanité. Les seigneurs, arrogants et débauchés, les directeurs de théâtres et les gazetiers, dépravés aussi par le contact de tant de souillures; les belles dames, protectrices curieuses et fantasques, promptes à s'imposer, mais irritées bientôt de rencontrer chez une fille *de cette espèce* plus de vertu qu'elles n'en avaient et n'en voulaient avoir; enfin le public souvent ignare, presque toujours ingrat ou partial, ce furent là autant d'ennemis contre lesquels l'épouse austère de Liverani eut à se débattre dans d'incessantes amertumes. Persévérante et fidèle, dans l'art comme dans l'amour, elle ne se rebuta jamais et poursuivit sa carrière, grandissant toujours dans la science de la musique, comme dans la pratique de la vertu; échouant souvent dans l'épineuse poursuite du succès, se relevant souvent aussi par de justes triomphes; restant malgré tout la prêtresse de l'art, mieux que ne l'entendait le Porpora lui-même, et puisant toujours de nouvelles forces dans sa foi religieuse, d'immenses consolations dans l'amour ardent et dévoué de son époux.

La vie de cet époux, quoique marchant parallèlement à la sienne, car il l'accompagna dans tous ses voyages, est enveloppée de nuages plus épais. Il est à présumer qu'il ne se fit pas l'esclave de la fortune de sa femme, et qu'il ne s'adonna point au rôle de teneur de livres pour les recettes et les dépenses de sa profession. La profession de Consuelo lui fut d'ailleurs assez peu lucrative. Le public ne rétribuait pas alors les artistes avec la prodigieuse munificence qui distingue celui de notre temps. Les artistes s'enrichissaient principalement des dons des princes et des grands, et les femmes qui savaient *tirer parti de leur position* acquéraient déjà des trésors; mais la chasteté et le désintéressement sont les plus grands ennemis de la fortune d'une femme de théâtre. Consuelo eut beaucoup de succès d'estime, quelques-uns d'enthousiasme, quand par hasard la perversité de son entourage ne s'interposa pas trop entre elle et le vrai public; mais elle n'eut aucun succès de galanterie, et l'infamie ne la couronna point de diamants et de millions. Ses lauriers demeurèrent sans tache, et ne lui furent pas jetés sur la scène par des mains intéressées. Après dix ans de travail et de courses, elle n'était pas plus riche qu'à son point de départ, elle n'avait pas su spéculer, et, de plus, elle ne l'avait pas voulu : deux conditions moyennant lesquelles la richesse ne vient chercher malgré eux les travailleurs d'aucune classe. En outre, elle n'avait point mis en réserve le fruit souvent contesté de ses peines ; elle l'avait constamment employé en bonnes œuvres, et, dans une vie consacrée secrètement à une active propagande, ses ressources mêmes n'avaient pas toujours suffi ; le gouvernement central des Invisibles y avait quelquefois pourvu.

Quel fut le succès réel de l'ardent et infatigable pèlerinage qu'Albert et Consuelo poursuivirent à travers la

France, l'Espagne, l'Angleterre et l'Italie? Il n'y en eut point de manifeste pour le monde, et je crois qu'il faut se reporter à vingt ans plus tard pour retrouver, par induction, l'action des sociétés secrètes dans l'histoire du dix-huitième siècle. Ces sociétés eurent-elles plus d'effet en France que dans le sein de l'Allemagne qui les avait enfantées? La Révolution française répond avec énergie pour l'affirmative. Cependant la conspiration européenne de l'Illuminisme et les gigantesques conceptions de Weishaupt montrent aussi que le divin rêve du saint Graal n'avait pas cessé d'agiter les imaginations allemandes, depuis trente années, malgré la dispersion ou la défection des premiers adeptes.

D'anciennes gazettes nous apprennent que la Porporina chanta avec un grand éclat à Paris dans les opéras de Pergolèse, à Londres dans les oratorios et les opéras de Hændel, à Madrid avec Farinelli, à Dresde avec la Faustina et la Mingotti ; à Venise, à Rome et à Naples, dans les opéras et la musique d'église du Porpora et des autres grands maîtres.

Toutes les démarches d'Albert nous sont inconnues. Quelques billets de Consuelo à Trenck ou à Wanda nous montrent ce mystérieux personnage plein de foi, de confiance, d'activité, et jouissant, plus qu'aucun autre homme, de la lucidité de ses pensées jusqu'à une époque où les documents certains nous manquent absolument. Voici ce qui a été raconté, dans un certain groupe de personnes à peu près toutes mortes aujourd'hui, sur la dernière apparition de Consuelo à la scène.

Ce fut à Vienne vers 1760. La cantatrice pouvait avoir environ trente ans; elle était, dit-on, plus belle que dans sa première jeunesse. Une vie pure, des habitudes de calme moral et de sobriété physique, l'avaient conservée dans toute la puissance de sa grâce et de son talent. De beaux enfants l'accompagnaient ; mais on ne connaissait pas son mari, bien que la renommée publiât qu'elle en avait un, et qu'elle lui avait été irrévocablement fidèle. Le Porpora, après avoir fait plusieurs voyages en Italie, était revenu à Vienne, et faisait représenter un nouvel opéra au théâtre impérial. Les vingt dernières années de ce maître sont tellement ignorées, que nous n'avons pu trouver dans aucune de ses biographies le nom de ce dernier œuvre. Nous savons seulement que la Porporina y remplit le principal rôle avec un succès incontestable, et qu'elle arracha des larmes à toute la cour. L'impératrice daigna être satisfaite. Mais dans la nuit qui suivit ce triomphe, la Porporina reçut, de quelque messager invisible, une nouvelle qui lui apporta l'épouvante et la consternation. Dès sept heures du matin, c'est-à-dire au moment où l'impératrice était avertie par le fidèle valet qu'on appelait le frotteur de Sa Majesté (vu que ses fonctions consistaient effectivement à ouvrir les persiennes, à faire le feu et à frotter la chambre, tandis que Sa Majesté s'éveillait peu à peu), la Porporina, ayant gagné à prix d'or et à force d'éloquence tous les gardiens des avenues sacrées, se présenta derrière la porte même de l'auguste chambre à coucher.

« Mon ami, dit-elle au frotteur, il faut que je me jette aux pieds de l'impératrice. La vie d'un honnête homme est en danger, l'honneur d'une famille est compromis. Un grand crime sera peut-être consommé dans quelques jours, si je ne vois Sa Majesté à l'instant même. Je sais que vous êtes incorruptible, mais je sais aussi que vous êtes un homme généreux et magnanime. Tout le monde le dit ; vous avez obtenu bien des grâces que les courtisans les plus fiers n'eussent pas osé solliciter.

— Bonté du ciel ! est-ce vous que je revois enfin, ô ma chère maîtresse ! s'écria le frotteur, en joignant les mains et en laissant tomber son plumeau.

— Karl! s'écria à son tour Consuelo, oh! merci, mon Dieu, je suis sauvée. Albert a un bon ange jusque dans ce palais.

— Albert? Albert! reprit Karl, est-ce lui qui est en danger, mon Dieu? En ce cas, entrez vite, Signora, dussé-je être chassé... Et Dieu sait que je regretterais ma place, car j'y fais quelque bien, et j'y sers notre sainte cause mieux que je n'ai encore pu le faire ailleurs... Mais Albert! Tenez, l'impératrice est une bonne femme quand elle ne gouverne pas, ajouta-t-il à voix basse. Entrez, vous serez censée m'avoir précédé. Que la faute retombe sur ces coquins de valets qui ne méritent pas de servir une reine ; car ils ne lui disent que des mensonges ! »

Consuelo entra, et l'impératrice, en ouvrant ses yeux appesantis, la vit à genoux et comme prosternée au pied de son lit.

« Qu'est-ce-là? s'écria Marie-Thérèse, en drapant son couvre-pied sur ses épaules avec une majesté d'habitude qui n'avait plus rien de joué, et en se soulevant, aussi superbe, aussi redoutable en cornette de nuit et sur son chevet, que si elle eût été assise sur son trône, le diadème en tête et l'épée au flanc.

— Madame, répondit Consuelo, c'est une humble sujette, une mère infortunée, une épouse au désespoir qui, à genoux, vous demande la vie et la liberté de son mari. »

En ce moment, Karl entra, feignant une grande surprise.

« Malheureuse ! s'écria-t-il en jouant l'épouvante et la fureur, qui vous a permis d'entrer ici ?

— Je te fais mon compliment, Karl! dit l'impératrice, de ta vigilance et de ta fidélité. Jamais pareille chose ne m'est arrivée de ma vie, d'être ainsi réveillée en sursaut, avec cette insolence !

— Que Votre Majesté dise un mot, reprit Karl avec audace, et je tue cette femme sous ses yeux. »

Karl connaissait fort bien l'impératrice ; il savait qu'elle aimait à faire des actes de miséricorde devant témoins, et qu'elle savait être grande reine et grande femme, même devant ses valets de chambre.

« C'est trop de zèle ! répondit-elle avec un sourire majestueux et maternel en même temps. Va-t'en, et laisse parler cette pauvre femme qui pleure. Je ne suis en danger avec aucun de mes sujets. Que voulez-vous, madame ? Eh mais, c'est toi, ma belle Porporina ! tu vas te gâter la voix à sangloter de la sorte.

— Madame, répondit Consuelo, je suis mariée devant l'Église catholique depuis dix ans. Je n'ai pas une seule faute contre l'honneur à me reprocher. J'ai des enfants légitimes, et je les élève dans la vertu. J'ose donc...

— Dans la vertu, je le sais, dit l'impératrice, mais non dans la religion. Vous êtes sage, on me l'a dit, mais vous n'allez jamais à l'église. Cependant, parlez. Quel malheur vous a frappée ?

— Mon époux, dont je ne m'étais jamais séparée, reprit la suppliante, est actuellement à Prague, et j'ignore par quelle infâme machination il vient d'être arrêté, jeté dans un cachot, accusé de vouloir prendre un nom et un titre qui ne lui appartiennent pas, de vouloir spolier un héritage, d'être enfin un intrigant, un imposteur et un espion, accusé pour ce fait de haute trahison, et condamné à la détention perpétuelle, à la mort peut-être dans ce moment-ci.

— A Prague ? un imposteur ? dit l'impératrice avec calme ; j'ai une histoire comme cela dans les rapports de ma police secrète. Comment appelez-vous votre mari ?

car vous autres, vous ne portez pas le nom de vos maris?

— Il s'appelle Liverani.

— C'est cela. Eh bien, mon enfant, je suis désolée de vous savoir mariée à un pareil misérable. Ce Liverani est en effet un chevalier d'industrie ou un fou qui, grâce à une ressemblance parfaite, veut se faire passer pour un comte de Rudolstadt, mort il y a plus de dix ans, le fait est avéré. Il s'est introduit auprès d'une vieille chanoinesse de Rudolstadt, dont il ose se dire le neveu, et dont, à coup sûr, il eût capté l'héritage, si, au moment de faire son testament en sa faveur, la pauvre dame, tombée en enfance, n'eût été délivrée de son obsession par des gens de bien dévoués à sa famille. On l'a arrêté, et on a fort bien fait. Je conçois votre chagrin, mais je n'y puis porter remède. On instruit le procès. S'il est reconnu que cet homme, comme je voudrais le croire, est aliéné, on le placera dans un hôpital, où vous pourrez le voir et le soigner. Mais s'il n'est qu'un escamoteur, comme je le crains, il faudra bien le détenir un peu plus sévèrement, pour l'empêcher de troubler la possession de la véritable héritière des Rudolstadt, une baronne Amélie, je crois, qui, après quelques travers de jeunesse, est sur le point de se marier avec un de mes officiers. J'aime à me persuader, *mademoiselle*, que vous ignorez la conduite de votre mari, et que vous vous faites illusion sur son caractère : autrement je trouverais vos instances très-déplacées. Mais je vous plains trop pour vouloir vous humilier... Vous pouvez vous retirer. »

Consuelo vit qu'elle n'avait rien à espérer, et qu'en essayant de faire constater l'identité de Liverani et d'Albert de Rudolstadt, elle rendrait sa cause de plus en plus mauvaise. Elle se releva et marcha vers la porte, pâle et prête à s'évanouir. Marie-Thérèse, qui la suivait d'un œil scrutateur, eut pitié d'elle, et la rappelant :

« Vous êtes fort à plaindre, lui dit-elle d'une voix moins sèche. Tout cela n'est pas votre faute, j'en suis certaine. Remettez-vous, soignez-vous. L'affaire sera examinée consciencieusement ; et si votre mari ne veut pas se perdre lui-même, je ferai en sorte qu'il soit considéré comme atteint de démence. Si vous pouvez communiquer avec lui, faites-lui entendre cela. Voilà le conseil que j'ai à vous donner.

— Je le suivrai, et je bénis Votre Majesté. Mais sans sa protection, je ne pourrai rien. Mon mari est enfermé à Prague, et je suis engagée au théâtre impérial de Vienne. Si Votre Majesté ne daigne m'accorder un congé et me délivrer un ordre pour communiquer avec mon mari qui est au secret...

— Vous demandez beaucoup ! J'ignore si M. de Kaunitz voudra vous accorder ce congé, et s'il sera possible de vous remplacer au théâtre. Nous verrons cela dans quelques jours.

— Dans quelques jours !... s'écria Consuelo en retrouvant son courage. Mais dans quelques jours il ne sera plus temps ! il faut que je parte à l'instant même !

— C'est assez, dit l'impératrice. Votre insistance vous sera fâcheuse, si vous la portez devant des juges moins calmes et moins indulgents que moi. Allez, Mademoiselle. »

Consuelo courut chez le chanoine *** et lui confia ses enfants, en lui annonçant qu'elle partait, et qu'elle ignorait la durée de son absence.

« Si vous nous quittez pour longtemps, tant pis ! répondit le bon vieillard. Quant aux enfants, je ne m'en plains pas. Ils sont parfaitement élevés, et ils feront société à Angèle, qui s'ennuie bien un peu avec moi.

— Écoutez ! reprit Consuelo qui ne put retenir ses

larmes après avoir été serrer ses enfants une dernière fois sur son cœur, ne leur dites pas que mon absence sera longue, mais sachez qu'elle peut être éternelle. Je vais subir peut-être des douleurs dont je ne me relèverais pas, à moins que Dieu ne fît un miracle en ma faveur ; priez-le pour moi, et faites prier mes enfants. »

Le bon chanoine n'essaya pas de lui arracher son secret ; mais comme son âme paisible et nonchalante n'admettait pas facilement l'idée d'un malheur sans ressources, il s'efforça de la consoler. Voyant qu'il ne réussissait pas à lui rendre l'espérance, il voulut au moins lui mettre l'esprit en repos sur le sort de ses enfants.

« *Mon cher Bertoni*, lui dit-il avec l'accent du cœur, et en s'efforçant de prendre un air enjoué à travers ses larmes, si tu ne reviens pas, tes enfants m'appartiennent, songes-y ! Je me charge de leur éducation. Je marierai ta fille, ce qui diminuera un peu la dot d'Angèle, et la rendra plus laborieuse. Quant aux garçons, je te préviens que j'en ferai des musiciens !

— Joseph Haydn partagera ce fardeau, reprit Consuelo en baisant les mains du chanoine, et le vieux Porpora leur donnera bien encore quelques leçons. Mes pauvres enfants sont dociles, et annoncent de l'intelligence ; leur existence matérielle ne m'inquiète pas. Ils pourront un jour gagner honnêtement leur vie. Mais mon amour et mes conseils... vous seul pouvez me remplacer auprès d'eux.

— Et je te le promets, s'écria le chanoine ; j'espère bien vivre assez longtemps pour les voir tous établis. Je ne suis pas encore trop gros, j'ai toujours la jambe ferme. Je n'ai pas plus de soixante ans, quoique autrefois cette scélérate de Brigitte voulût me vieillir pour m'engager à faire mon testament. Allons, ma fille ! courage et santé. Pars et reviens ! Le bon Dieu est avec les honnêtes gens. »

Consuelo, sans s'embarrasser de son congé, fit atteler des chevaux de poste à sa voiture. Mais, au moment d'y monter, elle fut retardée par le Porpora, qu'elle n'avait pas voulu voir, prévoyant bien l'orage, et qui s'effrayait de la voir partir. Il craignait, malgré les promesses qu'elle lui faisait d'un air contraint et préoccupé, qu'elle ne fût pas de retour pour l'opéra du lendemain.

« Qui diable songe à aller à la campagne au cœur de l'hiver ? disait-il avec un tremblement nerveux, moitié de vieillesse, moitié de colère et de crainte. Si tu t'enrhumes, voilà mon succès compromis, et cela allait si bien ! je ne te conçois pas. Nous triomphions hier, et tu voyages aujourd'hui ! »

Cette discussion fit perdre un quart d'heure à Consuelo, et donna le temps à la direction du théâtre, qui avait déjà l'éveil, de faire avertir l'autorité. Un piquet de houlans vint faire dételer. On pria Consuelo de rentrer, et on monta la garde autour de sa maison pour l'empêcher de fuir. La fièvre la prit. Elle ne s'en aperçut pas, et continua d'aller et de venir dans son appartement, en proie à une sorte d'égarement, et ne répondant que par des regards sombres et fixes aux irritantes interpellations du Porpora et du directeur. Elle ne se coucha point, et passa la nuit en prières. Le matin, elle parut calme, et alla à la répétition *par ordre.* Sa voix n'avait jamais été plus belle, mais elle avait des distractions qui terrifiaient le Porpora. « O maudit mariage ! ô infernale folie d'amour ! » murmurait-il dans l'orchestre en frappant sur son clavecin de façon à le briser. Le vieux Porpora était toujours le même ; il eût dit volontiers : Périssent tous les amants et tous les maris de la terre plutôt que mon opéra !

Le soir, Consuelo fit sa toilette comme à l'ordinaire, et se présenta sur la scène. Elle se posa, et ses lèvres articulèrent un mot... mais pas un son ne sortit de sa poitrine, elle avait perdu la voix.

Le public stupéfait se leva en masse. Les courtisans, qui commençaient à savoir vaguement sa tentative de fuite, déclarèrent que c'était un caprice intolérable. Il y eut des cris, des huées, des applaudissements à chaque nouvel effort de la cantatrice. Elle essaya de parler, et ne put faire entendre une seule parole. Cependant, elle resta debout et morne, ne songeant pas à la perte de sa voix, ne se sentant pas humiliée par l'indignation de ses tyrans, mais résignée et fière comme l'innocent condamné à subir un supplice inique, et remerciant Dieu de lui envoyer cette infirmité subite qui allait lui permettre de quitter le théâtre et de rejoindre Albert.

Il fut proposé à l'impératrice de mettre l'artiste récalcitrante en prison pour lui faire retrouver la voix et la bonne volonté. Sa Majesté avait eu un instant de colère, et on croyait lui faire la cour en accablant l'accusée. Mais Marie-Thérèse, qui permettait quelquefois les crimes dont elle profitait, n'aimait point à faire souffrir sans nécessité.

« Kaunitz, dit-elle à son premier ministre, faites délivrer à cette pauvre créature un permis de départ, et qu'il n'en soit plus question. Si son extinction de voix est une ruse de guerre, c'est du moins un acte de vertu. Peu d'actrices sacrifieraient une heure de succès à une vie d'amour conjugal. »

Consuelo, munie de tous les pouvoirs nécessaires, partit enfin, toujours malade, mais ne le sentant pas. Ici nous perdons encore le fil des événements. Le procès d'Albert eût pu être une cause célèbre, on en fit une cause secrète. Il est probable que ce fut un procès analogue, quant au fond, à celui que, vers la même époque, Frédéric de Trenck entama soutint et perdit après bien des années de lutte. Qui connaîtrait aujourd'hui en France les détails de cette inique affaire, si Trenck lui-même n'eût pris soin de les publier et de répéter ses plaintes chaleureuses durant trente ans de sa vie ? Mais Albert ne laissa point d'écrits. Nous allons donc être forcé de nous reporter à l'histoire du baron de Trenck, puisque aussi bien il est un de nos héros, et peut-être ses embarras jetteront-ils quelque lumière sur les malheurs d'Albert et de Consuelo.

Un mois à peine après la réunion du saint Graal, circonstance sur laquelle Trenck a gardé le plus profond secret dans ses Mémoires, il avait été repris et enfermé à Magdebourg, où il consuma les dix plus belles années de sa jeunesse, dans un cachot affreux, assis sur une pierre qui portait son épitaphe anticipée : *Ci-gît Trenck*, et chargé de quatre-vingts livres de fers. Tout le monde connaît cette célèbre infortune, les circonstances odieuses qui l'accompagnèrent, telles que les angoisses de la faim qu'on lui fit subir pendant dix-huit mois, et le soin de faire bâtir une prison pour lui aux frais de sa sœur, pour punir celle-ci, en la ruinant, de lui avoir donné asile ; ses miraculeuses tentatives d'évasion, l'incroyable énergie qui ne l'abandonna jamais et que déjouèrent ses imprudences chevaleresques ; ses travaux d'art dans la prison, les merveilleuses ciselures qu'il vint à bout de faire avec une pointe de clou sur des gobelets d'étain, et dont les sujets allégoriques et les devises en vers sont si profondes et si touchantes [1] ; enfin, ses relations secrètes, en dépit de tout, avec la princesse Amélie de Prusse ; le désespoir où celle-ci se consuma, le soin

---

[1]. On en a encore dans quelques musées particuliers de l'Allemagne.

qu'elle prit de s'enlaidir avec une liqueur corrosive qui lui fit presque perdre la vue, l'état déplorable où elle réduisit volontairement sa propre santé afin d'échapper à la nécessité du mariage, la révolution affreuse qui s'opéra dans son caractère ; enfin, ces dix années de désolation qui firent de Trenck un martyr, et de son illustre amante une femme vieille, laide et méchante, au lieu d'un ange de douceur et de beauté qu'elle avait été naguère et qu'elle eût pu continuer d'être dans le bonheur [1]. Tout cela est historique, mais on ne s'en est pas assez souvenu quand on a tracé le portrait de Frédéric le Grand. Ce crime, accompagné de cruautés gratuites et raffinées, est une tache ineffaçable à la mémoire du despote philosophe.

Enfin, Trenck fut mis en liberté, comme l'on sait, grâce à l'intervention de Marie-Thérèse, qui le réclama comme son sujet ; et cette protection tardive lui fut acquise enfin par les soins du *frotteur de la chambre de Sa Majesté*, le même que notre Karl. Il y a, sur les ingénieuses intrigues de ce magnanime plébéien auprès de sa souveraine, des pages bien curieuses et bien attendrissantes dans les mémoires du temps.

Pendant les premières années de la captivité de Trenck, son cousin, le fameux Pandoure, victime d'accusations plus méritées, mais non moins haineuses et cruelles, était mort empoisonné au Spielberg. A peine libre, Trenck le Prussien vint à Vienne réclamer l'immense succession de Trenck l'Autrichien. Mais Marie-Thérèse n'était point du tout d'avis de la lui rendre. Elle avait profité des exploits du pandoure, elle l'avait puni de ses violences, elle voulait profiter de ses rapines, et elle en

---

1. Voir dans Thiébault le portrait de l'abbesse de Quedlimbourg et les curieuses révélations qui s'y rattachent.

profita en effet. Comme Frédéric II, comme toutes les grandes intelligences couronnées, tandis que la puissance de son rôle éblouissait les masses, elle ne se faisait pas faute de ces secrètes iniquités dont Dieu et les hommes demanderont compte au jour du jugement, et qui pèseront autant dans un plateau de la balance que les vertus officielles dans l'autre. Conquérants et souverains, c'est en vain que vous employez vos trésors à bâtir des temples : vous n'en êtes pas moins des impies, quand une seule pièce de cet or est le prix du sang et de la souffrance. C'est en vain que vous soumettez des races entières par l'éclat de vos armes : les hommes les plus aveuglés par le prestige de la gloire vous reprocheront un seul homme, un seul brin d'herbe froidement brisé. La muse de l'histoire, encore aveugle et incertaine, accorde presque qu'il est dans le passé de grands crimes nécessaires et justiciables ; mais la conscience inviolable de l'humanité proteste contre sa propre erreur, en réprouvant du moins les crimes inutiles au succès des grandes causes.

Les desseins cupides de l'impératrice furent merveilleusement secondés par ses mandataires, les agents ignobles qu'elle avait nommés curateurs des biens du pandoure, et les magistrats prévaricateurs qui prononcèrent sur les droits de l'héritier. Chacun eut sa part à la curée. Marie-Thérèse crut se faire celle du lion ; mais ce fut en vain que, quelques années plus tard, elle envoya à la prison et aux galères les infidèles complices de cette grande dilapidation : elle ne put rentrer complétement dans les bénéfices de l'affaire. Trenck fut ruiné, et n'obtint jamais justice. Rien ne nous a mieux fait connaître le caractère de Marie-Thérèse que cette partie des Mémoires de Trenck où il rend compte de ses entretiens avec elle à ce sujet. Sans s'écarter du respect envers la royauté, qui était alors une religion officielle pour les patriciens, il nous fait pressentir la sécheresse, l'hypocrisie et la cupidité de cette grande femme, réunion de contrastes, caractère sublime et mesquin, naïf et fourbe, comme toutes les belles âmes aux prises avec la corruption de la puissance absolue, cette cause anti-humaine de tout mal, cet écueil inévitable contre lequel tous les nobles instincts sont fatalement entraînés à se briser. Résolue d'éconduire le plaignant, la souveraine daigna souvent le consoler, lui rendre l'espérance, lui promettre sa protection contre les juges infâmes qui le dépouillaient ; et à la fin, feignant d'avoir échoué dans la poursuite de la vérité et de ne plus rien comprendre au dédale de cet interminable procès, elle lui offrit, pour dédommagement, un chétif grade de major et la main d'une vieille dame laide, dévote et galante. Sur le refus de Trenck, la *matrimoniomane* impératrice lui déclara qu'il était un fou, un présomptueux, qu'elle ne savait aucun moyen de satisfaire son ambition, et lui tourna le dos pour ne plus s'occuper de lui. Les raisons qu'on avait fait valoir pour confisquer la succession du pandoure avaient varié selon les personnes et les circonstances. Tel tribunal avait décidé que le pandoure, mort sous le poids d'une condamnation infamante, n'avait pas été apte à tester ; tel autre, que s'il y avait un testament valide, les droits de l'héritier, comme sujet prussien, ne l'étaient pas ; tel autre, enfin, que, les dettes du défunt absorbaient au delà de la succession, etc. On éleva incident sur incident ; on vendit maintes fois la justice au réclamant, et on ne la lui fit jamais[1].

1. Nous rappellerons ici au lecteur, pour ne plus y revenir, le reste de l'histoire de Trenck. Il vieillit dans la pauvreté, occupa son énergie par la publication de journaux d'une opposition fort avancée pour son temps et, marié à une femme de son choix, père de nombreux enfants, persé-

Pour dépouiller et proscrire Albert, on n'eut pas besoin de tous ces artifices, et la spoliation s'opéra sans doute sans tant de façons. Il suffisait de le considérer comme mort, et de lui interdire le droit de ressusciter mal à propos. Albert n'avait bien certainement rien réclamé. Nous savons seulement qu'à l'époque de son arrestation, la chanoinesse Wenceslawa venait de mourir à Prague, où elle était venue pour se faire traiter d'une ophthalmie aiguë. Albert, apprenant qu'elle était à l'extrémité, ne put résister à la voix de son cœur, qui lui criait d'aller fermer les yeux à sa chère parente. Il quitta Consuelo à la frontière d'Autriche, et courut à Prague. C'était la première fois qu'il remettait le pied en Allemagne depuis l'année de son mariage. Il se flattait qu'une absence de dix ans, et certaines précautions d'ajustement l'empêcheraient d'être reconnu, et il approcha de sa tante sans beaucoup de mystère. Il voulait obtenir

cuté pour ses opinions, pour ses écrits, et sans doute aussi pour son affiliation aux sociétés secrètes, il se réfugia en France dans une vieillesse avancée. Il y fut accueilli avec l'enthousiasme et la confiance des premiers temps de la Révolution. Mais, destiné à être la victime des plus funestes méprises, il fut arrêté comme agent étranger à l'époque de la terreur et conduit à l'échafaud. Il y marcha avec une grande fermeté. Il s'était vu naguère préconisé et représenté sur la scène dans un mélodrame qui retraçait l'histoire de sa captivité et de sa délivrance. Il avait salué avec transport la liberté française. Sur la fatale charrette, il disait en souriant : « Ceci est encore une comédie. »

Il n'avait revu la princesse Amélie qu'une seule fois depuis plus de soixante ans. En apprenant la mort de Frédéric le Grand, il avait couru à Berlin. Les deux amants, effrayés d'abord à la vue l'un de l'autre, fondirent en larmes, et se jurèrent une nouvelle affection. L'abbesse lui ordonna de faire venir sa femme, se chargea de leur fortune, et voulut prendre une de ses filles auprès d'elle pour lectrice ou gouvernante; mais elle ne put tenir ses promesses : au bout de huit jours elle était morte! — Les Mémoires de Trenck, écrits avec la passion d'un jeune homme et la prolixité d'un vieillard, sont pourtant un des monuments les plus nobles et les plus attachants de l'histoire du siècle dernier.

sa bénédiction, et réparer, dans une dernière effusion d'amour et de douleur, l'abandon où il avait été forcé de la laisser. La chanoinesse, presque aveugle, fut seulement frappée du son de sa voix. Elle ne se rendit pas bien compte de ce qu'elle éprouvait, mais elle s'abandonna aux instincts de tendresse qui avaient survécu en elle à la mémoire et à l'activité du raisonnement ; elle le pressa dans ses bras défaillants en l'appelant son Albert bien-aimé, son fils à jamais béni. Le vieux Hanz était mort ; mais la baronne Amélie, et une femme du Bœhmerwald qui servait la chanoinesse, et qui avait été autrefois garde-malade d'Albert lui-même, s'étonnèrent et s'effrayèrent de la ressemblance de ce prétendu médecin avec le jeune comte. Il ne paraît pourtant pas qu'Amélie l'eût positivement reconnu ; nous ne voulons pas la croire complice des persécutions qui s'acharnèrent après lui. Nous ne savons pas quelles circonstances donnèrent l'éveil à cette nuée d'agents semi-magistrats, semi-mouchards, à l'aide desquels la cour de Vienne gouvernait les nations assujetties. Ce qu'il y a de certain, c'est qu'à peine la chanoinesse eut-elle exhalé son dernier souffle dans les bras de son neveu, que celui-ci fut arrêté et interrogé sur sa condition et sur les intentions qui l'avaient amené au chevet de la moribonde. On voulut voir son diplôme de médecin ; il en avait un en règle ; mais on lui contesta son nom de Liverani, et certaines gens se rappelèrent l'avoir rencontré ailleurs sous celui de Trismégiste. On l'accusa d'avoir exercé la profession d'empirique et de magicien. Il fut impossible de prouver qu'il eût jamais reçu d'argent pour ses cures. On le confronta avec la baronne Amélie, et ce fut sa perte. Irrité et poussé à bout par les investigations auxquelles on le soumettait, las de se cacher et de se déguiser, il avoua brusquement à sa cousine, dans un tête-à-tête observé, qu'il était Albert de Rudolstadt. Amélie le reconnut sans doute en ce moment ; mais elle s'évanouit, terrifiée par un événement si bizarre. Dès lors l'affaire prit une autre tournure.

On voulut considérer Albert comme un imposteur; mais, afin d'élever une de ces interminables contestations qui ruinent les deux parties, des fonctionnaires, du genre de ceux qui avaient dépouillé Trenck, s'acharnèrent à compromettre l'accusé, en lui faisant dire et soutenir qu'il était Albert de Rudolstadt. Une longue enquête s'ensuivit. On invoqua le témoignage de Supperville, qui, de bonne foi sans doute, se refusa à douter qu'il l'eût vu mourir à Riesenburg. On ordonna l'exhumation de son cadavre. On trouva dans sa tombe un squelette qu'il n'avait pas été difficile d'y placer la veille. On persuada à sa cousine qu'elle devait lutter contre un aventurier résolu à la dépouiller. Sans doute on ne leur permit plus de se voir. On étouffa les plaintes du captif et les ardentes réclamations de sa femme sous les verrous et les tortures de la prison. Peut-être furent-ils malades et mourants dans des cachots séparés. Une fois l'affaire entamée, Albert ne pouvait plus réclamer pour son honneur et sa liberté qu'en proclamant la vérité. Il avait beau protester de sa renonciation à l'héritage, et vouloir tester à l'heure même en faveur de sa cousine, on voulait prolonger et embrouiller le procès, et on y réussit sans peine, soit que l'impératrice fût trompée, soit qu'on lui eût fait entendre que la confiscation de cette fortune n'était pas plus à dédaigner que celle du pandoure. Pour y parvenir, on chercha querelle à Amélie elle-même, on revint sous main sur le scandale de son ancienne escapade, on observa son manque de dévotion, et on la menaça en secret de la faire enfermer dans un couvent, si elle n'abandonnait ses droits à une succession litigieuse. Elle dut le faire, et se contenter de la succession de son père, qui se trouva fort réduite par les frais énormes qu'elle eut à payer pour un procès auquel on l'avait contrainte. Enfin le château et les terres de Riesenburg furent confisqués au profit de l'État, quand les avocats, les gérants, les juges et les rapporteurs eurent prélevé, sur cette dépouille des hypothèques montant aux deux tiers de sa valeur.

Tel est notre commentaire sur ce mystérieux procès qui dura cinq ou six ans, et à la suite duquel Albert fut chassé des États autrichiens comme un dangereux aliéné, par grâce spéciale de l'impératrice. A partir de cette époque, il est à peu près certain qu'une vie obscure et de plus en plus pauvre fut le partage des deux époux. Ils reprirent leurs plus jeunes enfants avec eux. Haydn et le chanoine refusèrent tendrement de leur rendre les aînés, qui faisaient leur éducation sous les yeux et aux frais de ces fidèles amis. Consuelo avait irrévocablement perdu la voix. Il paraît trop certain que la captivité, l'inaction et la douleur des maux qu'éprouvait sa compagne avaient de nouveau ébranlé la raison d'Albert. Il ne paraît cependant point que leur amour en fût devenu moins tendre, leur âme moins fière et leur conduite moins pure. Les Invisibles avaient disparu sous la persécution. L'œuvre avait été ruinée, surtout par les charlatans qui avaient spéculé sur l'enthousiasme des idées nouvelles et l'amour du merveilleux. Persécuté de nouveau comme franc-maçon dans les pays d'intolérance et de despotisme, Albert dut se réfugier en France ou en Angleterre. Peut-être y continua-t-il sa propagande; mais ce dut être parmi le peuple, et ses travaux, s'ils portèrent leurs fruits, n'eurent aucun éclat.

Ici il y a une grande lacune, à laquelle notre imagination ne peut suppléer. Mais un dernier document authentique et très-détaillé nous fait retrouver, vers l'année 1774, le couple errant dans la forêt de Bohême. Nous allons transcrire ce document tel qu'il nous est parvenu. Ce sera pour nous le dernier mot sur Albert et Consuelo ; car ensuite, de leur vie et de leur mort nous ne savons absolument rien.

[LETTRE DE PHILON[1]

A IGNACE JOSEPH MARTINOWICZ,

Professeur de physique à l'université de Lemberg.

Emportés dans son tourbillon comme les satellites d'un astre roi, nous avons suivi *Spartacus*[2] à travers les sentiers escarpés, et sous les plus silencieux ombrages du Bœhmerwald. O ami ! que n'étiez-vous là ! Vous eussiez oublié de ramasser des cailloux dans le lit argenté des torrents, d'interroger tour à tour les veines et les ossements de notre mystérieuse aïeule, *terra parens*. La parole ardente du maître nous donnait des ailes ; nous franchissions les ravins et les cimes sans compter nos pas, sans regarder à nos pieds les abîmes que nous dominions, sans chercher à l'horizon le gîte lointain où nous devions trouver le repos du soir. Jamais *Spartacus* ne nous avait paru plus grand et plus

---

1. Probablement le célèbre baron de Knigge, connu sous le nom de Philon dans l'ordre des illuminés.
2. On sait que c'était le nom de guerre d'Adam Weishaupt. Est-ce réellement de lui qu'il est question ici ? Tout porte à le croire.

pénétré de la toute-puissante vérité. Les beautés de la nature agissent sur son imagination comme celles d'un grand poëme; et à travers les éclairs de son enthousiasme, jamais son esprit d'analyse savante et de combinaison ingénieuse ne l'abandonne entièrement. Il explique le ciel et les astres, et la terre et les mers, avec la même clarté, le même ordre, qui président à ses dissertations sur le droit et les choses arides de ce monde. Mais comme son âme s'agrandit, quand, seul et libre avec ses disciples élus, sous l'azur des cieux constellés, ou en face de l'aube rougie des feux précurseurs du soleil, il franchit le temps et l'espace pour embrasser d'un coup d'œil la race humaine dans son ensemble et dans ses détails, pour pénétrer le destin fragile des empires et l'avenir imposant des peuples ! Vous l'avez entendu dans sa chaire, ce jeune homme à la parole lucide; que ne l'avez-vous vu et entendu sur la montagne, cet homme en qui la sagesse devance les années, et qui semble avoir vécu parmi les hommes depuis l'enfance du monde !

Arrivés à la frontière, nous saluâmes la terre qui vit les exploits du grand Ziska, et nous nous inclinâmes encore plus bas devant les gouffres qui servirent de tombes aux martyrs de l'antique liberté nationale. Là nous résolûmes de nous séparer, afin de diriger nos recherches et nos informations sur tous les points à la fois. *Caton*[1] prit vers le nord-est, *Celse*[2] vers le sud-est, *Ajax*[3] suivit la direction transversale d'occident en orient, et le rendez-vous général fut à Pilsen.

Spartacus me garda avec lui, et résolut d'aller au

---

[1]. Sans doute Xavier Zwack, qui fut conseiller aulique et subit l'exil pour avoir été un des principaux chefs de l'Illuminisme.

[2]. Bader, qui fut médecin de l'électrice douairière, illuminé.

[3]. Massenhausen, qui fut conseiller à Munich, illuminé.

hasard, comptant, disait-il, sur la fortune, sur une certaine inspiration secrète qui devait nous diriger. Je m'étonnai un peu de cet abandon du calcul et du raisonnement; cela me semblait contraire à ses habitudes de méthode.

« Philon, me dit-il quand nous fûmes seuls, je crois bien que les hommes comme nous sont ici-bas les ministres de la Providence : mais penses-tu que je la croie inerte et dédaigneuse, cette Providence maternelle par laquelle nous sentons, nous voulons et nous agissons! J'ai remarqué que tu étais plus favorisé d'elle que moi; tes desseins réussissent presque toujours. En avant donc! je te suis; et j'ai foi en ta seconde vue, cette clarté mystérieuse qu'invoquaient naïvement nos ancêtres de l'illuminisme, les pieux fanatiques du passé! »

Il semble vraiment que le maître ait prophétisé. Avant la fin du second jour, nous avions trouvé l'objet de nos recherches, et voici comment je fus l'instrument de la destinée.

Nous étions parvenus à la lisière du bois, et le chemin se bifurquait devant nous. L'un s'enfonçait en fuyant vers les basses terres, l'autre côtoyait les flancs adoucis de la montagne.

« Par où prendrons-nous? me dit *Spartacus* en s'asseyant sur un fragment de rocher. Je vois par ici des champs cultivés, des prairies, de chétives cabanes. On nous a dit *qu'il* était pauvre; *il* doit vivre avec les pauvres. Allons nous informer de lui auprès des humbles pasteurs de la vallée.

— Non, maître, lui répondis-je en lui montrant le chemin à mi-côte : je vois sur ma droite des mamelons escarpés, et les murailles croulantes d'un antique manoir. On nous a dit qu'il était poëte; il doit aimer les ruines et la solitude.

— Aussi bien, reprit *Spartacus* en souriant, je vois Vesper qui monte, blanc comme une perle, dans le ciel encore rose, au-dessus des ruines du vieux domaine. Nous sommes les bergers qui cherchent un prophète, et l'étoile miraculeuse marche devant nous. »

Nous eûmes bientôt atteint les ruines. C'était une construction imposante, bâtie à diverses époques ; mais les vestiges du temps de l'empereur Charles gisaient à côté de ceux de la féodalité. Ce n'étaient pas les siècles, c'était la main des hommes qui avait présidé récemment à cette destruction. Il faisait encore grand jour quand nous gravîmes le revers d'un fossé desséché, et quand nous pénétrâmes sous la herse rouillée et immobile. Le premier objet que nous rencontrâmes, assis sur les décombres, à l'entrée du préau, fut un vieillard couvert de haillons bizarres, et plus semblable à un homme du temps passé qu'à un contemporain. Sa barbe, couleur d'ivoire jauni, tombait sur sa poitrine, et sa tête chauve brillait comme la surface d'un lac aux derniers rayons du soleil. *Spartacus* tressaillit, et, s'approchant de lui à la hâte, lui demanda le nom du château. Le vieillard parut ne pas nous entendre ; il fixa sur nous des yeux vitreux qui semblaient ne pas voir. Nous lui demandâmes son nom ; il ne nous répondit pas : sa physionomie n'exprimait qu'une indifférence rêveuse. Cependant ses traits socratiques n'annonçaient pas l'abrutissement de l'idiotisme ; il y avait dans sa laideur cette certaine beauté qui vient d'une âme pure et sereine. Spartacus lui mit une pièce d'argent dans la main ; il la porta très-près de ses yeux, et la laissa tomber sans paraître en comprendre l'usage.

« Est-il possible, dis-je au maître, qu'un vieillard totalement privé de l'usage de ses sens et de sa raison soit ainsi abandonné loin de toute habitation, au milieu des montagnes, sans un guide, sans un chien pour le conduire et mendier à sa place!

— Emmenons-le, et conduisons-le à un gite, » répondit *Spartacus*.

Mais comme nous nous mettions en devoir de le soulever, pour voir s'il pouvait se tenir sur ses jambes, il nous fit signe de ne pas le troubler, en posant un doigt sur ses lèvres, et en nous désignant de l'autre main le fond du préau. Nos regards se portèrent de ce côté; nous n'y vîmes personne, mais aussitôt nos oreilles furent frappées des sons d'un violon d'une force et d'une justesse extraordinaires. Jamais je n'ai entendu aucun maître donner à son archet une vibration si pénétrante et si large, et mettre dans un rapport si intime les cordes de l'âme et celles de l'instrument. Le chant était simple et sublime. Il ne ressemblait à rien de ce que j'ai entendu dans nos concerts et sur nos théâtres. Il portait dans le cœur une émotion pieuse et belliqueuse à la fois. Nous tombâmes, le maître et moi, dans une sorte de ravissement, et nous nous disions par nos regards qu'il y avait là quelque chose de grand et de mystérieux. Ceux du vieillard avaient repris une sorte d'éclat vague comme celui de l'extase. Un sourire de béatitude entr'ouvrait ses lèvres flétries, et montrait assez qu'il n'était ni sourd ni insensible.

Tout rentra dans le silence après une courte et adorable mélodie, et bientôt nous vîmes sortir d'une chapelle située vis-à-vis de nous, un homme d'un âge mûr, dont l'extérieur nous remplit d'émotion et de respect. La beauté de son visage austère et les nobles proportions de sa taille contrastaient avec les membres difformes et les traits sauvages du vieillard que *Spartacus* comparait à un *faune converti et baptisé*. Le joueur de violon marchait droit à nous, son instrument sous le bras, et son archet passé dans sa ceinture de cuir. De larges pantalons d'une étoffe grossière, des sandales qui ressemblaient à des cothurnes antiques, et une saie de peau de mouton comme celle que portent nos paysans du Danube, lui donnaient l'apparence d'un pâtre ou d'un laboureur. Mais ses mains blanches et fines n'annonçaient pas un homme voué aux travaux de la terre. C'étaient les mains d'un artiste, de même que la propreté de son vêtement et la fierté de son regard semblaient protester contre sa misère, et n'en point vouloir subir les conséquences hideuses et dégradantes. Le maître fut frappé de l'aspect de cet homme. Il me serra la main, et je sentis le tremblement de la sienne.

« C'est lui! me dit-il. J'ignorais qu'il fût musicien; mais je reconnais son visage pour l'avoir vu dans mes songes. »

Le joueur de violon s'avança vers nous sans témoigner ni embarras ni surprise. Il nous rendit avec une bienveillante dignité le salut que nous lui adressions, et s'approchant du vieillard :

« Allons, Zdenko, lui dit-il, je m'en vais, appuie-toi sur ton ami. »

Le vieillard fit un effort, le musicien le souleva dans ses bras, et, se courbant sous lui comme pour lui servir de bâton, il guida ses pas chancelants en ralentissant sa marche d'après la sienne. Il y avait dans ce soin filial, dans cette patience d'un homme noble et beau, encore agile et vigoureux, qui se traînait sous le poids d'un vieillard en haillons, quelque chose de plus touchant, s'il est possible, que la sollicitude d'une jeune mère mesurant sa marche sur les premiers pas incertains de son enfant. Je vis les yeux du maître se remplir de larmes, et je fus ému aussi, en contemplant tour à tour notre *Spartacus*, cet homme de génie et d'avenir, et cet inconnu en qui je pressentais la même grandeur enfouie dans les ténèbres du passé.

Résolus à le suivre et à l'interroger, mais ne voulant pas le distraire du soin pieux qu'il remplissait, nous marchions derrière lui à une courte distance. Il se dirigeait vers la chapelle d'où il était sorti; et quand il y fut entré, il s'arrêta et parut contempler des tombes brisées que la ronce et la mousse avaient envahies. Le vieillard s'était agenouillé, et quand il se releva, son ami baisa une de ces tombes, et se mit en devoir de s'éloigner avec lui.

C'est alors seulement qu'il nous vit près de lui, et il parut éprouver quelque surprise; mais aucune méfiance ne se peignit dans son regard, à la fois brillant et placide comme celui d'un enfant. Cet homme paraissait pourtant avoir compté plus d'un demi-siècle, et ses épais cheveux gris ondés autour de son mâle visage faisaient ressortir l'éclat de ses grands yeux noirs. Sa bouche avait une expression indéfinissable de force et de simplicité. On eût dit qu'il avait deux âmes, une toute d'enthousiasme pour les choses célestes, une toute de bienveillance pour les hommes d'ici-bas.

Nous cherchions un prétexte pour lui adresser la parole, lorsque, se mettant tout à coup en rapport d'idées avec nous, par une naïveté d'expansion extraordinaire :

« Vous m'avez vu baiser ce marbre, nous dit-il, et ce vieillard s'est prosterné sur ces tombeaux. Ne prenez pas ceci pour des actes d'idolâtrie. On baise le vêtement d'un saint, comme on porte sur son cœur le gage de l'amour et de l'amitié. La dépouille des morts n'est qu'un vêtement usé. Nous ne le foulons pas sous les pieds avec indifférence; nous le gardons avec respect et nous nous en détachons avec regret. O mon père, ô mes parents bien-aimés! je sais bien que vous n'êtes pas ici, et ces inscriptions mentent quand elles disent : *Ici reposent les Rudolstadt!* Les Rudolstadt sont tous debout, tous vivants et agissants dans le monde selon la volonté de Dieu. Il n'y a sous ces marbres que des ossements, des formes où la vie s'est produite et qu'elle a abandonnées pour revêtir d'autres formes. Bénies soient les cendres des aïeux! bénis soient l'herbe et le lierre qui les couronnent! bénies la terre et la pierre qui les défendent! mais béni, avant tout, soit le Dieu vivant qui dit aux morts : « Levez-vous et rentrez dans mon âme féconde! où rien ne meurt, où tout se renouvelle et s'épure! »

— Liverani ou Ziska Trismégiste, est-ce vous que je retrouve ici sur la tombe de vos ancêtres? s'écria *Spartacus* éclairé d'une certitude céleste.

— Ni Liverani, ni Trismégiste, ni même Jean Ziska, répondit l'inconnu. Des spectres ont assiégé ma jeunesse ignorante; mais la lumière divine les a absorbés, et le nom des aïeux s'est effacé de ma mémoire. Mon nom est *homme* et je ne suis rien de plus que les autres hommes.

— Vos paroles sont profondes, mais elles indiquent de la méfiance, reprit le maître. Fiez-vous à ce signe; ne le reconnaissez-vous pas? »

Et aussitôt *Spartacus* lui fit les signes maçonniques des hauts grades.

« J'ai oublié ce langage, répondit l'inconnu. Je ne le méprise pas, mais il m'est devenu inutile. Frère, ne m'outrage pas en supposant que je me méfie de toi. Ton nom, à toi aussi, n'est-il pas *homme?* Les hommes ne m'ont jamais fait de mal, ou, s'ils m'en ont fait, je ne le sais plus. C'était donc un mal très-borné, au prix du bien infini qu'ils peuvent se faire les uns aux autres et dont je dois leur savoir gré d'avance.

— Est-il possible, ô homme de bien, s'écria Spartacus,

que tu ne comptes le temps pour rien dans ta notion et dans ton sentiment de la vie?

— Le temps n'existe pas; et si les hommes méditaient davantage l'essence divine, ils ne compteraint pas plus que moi les siècles et les années. Qu'importe à celui qui participe de Dieu au point d'être éternel, à celui qui a toujours vécu et qui ne cessera jamais de vivre, un peu plus ou un peu moins de sable au fond de la clepsydre? La main qui retourne le sablier peut se hâter ou s'engourdir; celle qui fournit le sable ne s'arrêtera pas.

— Tu veux dire que l'homme peut oublier de compter et de mesurer le temps, mais que la vie coule toujours abondante et féconde du sein de Dieu? Est-ce là ta pensée?

— Tu m'as compris, jeune homme. Mais j'ai une plus belle démonstration des grands mystères.

— Des mystères? Oui, je suis venu de bien loin pour t'interroger et m'instruire auprès de toi.

— Écoute donc! dit l'inconnu en faisant asseoir sur une tombe le vieillard qui lui obéissait avec la confiance d'un petit enfant. Ce lieu-ci m'inspire particulièrement, et c'est ici qu'aux derniers feux du soleil et aux premières blancheurs de la lune, je veux élever ton âme à la connaissance des plus sublimes vérités. »

Nous palpitions de joie à l'idée d'avoir trouvé enfin, après deux années de recherches et de perquisitions, ce mage de notre religion, ce philosophe à la fois métaphysicien et organisateur qui devait nous confier le fil d'Ariane et nous faire retrouver l'issue du labyrinthe des idées et des choses passées. Mais l'inconnu, saisissant son violon, se mit à en jouer avec verve. Son vigoureux archet faisait frémir les plantes comme le vent du soir, et résonner les ruines comme la voix humaine. Son chant avait un caractère particulier d'enthousiasme religieux, de simplicité antique et de chaleur entraînante. Les motifs étaient d'une ampleur majestueuse dans leur brièveté énergique. Rien, dans ces chants inconnus, n'annonçait la langueur et la rêverie. C'étaient comme des hymnes guerriers, et ils faisaient passer devant nos yeux des armées triomphantes, portant des bannières, des palmes et les signes mystérieux d'une religion nouvelle. Je voyais l'immensité des peuples réunis sous un même étendard; aucun tumulte dans les rangs, une fièvre sans délire, un élan impétueux sans colère, l'activité humaine dans toute sa splendeur, la victoire dans toute sa clémence, et la foi dans toute son expansion sublime.

« Cela est magnifique! m'écriai-je quand il eut joué avec feu cinq ou six de ces chants admirables. C'est le *Te Deum* de l'Humanité rajeunie et réconciliée, remerciant le Dieu de toutes les religions, la lumière de tous les hommes.

— Tu m'as compris, enfant! dit le musicien en essuyant la sueur et les larmes qui baignaient son visage; et tu vois que le temps n'a qu'une voix pour proclamer la vérité. Regarde ce vieillard, il a compris aussi bien que toi, et le voilà rajeuni de trente années. »

Nous regardâmes le vieillard auquel nous ne songions déjà plus. Il était debout, il marchait avec aisance, et frappait la terre de son pied en mesure, comme s'il eût voulu s'élancer et bondir comme un jeune homme. La musique avait fait en lui un miracle; il descendit avec nous la colline sans vouloir s'appuyer sur aucun de nous. Quand sa marche se ralentissait, le musicien lui disait:

« Zdenko, veux-tu que je te joue encore la marche de *Procope le Grand*, ou la bénédiction du drapeau des Orébites? »

Mais le vieillard lui faisait signe qu'il avait encore de la force, comme s'il eût craint d'abuser d'un remède céleste et d'user l'inspiration de son ami.

Nous nous dirigions vers le hameau que nous avions laissé sur la droite au fond de la vallée, lorsque nous avions pris le chemin des ruines. Chemin faisant, *Spartacus* interrogea l'inconnu.

« Tu nous a fait entendre des mélodies incomparables, lui dit-il, et j'ai compris que, par ce brillant prélude, tu voulais disposer nos sens à l'enthousiasme qui te déborde, tu voulais t'exalter toi-même, comme les pythonisses et les prophètes, pour arriver à prononcer tes oracles, armé de toute la puissance de l'inspiration, et tout rempli de l'esprit du Seigneur. Parle donc maintenant. L'air est calme, le sentier est facile, la lune éclaire nos pas. La nature entière semble plongée dans le recueillement pour t'écouter, et nos cœurs appellent tes révélations. Notre vaine science, notre orgueilleuse raison, s'humilieront sous ta parole brûlante. Parle, le moment est venu. »

Mais l'inconnu refusa de s'expliquer.

« Que te dirais-je que je ne t'aie dit tout à l'heure dans une langue plus belle? Est-ce ma faute si tu ne m'as pas compris? Tu crois que j'ai voulu parler à tes sens, et c'était mon âme qui te parlait! Que dis-je! c'était l'âme de l'Humanité tout entière qui te parlait par la mienne. J'étais vraiment inspiré alors. Maintenant je ne le suis plus. J'ai besoin de me reposer. Tu éprouverais le même besoin si tu avais reçu tout ce que je voulais faire passer de mon être dans le tien. »

Il fut impossible à *Spartacus* d'en obtenir autre chose ce soir-là. Quand nous eûmes atteint les premières chaumières :

« Amis, nous dit l'inconnu, ne me suivez pas davantage, et revenez me voir demain. Vous pouvez frapper à la première porte venue. Partout ici vous serez bien reçus, si vous connaissez la langue du pays. »

Il ne fut pas nécessaire de faire briller le peu d'argent dont nous étions munis. L'hospitalité du paysan bohême est digne des temps antiques. Nous fûmes reçus avec une obligeance calme, et bientôt avec une affectueuse cordialité, quand on nous entendit parler la langue slave sans difficulté; le peuple d'ici est encore en méfiance de quiconque l'aborde avec des paroles allemandes à la bouche.

Nous sûmes bientôt que nous étions au pied de la montagne et du château *des Géants*, et, d'après ce nom, nous eussions pu nous croire transportés par enchantement dans la grande chaîne septentrionale des Karpathes. Mais on nous apprit qu'un des ancêtres de la famille Podiebrad avait ainsi baptisé son domaine, par souvenir d'un vœu qu'il avait fait dans le *Riesengebürge*. On nous raconta aussi comment les descendants de Podiebrad avaient changé leur propre nom, après les désastres de la guerre de trente ans, pour prendre celui de Rudolstadt; la persécution s'étendait alors jusqu'à germaniser les noms des villes, des terres, des familles et des individus. Toutes ces traditions sont encore vivantes dans le cœur des paysans bohêmes. Ainsi le mystérieux Trismégiste, que nous cherchions, est bien réellement le même Albert Podiebrad, qui fut enterré vivant, il y a vingt-cinq ans, et qui, arraché de la tombe, on n'a jamais su par quel miracle, disparut longtemps et fut persécuté et enfermé, dix ou quinze ans plus tard, comme faussaire, imposteur et surtout comme franc-maçon et rose-croix; c'est bien ce fameux comte de Rudolstadt, dont l'étrange procès fut étouffé avec soin, et dont l'identité n'a jamais pu être constatée. Ami, ayez donc confiance aux inspirations du maître ; vous trembliez de nous voir, d'après des révélations vagues et incomplètes, courir à la recherche d'un homme qui pouvait être, comme tant d'autres illuminés de la précédente formation, un chevalier d'industrie impudent ou un aventurier ridicule. Le maître avait deviné juste. A quelques traits épars, à quelques écrits mystérieux de ce personnage étrange, il avait pressenti un homme d'intelligence et de vérité, un précieux gardien du feu sacré et des saines traditions de l'Illuminisme antérieur, un adepte de l'antique secret, un docteur de l'interprétation nouvelle. Nous l'avons trouvé, et nous en savons plus long aujourd'hui sur l'histoire de la maçonnerie, sur les fameux Invisibles, dont nous révoquions en doute les travaux et jusqu'à l'existence, sur les mystères anciens et modernes, que nous n'en avions appris en cherchant à déchiffrer des hiéroglyphes perdus, ou en consultant d'anciens adeptes usés par la persécution et avilis par la peur. Nous avons trouvé enfin un homme, et nous vous reviendrons avec ce feu sacré, qui fit jadis d'une statue d'argile un être intelligent, un nouveau dieu, rival des antiques dieux farouches et stupides. Notre maître est le Prométhée. Trismégiste avait la flamme dans son cœur, et nous lui en avons assez dérobé pour vous initier tous à une vie nouvelle.

Les récits de nos bons hôtes nous tinrent assez longtemps éveillés autour du foyer rustique. Ils ne s'étaient pas souciés, eux, des jugements et des attestations légales qui déclaraient Albert de Rudolstadt déchu, par une attaque de catalepsie, de son nom et de ses droits. L'amour qu'ils portaient à sa mémoire, la haine de l'étranger, ces spoliateurs autrichiens qui vinrent, après avoir arraché la condamnation de l'héritier légitime, se partager ses terres et son château ; le gaspillage éhonté

de cette grande fortune, dont Albert eût fait un si noble
usage, et surtout le marteau du démolisseur, s'acharnant
à cette antique demeure seigneuriale, pour en vendre à
bas prix les matériaux, comme si certains animaux
destructeurs et profanateurs de leur nature avaient
besoin de salir et de gâter la proie qu'ils ne peuvent
emporter : c'en était bien assez pour que les paysans du
Bœhmerwald préférassent une vérité poétiquement miraculeuse aux assertions raisonnablement odieuses des
vainqueurs. Vingt-cinq ans se sont écoulés depuis la disparition d'Albert Podiebrad ; et personne ici n'a voulu
croire à sa mort, bien que toutes les gazettes allemandes
l'aient publiée, en confirmation d'un jugement inique,
bien que toute l'aristocratie de la cour de Vienne ait ri
de mépris et de pitié en écoutant l'histoire d'un fou qui
se prenait de bonne foi pour un mort ressuscité. Et voilà
que depuis huit jours Albert de Rudolstadt est dans ces
montagnes, et qu'il va prier et chanter, chaque soir, sur
les ruines du château de ses pères. Et voilà aussi que,
depuis huit jours, tous les hommes assez âgés pour l'avoir
vu jeune, le reconnaissent sous ses cheveux gris et se
prosternent devant lui, comme devant leur véritable
maître et leur ancien ami. Il y a quelque chose d'admirable dans ce souvenir et dans l'amour que lui portent
ces gens-là ; rien, dans notre monde corrompu, ne peut
donner l'idée des mœurs pures et des nobles sentiments
que nous avons rencontrés ici. *Spartacus* en est pénétré
de respect, et il en est d'autant plus frappé, qu'une petite
persécution que nous avons subie de la part de ces paysans est venue nous confirmer leur fidélité au malheur
et à la reconnaissance.

Voici le fait : quand, dès la pointe du jour, nous vou-
lûmes sortir de la chaumière pour nous enquérir du
joueur de violon, nous trouvâmes un piquet de fantassins

improvisés, gardant toutes les issues de notre gîte.

« Pardonnez-nous, me dit le chef de la famille avec calme, d'avoir appelé tous nos parents et nos amis, avec leurs fléaux et leurs faux, pour vous retenir ici malgré vous. Vous serez libres ce soir. » Et comme nous nous étonnions de cette violence : « Si vous êtes d'honnêtes gens, reprit notre hôte d'un air grave, si vous comprenez l'amitié et le dévouement, vous ne serez point en colère contre nous. Si, au contraire, vous êtes des fourbes et des espions envoyés ici pour persécuter et enlever notre Podiebrad, nous ne le souffrirons pas, et nous ne vous laisserons sortir que quand il sera bien loin, hors de vos atteintes. »

Nous comprîmes que la méfiance était venue dans la nuit à ces honnêtes gens, d'abord si expansifs avec nous, et nous ne pûmes qu'admirer leur sollicitude. Mais le maître était désespéré de perdre de vue ce précieux hiérophante que nous étions venus chercher avec tant de peine et si peu de chances de succès. Il prit le parti d'écrire à Trismégisto dans le chiffre maçonnique, de lui dire son nom, sa position, de lui faire pressentir ses desseins, et d'invoquer sa loyauté pour nous soustraire à la méfiance des paysans. Peu d'instants après que cette lettre eut été portée à la chaumière voisine, nous vîmes arriver une femme devant laquelle les paysans ouvrirent avec respect leur phalange hérissée d'armes rustiques. Nous les entendîmes murmurer : La *Zingara !* la *Zingara de consolation !* Et bientôt cette femme entra dans la chaumière avec nous, et, fermant les portes derrière elle, se mit à nous interroger par les signes et les formules de la maçonnerie écossaise, avec une sévérité scrupuleuse. Nous étions fort surpris de voir une femme initiée à ces mystères qu'aucune autre n'a jamais possédés que je sache ; et l'air imposant, le regard scrutateur de celle-là, nous inspiraient un certain respect, en dépit du costume bien évidemment zingaro qu'elle portait avec l'aisance que donne l'habitude. Sa jupe rayée, son grand manteau de bure fauve rejeté sur son épaule comme une draperie antique, ses cheveux noirs comme la nuit, séparés sur son front et rattachés par une bandelette de laine bleue, ses grands yeux pleins de feu, ses dents blanches comme l'ivoire, sa peau hâlée mais fine, ses petits pieds et ses mains effilées, et, pour compléter son portrait, une guitare assez belle passée en sautoir sous son manteau, tout dans sa personne et dans son costume accusait au premier abord le type et la profession d'une Zingara. Comme elle était fort propre et que ses manières étaient pleines de calme et de dignité, nous pensâmes que c'était la reine de son camp. Mais lorsqu'elle nous eut appris qu'elle était la femme de Trismégiste, nous la regardâmes avec plus d'intérêt et d'attention. Elle n'est plus jeune, et cependant on ne saurait dire si c'est une personne de quarante ans flétrie par la fatigue, ou une de cinquante remarquablement conservée. Elle est encore belle, et sa taille élégante et légère a des attitudes si nobles, une grâce si chaste, qu'en la voyant marcher on la prendrait pour une jeune fille. Quand la première sévérité de ses traits se fut adoucie, nous fûmes peu à peu pénétrés du charme qui était en elle. Son regard est angélique, et le son de sa voix vous remue le cœur comme une mélodie céleste. Quelle que soit cette femme, épouse légitime du philosophe ou généreuse aventurière attachée à ses pas par suite d'une ardente passion, il est impossible de penser, en la regardant et en l'écoutant parler, qu'aucun vice, aucun instinct dégradant ait pu souiller un être si calme, si franc et si bon. Nous avions été effrayés, dans le premier moment, de trouver notre sage avili par des liens grossiers. Il ne nous fallut pas longtemps pour découvrir que, dans les rangs de la véritable noblesse, celle du cœur et de l'intelligence, il avait rencontré une poétique amante, une âme sœur de la sienne, pour traverser avec lui les orages de la vie.

« Pardonnez-moi mes craintes et ma méfiance, nous dit-elle quand nous eûmes satisfait à ses questions. Nous avons été persécutés, nous avons beaucoup souffert. Grâce au ciel, mon ami a perdu la mémoire du malheur; rien ne peut plus l'inquiéter ni le faire souffrir. Mais moi que Dieu a placée près de lui pour le préserver, je dois m'inquiéter à sa place et veiller à ses côtés. Vos physionomies et l'accent de vos voix me rassurent plus encore que ces signes et ces paroles que nous venons d'échanger; car on a étrangement abusé des mystères, et il y a eu autant de faux frères que de faux docteurs. Nous devrions être autorisés par la prudence humaine à ne plus croire à rien ni à personne; mais que Dieu nous préserve d'en venir à ce point d'égoïsme et d'impiété! La famille des fidèles est dispersée, il est vrai; il n'y a plus de temple pour communier en esprit et en vérité. Les adeptes ont perdu le sens des mystères; la lettre a tué l'esprit. L'art divin est méconnu et profané parmi les hommes; mais qu'importe, si la foi persiste dans quelques-uns? Qu'importe, si la parole de vie reste en dépôt dans quelque sanctuaire? Elle en sortira encore, elle se répandra encore dans le monde, et le temple sera peut-être reconstruit par la foi de la Chananéenne et le denier de la veuve.

— Nous venons chercher précisément cette parole de vie, répondit le maître. On la prononce dans tous les sanctuaires, et il est vrai qu'on ne la comprend plus. Nous l'avons commentée avec ardeur, nous l'avons portée en nous avec persévérance; et, après des années de travail et de méditation, nous avons cru trouver l'interprétation véritable. C'est pourquoi nous venons demander à votre époux la sanction de notre foi ou le redressement de notre erreur. Laissez-nous parler avec lui. Obtenez qu'il nous écoute et qu'il nous réponde.

— Cela ne dépendra pas de moi, répondit la Zingara, et de lui encore moins. Trismégiste n'est pas toujours inspiré, bien qu'il vive désormais sous le charme des illusions poétiques. La musique est sa manifestation habituelle. Rarement ses idées métaphysiques sont assez lucides pour s'abstraire des émotions du sentiment exalté. A l'heure qu'il est, il ne saurait rien vous dire de satisfaisant. Sa parole est toujours claire pour moi, mais elle serait obscure pour vous qui ne le connaissez pas. Il faut bien que je vous en avertisse; au dire des hommes aveuglés par leur froide raison, Trismégiste est fou ; et tandis que le peuple-poëte offre humblement les dons de l'hospitalité au virtuose sublime qui l'a ému et ravi, le monde vulgaire jette l'aumône de la pitié au rapsode vagabond qui promène son inspiration à travers les cités. Mais j'ai appris à nos enfants qu'il ne fallait pas ramasser cette aumône, ou qu'il fallait la ramasser seulement pour le mendiant infirme qui passe à côté de nous et à qui le ciel a refusé le génie pour émouvoir et persuader les hommes. Nous autres, nous n'avons pas besoin de l'argent du riche, nous ne mendions pas ; l'aumône avilit celui qui la reçoit et endurcit celui qui la fait. Tout ce qui n'est pas l'échange doit disparaître dans la société future. En attendant, Dieu nous permet, à mon époux et à moi, de pratiquer cette vie d'échange, et d'entrer ainsi dans l'idéal. Nous apportons l'art et l'enthousiasme aux âmes susceptibles de sentir l'un et d'aspirer à l'autre. Nous recevons l'hospitalité religieuse du pauvre, nous partageons son gîte modeste, son repas frugal ; et quand nous avons besoin d'un vêtement grossier, nous le gagnons par un séjour de quelques semaines et des leçons de musique à la famille. Quand nous passons devant la demeure orgueilleuse du châtelain, comme il est notre frère aussi bien que le pâtre, le laboureur et l'artisan, nous chantons sous sa fenêtre et nous nous éloignons sans attendre un salaire ; nous le considérons comme un malheureux qui ne peut rien échanger avec nous, et c'est nous alors qui lui faisons l'aumône. Enfin nous avons réalisé la vie d'artiste comme nous l'entendions ; car Dieu nous avait faits artistes, et nous devions user de ses dons. Nous avons partout des amis et des frères dans les derniers rangs de cette société qui croirait s'avilir en nous demandant notre secret pour être probes et libres. Chaque jour nous faisons de nouveaux disciples de l'art ; et quand nos forces seront épuisées, quand nous ne pourrons plus nourrir et porter nos enfants, ils nous porteront à leur tour, et nous serons nourris et consolés par eux. Si nos enfants venaient à nous manquer, à être entraînés loin de nous par des vocations différentes, nous ferions comme le vieux Zdenko que vous avez vu hier, et qui, après avoir charmé pendant quarante ans, par ses légendes et ses chansons, tous les paysans de la contrée, est accueilli et soigné par eux dans ses dernières années comme un ami et comme un maître vénérable. Avec des goûts simples et des habitudes frugales, l'amour des voyages, la santé que donne une vie conforme au vœu de la nature, avec l'enthousiasme de la poésie, l'absence de mauvaises passions et surtout la foi en l'avenir du monde, croyez-vous que l'on soit fou de vivre comme nous faisons ? Cependant Trismégiste vous paraîtra peut-être égaré par l'enthousiasme, comme autrefois il me parut à moi égaré par la douleur. Mais en le suivant un peu, peut-être reconnaîtrez-vous que c'est la démence des hommes et l'erreur des institutions qui font paraître fous les hommes de génie et d'invention. Tenez, venez avec nous, et voyagez comme nous toute cette journée, s'il le faut. Il y aura peut-être une heure où Trismégiste sera en train de parler d'autre chose que de musique. Il ne faut pas le solliciter, cela viendra de soi-même dans un moment donné. Un hasard peut réveiller ses anciennes idées. Nous partons dans une heure, notre présence ici peut attirer sur la tête de mon époux des dangers nouveaux. Partout ailleurs nous ne risquons pas d'être reconnus après tant d'années d'exil. Nous allons à Vienne, par la chaîne du Bœhmerwald et le cours du Danube. C'est un voyage que j'ai fait autrefois, et que je recommencerai avec plaisir. Nous allons voir deux de nos enfants, nos aînés, que des amis dans l'aisance ont voulu garder pour les faire instruire; car tous les hommes ne naissent pas pour être artistes, et chacun doit marcher dans la vie par le chemin que la Providence lui a tracé.

Telles sont les explications que cette femme étrange, pressée par nos questions, et souvent interrompue par nos objections, nous donna du genre de vie qu'elle avait adopté d'après les goûts et les idées de son époux. Nous acceptâmes avec joie l'offre qu'elle nous faisait de la suivre; et, lorsque nous sortimes avec elle de la chaumière, la garde civique qui s'était formée pour nous arrêter, avait ouvert ses rangs pour nous laisser partir.

« Allons, enfants, leur cria la Zingara de sa voix pleine et harmonieuse, votre ami vous attend sous les tilleuls. C'est le plus beau moment de la journée, et nous aurons la prière du matin en musique. Fiez-vous à ces deux amis, ajouta-t-elle en nous désignant de son beau geste naturellement théâtral : ils sont des nôtres, et ne nous veulent que du bien. »

Les paysans s'élancèrent sur nos pas en criant et en chantant. Tout en marchant, la Zingara nous apprit qu'elle et sa famille quittaient le hameau ce matin même.

« Il ne faut pas le dire, ajouta-t-elle ; une telle séparation ferait verser trop de larmes, car nous avons bien des amis ici. Mais nous n'y sommes pas en sûreté. Quelque ancien ennemi peut venir à passer et reconnaître Albert de Rudolstadt sous le costume bohémien. »

Nous arrivâmes sur la place du hameau, une verte clairière, environnée de superbes tilleuls qui laissaient paraître, entre leurs flancs énormes d'humbles maisonnettes et de capricieux sentiers tracés et battus par le pied des troupeaux. Ce lieu nous parut enchanté, aux premières clartés du soleil oblique qui faisait briller le tapis d'émeraudes des prairies, tandis que les vapeurs argentées du matin se repliaient sur le flanc des montagnes environnantes. Les endroits ombragés semblaient avoir conservé quelque chose de la clarté bleuâtre de la nuit, tandis que les cimes des arbres se teignaient d'or et de pourpre. Tout était pur et distinct, tout nous paraissait frais et jeune, même les antiques tilleuls, les toits rongés de mousse, et les vieillards à barbe blanche qui sortaient de leurs chaumières en souriant. Au milieu de l'espace libre, où un mince filet d'eau cristalline coulait en se divisant et en se croisant sous les pas, nous vîmes Trismégiste environné de ses enfants, deux charmantes petites filles, et un garçon de quinze ans, beau comme l'Endymion des sculpteurs et des poëtes.

« Voici Wanda, nous dit la Zingara en nous présentant l'aînée de ses filles, et la cadette s'appelle Wenceslawa. Quant à notre fils, il a reçu le nom chéri du meilleur ami de son père, il s'appelle Zdenko. Le vieux Zdenko a pour lui une préférence marquée. Vous voyez qu'il tient ma Wenceslawa entre ses jambes, et l'autre sur ses genoux. Mais ce n'est point à elles qu'il songe : il a les yeux fixés sur mon fils, comme s'il ne pouvait se rassasier de le voir. »

Nous regardâmes le vieillard. Deux ruisseaux de larmes coulaient sur ses joues, et sa figure osseuse, sillonnée de rides, avait l'expression de la béatitude et de l'extase, en contemplant ce jeune homme, ce dernier rejeton des Rudolstadt, qui portait son nom d'esclave avec joie, et qui se tenait debout près de lui, une main dans la sienne. J'aurais voulu peindre ce groupe, et Trismégiste auprès d'eux, les contemplant tour à tour d'un air attendri, tout en accordant son violon et en essayant son archet.

« C'est vous, amis? dit-il en répondant à notre salut respectueux avec cordialité. Ma femme a donc été vous chercher? Elle a bien fait. J'ai de bonnes choses à dire aujourd'hui, et je serai heureux que vous les entendiez. »

Il joua alors du violon avec plus d'ampleur et de majesté encore que la veille. Du moins telle fut notre impression, devenue plus forte et plus délicieuse par le contact de cette champêtre assemblée, qui frémissait de plaisir et d'enthousiasme, à l'audition des vieilles ballades de la patrie et des hymnes sacrés de l'antique liberté. L'émotion se traduisait diversement sur ces mâles visages. Les uns, ravis comme Zdenko dans la vision du passé, retenaient leur souffle, et semblaient s'imprégner de cette poésie, comme la plante altérée qui boit avec recueillement les gouttes d'une pluie bienfaisante. D'autres, transportés d'une sainte fureur en songeant aux maux du présent, fermaient le poing, et, menaçant des ennemis invisibles, semblaient prendre le ciel à témoin de leur dignité avilie, de leur vertu outragée. Il y eut des sanglots et des rugissements, des applaudissements frénétiques et des cris de délire.

« Amis, nous dit Albert en terminant, voyez ces hommes simples! ils ont parfaitement compris ce que j'ai voulu leur dire; ils ne me demandent pas, comme vous le faisiez hier, le sens de mes prophéties.

— Tu ne leur as pourtant parlé que du passé, dit *Spartacus*, avide de ses paroles.

— Le passé, l'avenir, le présent! quelles vaines subtilités! reprit Trismégiste en souriant; l'homme ne les porte-t-il pas tous les trois dans son cœur, et son existence n'est-elle pas tout entière de ce triple milieu? Mais, puisqu'il vous faut absolument des mots pour peindre vos idées, écoutez mon fils; il va vous chanter un cantique dont sa mère a fait la musique, et moi les vers.

Le bel adolescent s'avança, d'un air calme et modeste, au milieu du cercle. On voyait que sa mère, sans croire caresser une faiblesse, s'était dit que, par droit et peut-être aussi par devoir, il fallait respecter et soigner la beauté de l'artiste. Elle l'habille avec une certaine recherche; ses cheveux superbes sont peignés avec soin, et les étoffes de son costume agreste sont d'une couleur plus vive et d'un tissu plus léger que ceux du reste de la famille. Il ôta sa toque, salua ses auditeurs d'un baiser envoyé collectivement du bout des doigts, auquel cent baisers envoyés de même répondirent avec effusion; et, après que sa mère eut prélude sur la guitare avec un génie particulier empreint de la couleur méridionale, il se mit à chanter, accompagné par elle, les paroles suivantes, que je traduis pour vous du slave, et dont ils ont bien voulu me laisser noter aussi le chant admirable :

LA BONNE DÉESSE DE LA PAUVRETÉ,
BALLADE.

« Chemins sablés d'or, landes verdoyantes, ravins aimés des chamois, grandes montagnes couronnées d'étoiles, torrents vagabonds, forêts impénétrables, laissez-la, laissez-la passer, la bonne déesse, la déesse de la pauvreté!

« Depuis que le monde existe, depuis que les hommes ont été produits, elle traverse le monde, elle habite parmi les hommes, elle voyage en chantant, ou elle chante en travaillant, la déesse, la bonne déesse de la pauvreté!

« Quelques hommes se sont assemblés pour la maudire. Ils l'ont trouvée trop belle et trop gaie, trop agile et trop forte. Arrachons ses ailes, ont-ils dit; donnons-lui des chaînes, brisons-la de coups, et qu'elle souffre, et qu'elle périsse, la déesse de la pauvreté!

« Ils ont enchaîné la bonne déesse, ils l'ont battue et persécutée; mais ils n'ont pu l'avilir : elle s'est réfugiée dans l'âme des poëtes, dans l'âme des paysans, dans l'âme des artistes, dans l'âme des martyrs, et dans l'âme des saints, la bonne déesse, la déesse de la pauvreté!

« Elle a marché plus que le Juif errant; elle a voyagé plus que l'hirondelle; elle est plus vieille que la cathédrale de Prague, et plus jeune que l'œuf du roitelet; elle a plus pullulé sur la terre que les fraises dans le Bœhmerwald, la déesse, la bonne déesse de la pauvreté!

« Elle a eu beaucoup d'enfants, et elle leur a enseigné le secret de Dieu; elle a parlé au cœur de Jésus sur la montagne; aux yeux de la reine Libussa lorsqu'elle s'enamoura d'un laboureur; à l'esprit de Jean et de Jérôme sur le bûcher de Constance : elle en sait plus que tous les docteurs et tous les évêques, la bonne déesse de la pauvreté!

Elle fait toujours les plus grandes et les plus belles choses que l'on voit sur la terre; c'est elle qui cultive les champs et qui émonde les arbres; c'est elle qui conduit les troupeaux en chantant les plus beaux airs; c'est elle qui voit poindre l'aube et qui reçoit le premier sourire du soleil, la bonne déesse de la pauvreté!

« C'est elle qui bâtit de rameaux verts la cabane du bûcheron, et qui donne au braconnier le regard de l'aigle; c'est elle qui élève les plus beaux marmots et qui rend la charrue et la bêche légères aux mains du vieillard, la bonne déesse de la pauvreté!

« C'est elle qui inspire le poëte et qui rend le violon, la guitare et la flûte éloquents sous les doigts de l'artiste vagabond; c'est elle qui le porte sur son aile légère de la source de la Moldau à celle du Danube; c'est elle qui couronne ses cheveux des perles de la rosée, et qui fait briller pour lui les étoiles plus larges et plus claires, la déesse, la bonne déesse de la pauvreté.

« C'est elle qui instruit l'artisan ingénieux et qui lui apprend à couper la pierre, à tailler le marbre, à façonner l'or et l'argent, le cuivre et le fer; c'est elle qui rend, sous les doigts de la vieille mère et de la jeune fille, le lin souple et fin comme un cheveu, la bonne déesse de la pauvreté!

« C'est elle qui soutient la chaumière ébranlée par l'orage; c'est elle qui ménage la résine de la torche et l'huile de la lampe; c'est elle qui pétrit le pain de la famille et qui tisse les vêtements d'hiver et d'été; c'est elle qui nourrit et alimente le monde, la bonne déesse de la pauvreté!

« C'est elle qui a bâti les grands châteaux et les vieilles cathédrales; c'est elle qui porte le sabre et le fusil; c'est elle qui fait la guerre et les conquêtes; c'est elle qui ramasse les morts, qui soigne les blessés et qui cache le vaincu, la bonne déesse de la pauvreté!

« Tu es de toute douceur, toute patience, toute force

et toute miséricorde, ô bonne déesse ! c'est toi qui réunis tous tes enfants dans un saint amour, et qui donnes la charité, la foi, l'espérance, ô déesse de la pauvreté !

« Tes enfants cesseront un jour de porter le monde sur leurs épaules ; ils seront récompensés de leur peine et de leur travail. Le temps approche où il n'y aura plus ni riches, ni pauvres, où tous les hommes consommeront les fruits de la terre, et jouiront également des bienfaits de Dieu ; mais tu ne seras point oubliée dans leurs hymnes, ô bonne déesse de la pauvreté !

« Ils se souviendront que tu fus leur mère féconde, leur nourrice robuste et leur église militante. Ils répandront le baume sur tes blessures, et ils te feront de la terre rajeunie et embaumée un lit où tu pourras enfin te reposer, ô bonne déesse de la pauvreté !

« En attendant le jour du Seigneur, torrents et forêts, montagnes et vallées, landes qui fourmillez de petites fleurs et de petits oiseaux, chemins sablés d'or qui n'avez pas de maîtres, laissez-la, laissez-la passer, la bonne déesse, la déesse de la pauvreté ! »

Imaginez-vous cette ballade, rendue en beaux vers dans une langue douce et naïve qui semble avoir été faite pour les lèvres de l'adolescence, adaptée à une mélodie qui remue le cœur et en arrache les larmes les plus pures, une voix séraphique qui chante avec une pureté exquise, un accent musical incomparable ; et tout cela dans la bouche du fils de Trismégiste, de l'élève de la Zingara, du plus beau, du plus candide et du mieux doué des enfants de la terre ! Si vous pouvez vous représenter pour cadre un vaste groupe de figures mâles ingénues et pittoresques, au milieu d'un paysage de Ruysdael, et le torrent qu'on ne voyait pas, mais qui envoyait, du fond du ravin, comme une fraîche harmonie mêlée à la clochette lointaine des chèvres sur la montagne, vous concevrez notre émotion et l'ineffable jouissance poétique où nous restâmes longtemps plongés.

« Maintenant, mes enfants, dit Albert Podiebrad aux villageois, nous avons prié, il faut travailler. Allez aux champs ; moi je vais chercher, avec ma famille, l'inspiration et la vie à travers la forêt.

— Tu reviendras ce soir? » s'écrièrent tous les paysans.

La Zingara fit un signe d'affection qu'ils prirent pour une promesse. Les deux petites filles, qui ne comprenaient rien au cours du temps ni aux chances du voyage, crièrent : « Oui ! oui ! » avec une joie enfantine, et les paysans se dispersèrent. Le vieux Zdenko s'assit sur le seuil de la chaumière, après avoir veillé d'un air paternel à ce que l'on garnît la gibecière de son filleul du déjeuner de la famille. Puis la Zingara nous fit signe de suivre, et nous quittâmes le village sur les traces de nos musiciens ambulants. Nous avions le revers du ravin à monter. Le maître et moi prîmes chacun une des petites filles dans nos bras, et ce fut pour nous une occasion d'aborder Trismégiste, qui, jusque-là, n'avait pas semblé s'apercevoir de notre présence.

« Vous me voyez un peu rêveur, me dit-il. Il m'en coûte de tromper ces amis que nous quittons, et ce vieillard que j'aime et qui nous cherchera demain par tous les sentiers de la forêt. Mais Consuelo l'a voulu ainsi, ajouta-t-il en nous désignant sa femme. Elle croit qu'il y a du danger pour nous à rester plus longtemps ici. Moi, je ne puis me persuader que nous fassions désormais peur ou envie à personne. Qui comprendrait notre bonheur? Mais elle assure que nous attirons le même danger sur la tête de nos amis, et, bien que je ne sache pas comment, je cède à cette considération. D'ailleurs, sa volonté a toujours été ma volonté, comme la mienne a toujours été la sienne. Nous ne rentrerons pas ce soir au hameau. Si vous êtes nos amis comme vous en avez l'air, vous y retournerez à la nuit, quand vous vous serez assez promenés, et vous leur expliquerez cela. Nous ne leur avons pas fait d'adieux pour ne pas les affliger, mais vous leur direz que nous reviendrons. Quant à Zdenko, vous n'avez qu'à lui dire *demain*, ses prévisions ne vont pas au delà. Tous les jours, toute la vie, c'est pour lui *demain*. Il a dépouillé l'erreur des notions humaines. Il a les yeux ouverts sur l'éternité, dans le mystère de laquelle il est prêt à s'absorber pour y prendre la jeunesse de la vie. Zdenko est un sage, l'homme le plus sage que j'aie jamais connu. »

L'espèce d'égarement de Trismégiste produisait sur sa femme et sur ses enfants un effet digne de remarque. Loin d'en rougir devant nous, loin d'en souffrir pour eux-mêmes, ils écoutaient chacune de ses paroles avec respect, et il semblait qu'ils trouvassent dans ses oracles la force de s'élever au-dessus de la vie présente et d'eux-mêmes. Je crois qu'on eût bien étonné et bien indigné ce noble adolescent qui épiait avidement chaque pensée de son père, si on lui eût dit que c'étaient les pensées d'un fou. Trismégiste parlait rarement, et nous remarquâmes aussi que ni sa femme ni ses enfants ne l'y provoquaient jamais sans une absolue nécessité. Ils respectaient religieusement le mystère de sa rêverie, et quoique la Zingara eût les yeux sans cesse attachés sur lui, elle semblait bien plutôt craindre pour lui les importunités, que l'ennui de l'isolement où il se plaçait. Elle avait étudié sa bizarrerie, et je me sers de ce mot pour ne plus prononcer celui de folie qui me répugne encore davantage quand il s'agit d'un tel homme et d'un état de l'âme si respectable et si touchant. J'ai compris, en voyant ce Trismégiste, la vénération que les paysans, grands théologiens et grands métaphysiciens sans le savoir, et les peuples de l'Orient portent aux hommes privés de ce qu'on appelle le flambeau de la raison. Ils savent que quand on ne trouble pas par de vains efforts et de cruelles moqueries cette abstraction de l'intelligence, elle peut devenir une faculté exceptionnelle du genre le plus poétiquement divin, au lieu de tourner à la fureur ou à l'abrutissement. J'ignore ce que deviendrait Trismégiste, si sa famille ne s'interposait pas comme un rempart d'amour et de fidélité entre le monde et lui. Mais s'il devait dans ce cas succomber à son délire, ce serait une preuve de plus de ce qu'on doit de respect et de sollicitude aux infirmes de sa trempe, et à tous les infirmes quels qu'ils soient.

Cette famille marchait avec une aisance et une agilité qui eurent bientôt épuisé nos forces. Les petits enfants eux-mêmes, si on ne les eût empêchés de se fatiguer en les portant, eussent dévoré l'espace. On dirait qu'ils se sentent nés pour marcher comme le poisson pour nager. La Zingara ne veut pas que son fils prenne les petites dans ses bras, malgré son bon désir, tant qu'il n'aura pas achevé sa croissance et que sa voix n'aura pas subi la crise que les chanteurs appellent la mue. Elle soulève sur son épaule robuste ces créatures souples et confiantes, et les porte aussi légèrement que sa guitare. La force physique est un des bénéfices de cette vie nomade qui devient une passion pour l'artiste pauvre, comme pour le mendiant ou le naturaliste.

Nous étions très-fatigués, lorsqu'à travers les plus rudes sentiers nous arrivâmes à un lieu sauvage et romantique appelé le Schreckenstein. Nous remarquâmes qu'aux approches de ce lieu, la Consuelo regardait son mari avec plus d'attention, et marchait plus près de lui, comme si elle eût redouté quelque danger ou quelque émotion pénible. Rien ne troubla cependant la placidité de l'artiste. Il s'assit sur une grande pierre qui domine une colline aride. Il y a quelque chose d'effrayant dans cet endroit. Les rocs s'y entassent en désordre, et y brisent continuellement les arbres sous leur chute. Ceux de ces arbres qui ont résisté ont leurs racines hors du sol, et semblent s'accrocher par ces membres noueux à la roche qu'ils menacent d'entraîner. Un silence de mort règne sur ce chaos. Les pâtres et les bûcherons s'en éloignent avec terreur, et la terre y est labourée par les sangliers. Le sable y porte les traces du loup et du chamois, comme si les animaux sauvages étaient assurés d'y trouver un refuge contre l'homme. Albert rêva longtemps sur cette pierre, puis il reporta ses regards sur ses enfants qui jouaient à ses pieds, et sur sa femme qui, debout devant lui, cherchait à lire à travers son front. Tout à coup il se leva, se mit à genoux devant elle, et réunissant ses enfants d'un geste:

« Prosternez-vous devant votre mère, leur dit-il avec une émotion profonde, car c'est la consolation envoyée du ciel aux hommes infortunés; c'est la paix du Seigneur promise aux hommes de bonne intention! »

Les enfants s'agenouillèrent autour de la Zingara, et pleurèrent en la couvrant de caresses. Elle pleura aussi en les pressant sur son sein, et, les forçant de se retourner, elle leur fit rendre le même hommage à leur père. *Spartacus* et moi, nous nous étions prosternés avec eux.

Quand la Zingara eut parlé, le maître reporta son hommage vers Trismégiste, et saisit ce moment pour l'interpeller avec éloquence, pour lui demander la lumière, en lui racontant tout ce qu'il avait étudié, tout ce qu'il avait médité et souffert pour la recevoir. Pour moi, je restai comme enchanté aux pieds de la Zingara. Je ne sais si j'oserais vous dire ce qui se passait en moi. Cette femme pourrait être ma mère, sans doute ; eh bien, je ne sais quel charme émane d'elle encore. Malgré le respect que j'ai pour son époux, malgré la terreur dont la seule idée de l'oublier m'eût pénétré en cet instant, je sentais mon âme tout entière s'élancer vers elle avec un enthousiasme que ni l'éclat de la jeunesse ni le prestige du luxe ne m'ont jamais inspiré. O puissé-je rencontrer une femme semblable à cette Zingara pour lui consacrer ma vie! Mais je ne l'espère pas, et maintenant que je ne la reverrai plus, il y au fond de mon cœur une sorte de désespoir, comme s'il m'eût été révélé qu'il n'y a pas pour moi une autre femme à aimer sur la terre.

La Zingara ne me voyait seulement pas. Elle écoutait *Spartacus*, elle était frappée de son langage ardent et sincère. Trismégiste en fut pénétré aussi. Il lui serra la main, et le fit asseoir sur la pierre du Schreckenstein auprès de lui.

« Jeune homme, lui dit-il, tu viens de réveiller en moi tous les souvenirs de ma vie. J'ai cru m'entendre parler moi-même à l'âge que tu as maintenant, lorsque je demandais ardemment la science de la vertu à des hommes mûris par l'âge et l'expérience. J'étais décidé à ne te rien dire. Je me méfiais, non de ton intelligence ni de ta probité, mais de la naïveté et de la flamme de ton cœur. Je ne me sentais pas capable d'ailleurs de retranscrire, dans une langue que j'ai parlée autrefois, les pensées que je me suis habitué depuis à manifester par la poésie de l'art, par le sentiment. Ta foi a vaincu, elle a fait un miracle, et je sens que je dois te parler. Oui, ajouta-t-il après l'avoir examiné en silence pendant un instant, qui nous parut un siècle, car nous tremblions de voir cette inspiration lui échapper ; oui, je te reconnais maintenant ! Je me souviens de toi ; je t'ai vu, je t'ai aimé, j'ai travaillé avec toi dans quelque autre phase de ma vie antérieure. Ton nom était grand parmi les hommes, mais je ne l'ai pas retenu ; je me rappelle seulement ton regard, ta parole, et cette âme dont la mienne ne s'est détachée qu'avec effort. Je lis mieux dans l'avenir que dans le passé maintenant, et les siècles futurs m'apparaissent souvent, aussi étincelants de lumière que les jours qui me restent à vivre sous cette forme d'aujourd'hui. Eh bien, je te le dis, tu seras grand encore dans ce siècle-ci, et tu feras de grandes choses. Tu seras blâmé, accusé, calomnié, haï, flétri, persécuté, exilé... Mais ton idée te survivra sous d'autres formes, et tu auras agité les choses présentes avec un plan formidable, des conceptions immenses que le monde n'oubliera pas, et qui porteront peut-être les derniers coups au despotisme social et religieux. Oui, tu as raison de chercher ton action dans la société. Tu obéis à ta destinée, c'est-à-dire à ton inspiration. Ceci m'éclaire. Ce que j'ai senti en t'écoutant, ce que tu as su me communiquer de ton espérance est une grande preuve de la réalité de ta mission. Marche donc, agis et travaille. Le ciel t'a fait organisateur de destruction : détruis et dissous, voilà ton œuvre. Il faut de la foi pour abattre comme pour élever. Moi, je m'étais éloigné volontairement des voies où tu t'élances : je les avais jugées mauvaises. Elles ne l'étaient sans doute qu'accidentellement. Si de vrais serviteurs de la cause se sentent appelés à les tenter encore, c'est qu'elles sont redevenues praticables. Je croyais qu'il n'y avait plus rien à espérer de la société officielle, et qu'on ne pouvait la réformer en y restant. Je me suis placé en dehors d'elle, et, désespérant de voir le salut descendre sur le peuple du faîte de cette corruption, j'ai consacré les dernières années de ma force à agir directement sur le peuple. Je me suis adressé aux pauvres, aux faibles, aux opprimés, et je leur ai apporté ma prédication sous la forme de l'art et de la poésie, qu'ils comprennent parce qu'ils l'aiment. Il est possible que je me sois trop méfié des bons instincts qui palpitent encore chez les hommes de la science et du pouvoir. Je ne les connais plus depuis que, dégoûté de leur scepticisme impie et de leur superstition plus impie encore, je me suis éloigné d'eux avec dégoût pour chercher les simples de cœur. Il est probable qu'ils ont dû changer, se corriger et s'instruire. Que dis-je? il est certain que ce monde a marché, qu'il s'est épuré, et qu'il a grandi depuis quinze ans ; car toute chose humaine gravite sans cesse vers la lumière, et tout s'enchaîne, le bien et le mal, pour s'élancer vers l'idéal divin. Tu veux t'adresser au monde des savants, des patriciens et des riches ; tu veux niveler par la persuasion : tu veux séduire, même les rois, les princes et les prélats, par les charmes de la vérité. Tu sens bouillonner en toi cette confiance et cette force qui surmontent tous les obstacles, et rajeunissent tout ce qui est vieux et usé. Obéis, obéis au souffle de l'esprit! continue et agrandis notre œuvre ; ramasse nos armes éparses sur le champ de bataille où nous avons été vaincus. »

Alors s'engagea entre *Spartacus* et le divin vieillard un entretien que je n'oublierai de ma vie. Car il se passa là une chose merveilleuse. Ce Rudolstadt, qui n'avait d'abord voulu nous parler qu'avec les sons de la musique, comme autrefois Orphée, cet artiste qui nous disait avoir depuis longtemps abandonné la logique et la raison pure pour le pur sentiment, cet homme que des juges infâmes ont appelé un insensé et qui a accepté de passer pour tel, faisant comme un effort sublime par charité et amour divin ; devint tout à coup le plus raisonnable des philosophes, au point de nous guider dans la voie de la vraie méthode et de la certitude. *Spartacus*, de son côté, laissait voir toute l'ardeur de son âme. L'un était l'homme complet, en qui toutes les facultés sont à l'unisson; l'autre était comme un néophyte plein d'enthousiasme. Je me rappelai l'Évangile, où il est dit que Jésus s'entretint sur la montagne avec Moïse et les Prophètes.

« Oui, disait *Spartacus*, je me sens une mission. Je me suis approché de ceux qui gouvernent la terre, et j'ai été frappé de leur stupidité, de leur ignorance, et de leur dureté de cœur. Oh! que la Vie est belle, que la Nature est belle, que l'Humanité est belle! Mais que font-ils de la Vie, de la Nature, et de l'Humanité!... Et j'ai pleuré longtemps en voyant et moi, et les hommes mes frères, et toute l'œuvre divine, esclaves de pareils misérables!... Et quand j'ai eu longtemps gémi comme une faible femme, je me suis dit : Qui m'empêche de m'arracher de leurs chaînes et de vivre libre?... Mais après une phase de stoïcisme solitaire, j'ai vu qu'être libre seul, ce n'est pas être libre. L'homme ne peut pas vivre seul. L'homme a l'homme pour objet; il ne peut pas vivre sans son objet nécessaire. Et je me suis dit : Je suis encore esclave, délivrons mes frères... Et j'ai trouvé de nobles cœurs qui se sont associés à moi... et mes amis m'appellent *Spartacus*.

— Je t'avais bien dit que tu ne ferais que détruire! répondit le vieillard. Spartacus fut un esclave révolté. Mais n'importe, encore une fois. Organise pour détruire. Qu'une société secrète se forme à ta voix pour détruire la forme actuelle de la grande iniquité. Mais si tu la veux forte, efficace, puissante, mets le plus que tu pourras de **principes vivants, éternels,** dans cette société destinée à détruire afin d'abord qu'elle détruise (car pour détruire, il faut être, toute vie est positive), et ensuite pour que de l'œuvre de destruction renaisse un jour ce qui doit renaître.

— Je t'entends, tu bornes beaucoup ma mission. N'importe : petite ou grande, je l'accepte.

— Tout ce qui est dans les conseils de Dieu est grand. Sache une chose qui doit être la règle de ton âme. *Rien ne se perd.* Ton nom et la forme de tes œuvres disparaîtraient, tu travaillerais *sans nom* comme moi, que ton œuvre ne serait pas perdue. La balance divine est la mathématique même ; et dans le creuset du divin chimiste, tous les atomes sont comptés à leur exacte valeur.

— Puisque tu approuves mes desseins, enseigne-moi donc, et ouvre-moi la route. Que faut-il faire? Comment faut-il agir sur les hommes? Est-ce surtout par l'imagination qu'il faut les prendre? Faut-il profiter de leur faiblesse et de leur penchant pour le merveilleux? Tu as vu toi-même qu'on peut faire du bien avec le merveilleux!...

— Oui, mais j'ai vu aussi tout le mal qu'on peut faire. Si tu savais bien la doctrine, tu saurais à quelle époque de l'humanité nous vivons, et tu conformerais tes moyens d'action à ton temps.

— Enseigne-moi donc la doctrine, enseigne-moi la méthode pour agir, enseigne-moi la certitude.

— Tu demandes la méthode et la certitude à un artiste, à un homme que les hommes ont accusé de folie, et persécuté sous ce prétexte! Il semble que tu t'adresses mal ; va demander cela aux philosophes, aux savants.

— C'est à toi que je m'adresse. Eux, je sais ce que vaut leur science.

— Eh bien, puisque tu insistes, je te dirai que la méthode est identique avec la doctrine même, parce qu'elle est identique avec la vérité suprême révélée dans la doctrine. Et, en y pensant, tu comprendras qu'il ne peut en être autrement. Tout se réduit donc à la connaissance de la doctrine. »

Spartacus réfléchit, et après un moment de silence :
« Je voudrais entendre de ta bouche la formule suprême de la doctrine.

— Tu l'entendras, non pas de ma bouche, mais de celle de Pythagore, écho lui-même de tous les sages : O DIVINE TÉTRADE ! Voilà la formule. C'est celle que, sous toutes sortes d'images, de symboles et d'emblèmes, l'Humanité a proclamée par la voix des grandes religions, quand elle n'a pu la saisir d'une façon purement spirituelle, sans incarnation, sans idolâtrie, telle qu'il a été donné aux révélateurs de se la révéler à eux-mêmes.

— Parle, parle. Et pour te faire comprendre, rappelle-moi quelques-uns de ces emblèmes. Ensuite tu prendras le langage austère de l'absolu.

— Je ne puis séparer, comme tu le voudrais, ces deux choses, la religion en elle-même, dans son essence, et la religion manifestée. Il est de la nature humaine, à notre époque, de voir les deux ensemble. Nous jugeons le passé, et, sans y vivre, nous trouvons en lui la confirmation de nos idées. Mais je vais me faire entendre. Voyons, parlons d'abord de Dieu. La formule s'applique-t-elle à Dieu, à l'essence infinie? Ce serait un crime qu'elle ne s'appliquât pas à celui dont elle découle. As-tu réfléchi sur la nature de Dieu? Sans doute; car je sens que tu portes le Ciel, le vrai Ciel, dans ton cœur. Eh bien, qu'est-ce que Dieu?

— C'est l'Être, c'est l'Être absolu. *Sum qui sum*, dit le grand livre, la Bible.

— Oui, mais ne savons-nous rien de plus sur sa nature? Dieu n'a-t-il pas révélé à l'Humanité quelque chose de plus?

— Les chrétiens disent que Dieu est trois personnes en un, le Père, le Fils, l'Esprit.

— Et que disent les traditions des anciennes sociétés secrètes que tu as consultées?

— Elles disent la même chose.

— Ce rapport ne t'a-t-il pas frappé? Religion officielle et triomphante, religion secrète et proscrite, s'accordent sur la nature de Dieu. Je pourrais te parler des cultes antérieurs au Christianisme : tu trouverais, cachée dans leur théologie, la même vérité. L'Inde, l'Égypte, la Grèce, ont connu le Dieu un en trois personnes; mais nous reviendrons sur ce point. Ce que je veux te faire comprendre maintenant, c'est la formule dans toute son extension, sous toutes ses faces, pour arriver à ce qui t'intéresse, la méthode, l'organisation, la politique. Je continue. De Dieu, passons à l'homme. Qu'est-ce que l'homme?

— Après une question difficile, tu m'en poses une qui ne l'est guère moins. L'oracle de Delphes avait déclaré que toute sagesse consistait dans la réponse à cette question : *Homme, connais-toi toi-même.*

— Et l'oracle avait raison. C'est de la nature humaine bien comprise que sort toute sagesse, comme toute morale, toute organisation, toute vraie politique. Permets donc que je te répète ma question. Qu'est-ce que l'homme?

— L'homme est une émanation de Dieu...

— Sans doute, comme tous les êtres qui vivent, puisque Dieu seul est l'Être, l'Être absolu. Mais tu ne ressembles pas, je l'espère, aux philosophes que j'ai vus en Angleterre, en France, et aussi en Allemagne, à la cour de Frédéric. Tu ne ressembles pas à ce

Locke, dont on parle tant aujourd'hui sur la foi de son vulgarisateur Voltaire, tu ne ressembles pas à M. Helvétius, avec qui je me suis souvent entretenu, ni à Lamettrie dont la hardiesse matérialiste plaisait tant à la cour de Berlin. Tu ne dis pas, comme eux, que l'homme n'a rien de particulier qui le différencie des animaux, des arbres, des pierres. Dieu, sans doute, fait vivre toute la nature, comme il fait vivre l'homme; mais il y a de l'ordre dans sa théodicée. Il y a des distinctions dans sa pensée, et par conséquent dans ses œuvres, qui sont sa pensée réalisée. Lis le grand livre qu'on appelle la *Genèse*, ce livre que le vulgaire regarde avec raison comme sacré, sans le comprendre : tu y verras que c'est par la lumière divine établissant la distinction des êtres que se fait l'éternelle création : *fiat lux*, et *facta est lux*. Tu y verras aussi que chaque être ayant un nom dans la pensée divine est une espèce : *creavit cuncta juxta genus suum* et *secundum speciem suam*. Quelle est donc la formule particulière de l'homme ?

— Je t'entends. Tu veux que je te donne une formule de l'homme analogue à celle de Dieu. La Trinité divine doit se retrouver dans toutes les œuvres de Dieu ; chaque œuvre de Dieu doit refléter la nature divine, mais d'une manière spéciale ; chacune, en un mot, suivant son espèce.

—Assurément. La formule de l'homme, je vais te la dire. Il se passera encore longtemps avant que les philosophes, divisés aujourd'hui dans leurs manières de voir, se réunissent pour la comprendre. Cependant il y en a un qui l'a comprise, il y a déjà bien des années. Celui-là est plus grand que les autres, bien qu'il soit infiniment moins célèbre pour le vulgaire. Tandis que l'école de Descartes se perd dans la raison pure, faisant de l'homme une machine à raisonnement, à syllogismes, un instrument de logique ; tandis que Locke et son école se perdent dans la sensation, faisant de l'homme une sensitive ; tandis que d'autres, tels que j'en pourrais citer en Allemagne, s'absorbent dans le sentiment, faisant de l'homme un égoïsme à deux, s'il s'agit de l'amour, à trois ou quatre, ou plus encore, s'il s'agit de la famille ; lui, le plus grand de tous, a commencé à comprendre que l'homme était tout cela en un, tout cela indivisiblement. Ce philosophe, c'est Leibnitz. Il comprenait les grandes choses, celui-là ; il ne partageait pas l'absurde mépris que notre siècle ignorant fait de l'antiquité et du christianisme. Il a osé dire qu'il y avait des perles dans le fumier du moyen âge. Des perles ! Je le crois bien ! la vérité est éternelle, et tous les prophètes l'ont reçue. Je te dis donc avec lui, et avec une affirmation plus forte que la sienne, que l'homme est une trinité, comme Dieu. Et cette trinité s'appelle, dans le langage humain : sensation, sentiment, connaissance. Et l'unité de ces trois choses forme la Tétrade humaine, répondant à la Tétrade divine. De là sort toute l'histoire, de là sort toute la politique ; et c'est là qu'il te faut puiser, comme à une source toucours vivante.

— Tu franchis des abîmes que mon esprit, moins rapide que le tien, ne saurait si vite franchir, reprit *Spartacus*. Comment, de la définition psychologique que tu viens de me donner, sort-il une méthode et une règle de certitude ? Voilà ce que je te demande d'abord

— Cette méthode en sort aisément, reprit Rudolstadt. La nature humaine étant connue, il s'agit de la cultiver conformément à son essence. Si tu comprenais le livre sans rival d'où l'Évangile lui-même est dérivé, si tu comprenais la *Genèse*, attribuée à Moïse, et qui, si elle vient réellement de ce prophète, fut emportée par lui des temples de Memphis, tu saurais que la *dissolution* humaine, ou ce que la *Genèse* appelle le *déluge*, n'a d'autre cause que la séparation de ces trois facultés de la nature humaine, sorties ainsi de l'unité, et par là sans rapport avec l'unité divine, où l'intelligence, l'amour et l'activité restent éternellement associés. Tu comprendrais donc comment tout organisateur doit imiter Noé, le *régénérateur*, ce que l'Écriture appelle les générations de Noé, avec l'ordre dans lequel elle les place, et l'harmonie qu'elle établit entre elles te servirait de guide. Tu trouverais ainsi, du même coup, dans la vérité métaphysique, une méthode de certitude pour cultiver dignement la nature humaine dans chaque homme, et une lumière pour t'éclairer sur la véritable organisation des sociétés. Mais, je te le dis encore, je ne crois pas le temps présent fait pour organiser : il y a trop à détruire. C'est donc surtout comme méthode que je te recommande de t'attacher à la doctrine. Le temps de la dissolution approche, ou plutôt il est déjà venu. Oui, le temps est venu où les trois facultés de la nature humaine vont de nouveau se séparer, et où leur séparation donnera la mort au corps social, religieux et politique. Qu'arrivera-t-il? La sensation produira ses faux prophètes, et ils préconiseront la sensation. Le sentiment produira ses faux prophètes, et ils préconiseront le sentiment. La connaissance produira ses faux prophètes, et ils préconiseront l'intelligence. Les derniers seront des orgueilleux qui ressembleront à Satan. Les seconds seront des fanatiques prêts à tomber dans le mal comme à marcher vers le bien, sans *critérium* de certitude et sans règle. Les autres seront ce qu'Homère dit que devinrent les compagnons d'Ulysse sous la baguette de Circé. Ne suis aucune de ces trois routes, qui, prises séparément, conduisent à des abîmes; l'une au matérialisme, la seconde au mysticisme, la troisième à l'athéisme. Il n'y a qu'une route certaine vers la vérité : c'est celle qui répond à la nature humaine complète, à la nature humaine développée sous tous les aspects. Ne la quitte pas, cette route; et pour cela, médite sans cesse la doctrine et sa sublime formule.

— Tu m'apprends là des choses que j'avais entrevues. Mais demain je ne t'aurai plus. Qui me guidera dans la connaissance théorique de la vérité, et par là dans la pratique?

— Il te restera d'autres guides certains. Avant tout, lis la *Genèse*, et fais effort pour en saisir le sens. Ne la prends pas pour un livre d'histoire, pour un monument de chronologie. Il n'y a rien de si insensé que cette opinion, qui cependant a cours partout, chez les savants comme chez les écoliers, et dans toutes les communions chrétiennes. Lis l'*Évangile*, en regard de la *Genèse*, et comprends-le par la *Genèse*, après l'avoir goûté avec ton cœur. Sort étrange! l'*Évangile* est, comme la *Genèse*, adoré et incompris. Voilà les grandes choses. Mais il y en a encore d'autres. Recueille pieusement ce qui nous est resté de Pythagore. Lis aussi les écrits conservés sous le nom du théosophe divin dont j'ai porté le nom dans le Temple. Ce nom vénéré de Trismégiste, ne croyez pas, mes amis, que j'eusse osé de moi-même le prendre : ce furent les invisibles qui m'ordonnèrent de le porter. Ces écrits d'Hermès, aujourd'hui dédaignés des pédants, qui les croient sottement une invention de quelque chrétien du second ou du troisième siècle, renferment l'ancienne science égyptienne. Un jour viendra, où, expliqués et mis en lumière, ils paraîtront ce qu'ils sont, des monuments plus précieux que ceux de Platon, car Platon a puisé là sa science, et il faut ajouter qu'il a étrangement méconnu et faussé la vérité dans sa *République*. Lis donc Trismégiste et Platon, et ceux qui ont médité après eux sur le grand mystère. Dans ce nombre, je te recommande le noble moine Campanella, qui souffrit d'horribles tortures pour avoir rêvé ce que tu rêves, l'organisation humaine fondée sur la vérité et la science. »

Nous écoutions en silence.

« Quand je vous parle de livres, continua Trismégiste, ne croyez pas que, comme les catholiques, j'incarne idolâtriquement la vie dans des tombeaux. Je vous dirai des livres ce que je vous disais hier d'autres monuments du passé. Les livres, les monuments sont des débris de la vie dont la vie peut et doit se nourrir. Mais la vie est toujours présente, et l'éternelle Trinité est mieux gravée en nous et au front des étoiles que dans les livres de Platon ou d'Hermès. »

Sans le vouloir, je fis tourner la conversation un peu au hasard.

« Maître, lui dis-je, vous venez de vous exprimer ainsi : La Trinité est mieux gravée au front des étoiles... Qu'entendez-vous par là? Je vois bien, comme dit la Bible, la gloire de Dieu reluire dans l'éclat des astres, mais je ne vois pas dans les astres une preuve de la loi générale de la vie que vous appelez Trinité.

— C'est, me répondit-il, que les sciences physiques sont encore trop peu avancées, ou plutôt, c'est que tu ne les a pas étudiées au point où elles sont aujourd'hui. As-tu entendu parler des découvertes sur l'électricité? Sans doute, car elles ont occupé l'attention de tous les hommes instruits. Eh bien, n'as-tu pas remarqué que les savants si incrédules, si railleurs, quand il s'agit de la Trinité divine, en sont venus, à propos de ces phénomènes, à reconnaître la Trinité? car ils disent eux-mêmes qu'il n'y a pas d'électricité sans chaleur et sans lumière, et réciproquement, en un mot, ils voient là *trois en un*, ce qu'ils ne veulent pas admettre de Dieu ! »

Il commença alors à nous parler de la nature et de la nécessité de rattacher tous ses phénomènes à une loi générale.

« La vie, disait-il, est une ; il n'y a qu'un acte de la vie. Il s'agit seulement de comprendre comment tous les êtres particuliers vivent par la grâce et l'intervention de l'Être universel sans être pour cela absorbés en lui. »

J'aurais été enchanté, pour mon compte, de l'entendre développer ce grand sujet. Mais depuis quelque temps *Spartacus* paraissait faire moins d'attention à ses paroles. Ce n'est pas qu'il n'y prît intérêt : mais la tension d'esprit du vieillard ne durerait pas toujours, et il voulait en profiter en le ramenant à son sujet favori.

Rudolstadt s'aperçut de cette sorte d'impatience.

« Tu ne me suis plus, lui dit-il; est-ce que la science de la nature te paraîtrait inabordable de la façon que je l'entends? Si c'est là ce que tu penses, tu te trompes. Je fais autant de cas que toi des travaux actuels des savants, tournés uniquement vers l'expérimentation. Mais, en continuant dans cette direction, on ne fera pas de la science, on ne fera que des nomenclatures. Je ne suis pas, au surplus, le seul à le croire. J'ai connu en France un philosophe que j'ai beaucoup aimé, Diderot, qui s'écriait souvent, à propos de l'entassement des matériaux scientifiques sans idée générale : C'est tout au plus une œuvre de tailleur de pierres, mais je ne vois là ni un édifice, ni un architecte. Sache donc que tôt ou tard la doctrine aura affaire avec les sciences naturelles ; il faudra bâtir avec ces pierres. Et puis, crois-tu que les physiciens puissent aujourd'hui véritablement comprendre la nature? Dépouillée par eux du Dieu vivant qui la remplit, peuvent-ils la sentir, la connaître? Ils prennent, par exemple, la lumière pour de la matière, le son pour de la matière, quand c'est la lumière et le son...

— Ah! s'écria *Spartacus*, en l'interrompant, ne croyez pas que je repousse vos intuitions sur la nature. Non, je sens qu'il n'y aura de science véritable que par la connaissance de l'unité divine et de la similitude parfaite de tous les phénomènes. Mais vous nous ouvrez tous les chemins, et je tremble en pensant que bientôt vous allez vous taire. Je voudrais que vous me fissiez faire quelques pas avancés dans une de ces routes.

— Laquelle? demanda Rudolstadt.

— C'est l'avenir de l'humanité, qui m'occupe.

— J'entends : tu voudrais que je te dise mon utopie, reprit, en souriant, le vieillard.

— C'est là ce que je suis venu te demander, dit *Spartacus*, c'est ton utopie ; c'est la société nouvelle que tu portes dans ton cerveau et dans tes entrailles. Nous savons que la société des Invisibles en a cherché et rêvé les bases. Tout ce travail a mûri en toi. Fais que nous en profitions. Donne-nous ta république ; nous l'essaierons, en tant qu'elle nous paraîtra réalisable, et les étincelles de ton foyer commenceront à remuer le monde.

— Enfants, vous me demandez mes rêves? répondit le philosophe. Oui, j'essaierai de lever les coins du voile qui me dérobe si souvent à moi-même l'avenir! Ce sera peut-être pour la dernière fois, mais je dois le tenter encore aujourd'hui ; car j'ai la foi qu'avec vous tout ne sera pas perdu dans les songes dorés de ma poésie! »

Alors Trismégiste entra dans une sorte de transport divin ; ses yeux rayonnaient comme des astres, et sa voix nous pliait comme l'ouragan. Pendant plus de quatre heures il parla, et sa parole était belle et pure comme un chant sacré. Il composa, avec l'œuvre religieuse, politique et artistique de tous les siècles, le plus magnifique poëme qui se puisse concevoir. Il interpréta toutes les religions du passé, tous les mystères des temples, des poëmes et des législations; tous les efforts, toutes les tendances, tous les travaux de l'humanité antérieure. Dans les choses qui nous avaient toujours semblé mortes ou condamnées, il retrouva les éléments de la vie, et, des ténèbres de la Fable même, il fit jaillir les éclairs de la vérité. Il expliqua les mythes antiques; il établit, dans sa démonstration lucide et ingénieuse, tous les liens, tous les points de contact des religions entre elles. Il nous montra les véritables besoins de l'humanité plus ou moins compris par les législateurs, plus ou moins réalisés par les peuples. Il reconstitua à nos yeux l'unité de la vie dans l'humanité, et l'unité de dogme dans la religion; et de tous les matériaux épars dans le monde ancien et nouveau, il forma les bases de son monde futur. Enfin il fit disparaître les solutions de continuité qui nous avaient arrêtés si longtemps dans nos études. Il combla les abîmes de l'histoire qui nous avaient tant épouvantés. Il déroula en une seule spirale infinie ces milliers de bandelettes sacrées qui enveloppaient la momie de la science. Et quand nous eûmes compris avec la rapidité de l'éclair ce qu'il nous enseignait avec la rapidité de la foudre; quand nous eûmes saisi l'ensemble de sa vision, et que le passé, père du présent, se dressa devant nous comme l'homme lumineux de l'Apocalypse, il s'arrêta et nous dit avec un sourire :

« Maintenant vous comprenez le passé et le présent; ai-je besoin de vous faire connaître l'avenir? L'Esprit saint ne brille-t-il pas devant vos yeux? Ne voyez-vous pas que tout ce que l'homme a rêvé et désiré de sublime est possible et certain dans l'avenir, par cette seule raison que la vérité est éternelle et absolue, en dépit de la faiblesse de nos organes pour la concevoir et la posséder? Et cependant nous la possédons tous par l'espérance et le désir : elle vit en nous, elle existe de tout temps dans l'humanité à l'état de germe qui attend la fécondation suprême. Je vous le dis en vérité, nous gravitons vers l'idéal, et cette gravitation est infinie comme l'idéal lui-même. »

Il parla encore; et son poëme de l'avenir fut aussi magnifique que celui du passé. Je n'essaierai pas de vous le traduire ici : je le gâterais, et il faut être soi-même sous le feu de l'inspiration pour transmettre ce que l'inspiration a émis. Il me faudra peut-être deux ou trois ans de méditation pour écrire dignement ce que Trismégiste nous a dit en deux ou trois heures. L'œuvre de la vie de Socrate a été l'œuvre de la vie de Platon, et celle de Jésus a été celle de dix-sept siècles. Vous voyez que moi, malheureux et indigne, je dois frémir à l'idée de ma tâche. Je n'y renonce cependant pas. Le maître ne s'embarrasse point de cette transcription, telle que je veux la faire. Homme d'action, il a déjà rédigé un code qui résume, à son point de vue, toute la doctrine de Trismégiste avec autant de netteté et de précision que s'il l'eût commentée et approfondie lui-même toute sa vie. Il s'est assimilé, comme par un contact électrique, toute l'intelligence, toute l'âme du philosophe. Il la possède, il en est maître; il s'en servira en homme politique : il sera la traduction vivante et immédiate, au lieu de la lettre tardive et morte que je médite. Et avant que j'aie fait mon œuvre, il aura transmis la doctrine à son école. Oui, peut-être avant deux ans, la parole étrange et mystérieuse qui vient de s'élever dans ce désert aura jeté ses racines parmi de nombreux adeptes; et nous verrons ce vaste monde souterrain des sociétés secrètes, qui s'agite aujourd'hui dans les ténèbres, se réunir sous une seule doctrine, recevoir une législation nouvelle, et retrouver son action en s'initiant à la parole de vie. Nous vous l'apportons, ce monument tant désiré, qui confirme les prévisions de *Spartacus*, qui sanctionne les vérités déjà conquises par lui, et qui agrandit son horizon de toute la puissance d'une foi inspirée. Pendant que Trismégiste parlait, et que j'écoutais, avide et tremblant de perdre un son de cette parole, qui me faisait l'effet d'une musique sacrée, *Spartacus*, maître de lui-même dans son exaltation, l'œil en feu, mais la main ferme, et l'esprit plus ouvert encore que l'oreille, traçait rapidement sur ses tablettes des signes et des figures, comme si la conception métaphysique de cette doctrine se fût présentée à lui sous des formes de géométrie. Quand, le soir même, il s'est reporté à ces notes bizarres, qui ne m'offraient aucun sens, j'ai été surpris de le voir s'en servir pour écrire et mettre en ordre, avec une incroyable précision, les déductions de la logique poétique du philosophe. Tout s'était simplifié et résumé, comme par magie, dans ce mystérieux alambic de l'intelligence pratique de notre maître [1].

Cependant il n'était pas encore satisfait. L'inspiration semblait abandonner Trismégiste. Ses yeux perdaient leur éclat, son corps semblait s'affaisser, et la Zingara nous faisait signe de ne pas l'interroger davantage. Mais, ardent à la poursuite de la vérité, *Spartacus* ne l'écou-

[1]. On sait que Weishaupt, éminemment organisateur, se servait de signes matériels pour résumer son système, et qu'il envoyait à ses disciples éloignés toute sa théorie représentée par des cercles et des lignes sur un petit carré de papier.

tait plus, et pressait le poëte de questions impérieuses.

« Tu m'as peint le royaume de Dieu sur la terre, lui disait-il en secouant sa main refroidie ; mais Jésus a dit : « Mon royaume n'est pas *encore de ce temps-ci;* » il y a dix-sept siècles que l'humanité attend en vain la réalisation de ses promesses. Je ne me suis pas élevé à la même hauteur que toi dans la contemplation de l'éternité. Le temps te présente comme à Dieu même, le spectacle ou l'idée d'une activité permanente, dont toutes les phases répondent à toute heure à ton sentiment exalté. Quant à moi, je vis plus près de la terre ; je compte les siècles et les années. Je veux lire dans ma propre vie. Dis-moi, prophète, ce que j'ai à faire dans cette phase où tu me vois, ce que ta parole aura produit en moi, et ce qu'elle produira par moi dans le siècle qui s'élève. Je ne veux pas y avoir passé en vain.

— Que t'importe ce que j'en puis savoir ? répondit le poëte ; nul ne vit en vain ; rien n'est perdu. Aucun de nous n'est inutile. Laisse-moi détourner mes regards de ce détail, qui attriste le cœur et rétrécit l'esprit. La fatigue m'accable d'y avoir songé un instant.

— Révélateur, tu n'as pas le droit de céder à cet accablement, reprenait *Spartacus* avec énergie, en s'efforçant de communiquer le feu de son regard au regard vague et déjà rêveur du poëte. Si tu détournes ta vue du spectacle des misères humaines, tu n'es pas l'homme véritable, l'homme complet dont un ancien a dit : *Homo sum et nihil humani a me alienum puto.* Non, tu n'aimes pas les hommes, tu n'es pas leur frère, si tu ne t'intéresses pas aux maux qu'ils souffrent à chaque heure de l'éternité, et si tu n'en cherches pas le remède à la hâte dans l'application de ton idéal. O malheureux artiste! qui ne sent pas une fièvre dévorante le consumer dans cette recherche terrible et délicieuse!

— Que me demandes-tu donc? reprit le poëte ému et presque irrité à son tour. As-tu donc l'orgueil d'être le seul ouvrier, et penses-tu que je m'attribue l'honneur d'être le seul inspirateur? Je ne suis point un devin; je méprise les faux prophètes, je me suis assez longtemps débattu contre eux. Mes prédictions, à moi, sont des raisonnements; mes visions sont des perceptions élevées à leur plus haute puissance. Le poëte est autre chose que le sorcier. Il rêve à coup sûr, tandis que l'autre invente au hasard. Je crois à ton action, parce que je sens le contact de ta puissance; je crois à la sublimité de mes songes, parce que je me sens capable de les produire, et que l'humanité est assez grande, assez généreuse, pour réaliser au centuple et en masse ce qu'un de ses membres a pu concevoir isolé.

— Eh bien, reprit *Spartacus*, ce sont les destinées de cette humanité que je te demande au nom de l'humanité qui s'agite aussi dans mes entrailles, et que je porte en moi avec plus d'anxiété et peut-être d'amour que toi-même. Un rêve enchanteur te voile ses souffrances, et moi je les touche en frémissant à chaque heure de ma vie. J'ai soif de les apaiser, et, comme un médecin au chevet d'un ami expirant, je la tuerais par imprudence plutôt que de la laisser mourir sans secours. Tu le vois, je suis un homme dangereux, un monstre peut-être, si tu ne fais de moi un saint. Tremble pour l'agonisante, si tu ne mets le remède aux mains de l'enthousiaste! L'humanité rêve, chante et prie en toi. En moi elle souffre, crie et se lamente. Tu m'as ouvert ton avenir, mais ton avenir est loin, quoi que tu en dises, et il me faudra bien des sueurs pour extraire quelques gouttes de ton dictame sur des blessures qui saignent. Des générations languissent et passent sans lumière et sans action. Moi, l'Humanité souffrante incarnée; moi, le cri de détresse et la volonté du salut, je veux savoir si mon action sera funeste ou bienfaisante. Tu n'as pas tellement détourné tes yeux du mal que tu ne saches qu'il existe. Où faut-il courir d'abord? Que faut-il faire demain? Est-ce par la douceur, est-ce par la violence qu'il faut combattre les ennemis du bien? Rappelle-toi tes chers Taborites; ils voyaient une mer de sang et de larmes à franchir avant d'entrer dans le paradis terrestre. Je ne te prends pas pour un devin; mais je vois en toi une logique puissante, une clarté magnifique à travers tes symboles; si tu peux prédire à coup sûr l'avenir le plus éloigné, tu peux plus sûrement encore percer l'horizon voilé qui borne l'essor de ma vue. »

Le poëte paraissait en proie à une vive souffrance. La sueur coulait de son front. Il regardait *Spartacus* tour à tour avec effroi et avec enthousiasme: une lutte terrible l'oppressait. Sa femme, épouvantée, l'entourait de ses bras, et adressait de muets reproches à notre maître par des regards où se peignait cependant une crainte respectueuse. Jamais je n'ai mieux senti la puissance de *Spartacus* que dans cet instant où il dominait de toute sa volonté fanatique de droiture et de vérité les tortures de ce prophète aux prises avec l'inspiration, la douleur de cette femme suppliante, l'effroi de leurs enfants, et les reproches de son propre cœur. J'étais tremblant moi-même, je le trouvais cruel. Je craignais de voir cette belle âme du poëte se briser dans un dernier effort, et les larmes qui brillaient aux cils noirs de la Consuelo tombaient amères et brûlantes sur mon cœur. Tout à coup Trismégiste se leva, et, repoussant à la fois *Spartacus* et la Zingara, faisant signe aux enfants de s'éloigner, il nous parut comme transfiguré. Son regard semblait lire dans un livre invisible, vaste comme le monde, écrit en traits de lumière à la voûte du ciel.

Il s'écria :

« Ne suis-je pas *l'homme?*... Pourquoi ne dirais-je pas ce que la nature humaine appelle et par conséquent réalisera?... Oui, je suis *l'homme :* donc je puis dire ce que veut *l'homme*, et ce qu'il causera. Celui qui voit le nuage s'amonceler peut prédire la foudre et l'ouragan. Moi, je sais ce que j'ai dans mon âme et ce qui en sortira. Je suis *l'homme*, et je suis en rapport avec *l'humanité* de mon temps. J'ai vu l'Europe, et je sais les orages qui grondent dans son sein... Amis, nos rêves ne sont pas des rêves : j'en jure par la nature humaine ! Ces rêves ne sont des rêves que par rapport à la forme actuelle du monde. Mais qui a l'initiative, de l'esprit ou de la matière? L'Évangile dit : *l'Esprit souffle où il veut.* L'Esprit soufflera, et changera la face du monde. Il est dit dans la Genèse que l'Esprit soufflait sur les eaux quand tout était chaos et ténèbres. Or la création est éternelle. Créons donc, c'est-à-dire obéissons au souffle de l'Esprit. Je vois les ténèbres et le chaos ! pourquoi resterions-nous ténèbres? *Veni, creator Spiritus!* »

Il s'interrompit, et reprit ainsi :

« Est-ce Louis XV qui peut lutter contre toi, *Spartacus?*... Frédéric, le disciple de Voltaire, n'est pas si puissant que son maître... Et si je comparais Marie-Thérèse à ma Consuelo... Mais quel blasphème ! »

Il s'interrompit encore :

« Allons, Zdenko ! toi, mon fils, toi le descendant des Podiébrad, et qui portes le nom d'un esclave, prépare-toi à nous soutenir. Tu es l'homme nouveau : quel parti prendras-tu? Seras-tu avec ton père et ta mère, ou avec les tyrans du monde? En toi est la force, génération nouvelle : confirmeras-tu l'esclavage ou la liberté? Fils de Consuelo, fils de la Bohémienne, filleul de l'esclave, j'espère que tu seras avec la Bohémienne et l'esclave. Sans cela, moi, né des rois, je te renie. »

Il ajouta :

« Celui qui oserait dire que l'essence divine, qui est beauté, bonté, puissance, ne se réalisera pas sur la terre, celui-là est Satan. »

Il ajouta encore :

« Celui qui oserait dire que l'essence humaine créée à l'image de Dieu, comme dit la Bible, et qui est sensation, sentiment, connaissance, ne se réalisera pas sur la terre, celui-là est Caïn. »

Il resta quelque temps muet, et reprit ainsi :

« Ta forte volonté, *Spartacus*, a fait l'effet d'une conjuration... Que ces rois sont faibles sur leur trône!... Ils se croient puissants, parce que tout plie devant eux... Ils ne voient pas ce qui menace... Ah! vous avez renversé les nobles et leurs hommes d'armes, les évêques et leur clergé; et vous vous croyez bien forts!... Mais ce que vous avez renversé était votre force; ce ne sont pas vos maîtresses, vos courtisans, ni vos abbés, qui vous défendront, pauvres monarques, vains fantômes... Cours en France, *Spartacus !* la France bientôt va détruire... Elle a besoin de toi... Cours, te dis-je, hâte-toi, si tu veux prendre part à l'œuvre... C'est la France qui est la prédestinée des nations. Joins-toi, mon fils, aux aînés de l'espèce humaine... J'entends retentir sur la France cette voix d'Isaïe : « Lève-toi, sois illuminée; car « ta lumière est venue, et la gloire de l'Éternel est des- « cendue sur toi; et les nations marcheront à ta lumière. » Les Taborites chantaient cela du Tabor : aujourd'hui le Tabor, c'est la France ! »

Il se tut quelque temps. Sa physionomie avait pris l'expression du bonheur.

« Je suis heureux, s'écria-t-il; gloire à Dieu!... Gloire

à Dieu dans le ciel, comme dit l'Évangile, et paix sur la terre aux hommes de bonne volonté !... Ce sont les anges, qui chantent cela ; je me sens comme les anges, et je chanterais avec eux... Qu'est-il donc arrivé ?... Je suis toujours au milieu de vous, mes amis, je suis toujours avec toi, ô mon Ève, ô ma Consuelo! voilà mes enfants, les âmes de mon âme. Mais nous ne sommes plus dans les monts de la Bohême, sur les débris du château de mes pères. Il me semble que je respire la lumière, et que je jouis de l'éternité... Qui donc d'entre vous disait tout à l'heure : Oh! que la vie est belle, que la nature est belle, que l'humanité est belle! Mais il ajoutait : Les tyrans ont gâté tout cela... Des tyrans! il n'y en a plus. L'homme est égal à l'homme. La nature humaine est comprise, reconnue, sanctifiée. L'homme est libre, égal, et frère. Il n'y a plus d'autre définition de l'homme. Plus de maîtres, plus d'esclaves... Entendez-vous ce cri : *Vive la république!* Entendez-vous cette foule innombrable qui proclame la *liberté*, la *fraternité*, l'*égalité*... Ah! c'était la formule qui, dans nos mystères, était prononcée à voix basse, et que les adeptes des hauts grades se communiquaient seuls les uns aux autres. Il n'y a donc plus lieu au secret. Les sacrements sont pour tout le monde. La coupe à tout le monde! comme disaient nos pères les Hussites. »

Mais tout à coup, hélas ! il se prit à pleurer à chaudes larmes :

« Je savais bien que la doctrine n'était pas assez avancée !... Pas assez d'hommes la portaient dans leur cœur, ou la comprenaient dans leur esprit !...

« Quelle horreur! continua-t-il. La guerre partout! et quelle guerre! »

Il pleura longtemps. Nous ne savions quelles visions se pressaient devant ses yeux. Il nous sembla qu'il revoyait la guerre des Hussites. Toutes ses facultés paraissaient troublées; son âme était comme celle du Christ sur le Calvaire.

Je souffrais beaucoup, en le voyant tant souffrir : *Spartacus* était ferme comme un homme qui consulte les oracles.

« Seigneur! Seigneur! s'écria le prophète après avoir longtemps pleuré et gémi, ayez pitié de nous. Nous sommes dans votre main, faites de nous ce que vous voudrez. »

En prononçant ces dernières paroles, Trismégiste étendit ses mains pour chercher celles de sa femme et de son fils, comme s'il eût été instantanément privé de la vue.

Les petites filles vinrent se presser tout effrayées sur son cœur, et ils restèrent tous enlacés dans le plus profond silence. Les traits de la Zingara exprimaient la terreur, et le jeune Zdenko interrogeait avec effroi les regards de sa mère. *Spartacus* ne les voyait pas. La vision du poëte se peignait-elle encore devant ses yeux? Enfin, il se rapprocha du groupe, et la Zingara lui fit signe de ne pas réveiller son mari. Il avait les yeux ouverts et fixes devant lui, soit qu'il dormît à la manière des somnambules, soit qu'il vît s'effacer lentement à l'horizon les rêves qui l'avaient agité. Au bout d'un quart d'heure, il respira fortement, ses yeux s'animèrent, et il rapprocha de son sein sa femme et son fils, qu'il y tint longtemps embrassés.

Puis il se leva, et fit signe qu'il désirait se remettre en route.

« Le soleil est bien chaud pour toi à cette heure, lui dit la Consuelo; ne préfères-tu pas faire la sieste sous ces arbres?

— Ce soleil est bon, répondit-il avec un sourire

ingénu, et si tu ne le crains pas plus que de coutume, il me fera grand bien. »

Chacun reprit son fardeau, le père le sac de voyage, le jeune homme les instruments de musique, et la mère les mains de ses deux filles.

« Vous m'avez fait souffrir, dit-elle à Spartacus ; mais je sais qu'il faut souffrir pour la vérité.

— Ne craignez-vous pas que cette crise n'ait des suites fâcheuses ? lui demandai-je avec émotion. Laissez-moi vous suivre encore, je puis vous être utile.

— Soyez béni de votre charité, reprit-elle, mais ne nous suivez pas. Je ne crains rien pour *lui*, qu'un peu de mélancolie, durant quelques heures. Mais il y avait dans ce lieu-ci un danger, un souvenir affreux, dont vous l'avez préservé en l'occupant d'autres pensées. Il avait voulu y venir, et, grâce à vous, il n'a pas même reconnu l'endroit. Je vous bénis donc de toutes façons, et vous souhaite l'occasion et les moyens de servir Dieu de toute votre volonté et de toute votre puissance. »

Je retins les enfants pour les caresser et pour prolonger les instants qui s'envolaient ; mais leur mère me les reprit, et je me sentis comme abandonné de tous, quand elle me dit adieu pour la dernière fois.

Trismégiste ne nous fit point d'adieux : il semblait qu'il nous eut oubliés. Sa femme nous conjura de ne pas le distraire. Il descendit la colline d'un pied ferme. Son visage était calme, et il aidait, avec une sorte de gaieté heureuse, sa fille aînée à sauter les buissons et les rochers.

Le beau Zdenko marchait derrière lui avec sa mère et sa plus jeune sœur. Nous les suivîmes longtemps des yeux sur le chemin *sablé d'or*, le chemin *sans maître* de la forêt. Enfin, ils se perdirent derrière les sapins ; et au moment où elle allait disparaître la dernière nous vîmes la Zingara enlever sa petite Wenceslawa et la placer sur son épaule robuste. Puis elle se hâta de rejoindre sa chère caravane, alerte comme une vraie fille de Bohême, poétique comme la bonne déesse de la pauvreté. . . . .

. . . .

Et nous aussi, nous sommes en route, nous marchons ! La vie est un voyage qui a la vie pour but, et non la mort, comme on le dit dans un sens matériel et grossier. Nous avons consolé de notre mieux les habitants du hameau, et nous avons laissé le vieux Zdenko attendant *son lendemain* : nous avons rejoint nos frères à Pilsen, où je vous ai écrit ce récit, et nous allons repartir pour d'autres recherches. Et vous aussi, ami ! tenez-vous prêt au voyage sans repos, à l'action sans défaillance : nous allons au triomphe ou au martyre [1] !

---

1. Martinowicz, à qui cette lettre était adressée, savant distingué et illuminé enthousiaste, eut la tête tranchée à Buda en 1795, avec plusieurs seigneurs hongrois, ses complices dans la conspiration.

FIN DE LA COMTESSE DE RUDOLSTADT.

www.ingramcontent.com/pod-product-compliance
Lightning Source LLC
Chambersburg PA
CBHW060629170426
43199CB00012B/1484